華夏與戎狄同源

秦始皇血緣和語言的啟示

朱學淵 著

小序

　　本書實為拙著《秦始皇是說蒙古話的女真人》的增訂版，由於《秦》書先後在台灣和中國出版，而本書的內容又已大為擴充，所以我決定採用《華夏與戎狄同源》的書名來點明其人類學研究的宗旨。本書用「秦始皇血緣和語言的啟示」為副題，其實它遠非是一個帝王的身世由來，而是以中國歷史記載中大量的語音線索，來證明中原民族的祖先是與中國北方諸族同源的事實。

　　謹此也向秀威資訊公司的先生和女士們的耐心工作表示感謝。

朱學淵

2019 年九月七日

原版前言

　　大約十年前，寫了一篇歷史語言的研究文章，是說匈牙利人的祖先是女真民族，它引起了學界的注意；後來又牽出北方民族出自中原的線索，和中原人類有戎狄底層血緣的結論，這些論文歸集成了《中國北方諸族的源流》一書，由北京中華書局以「世界漢學叢書」的一部出版（2002年初版，2004年再版）。此後，台北台灣《歷史月刊》連續刊載我的文章，原社長虞炳昌先生對我鼓勵有加，建議把這些文章結集出版，這就是《秦始皇是說蒙古話的女真人》的孕育和出生的由來。

　　雖然《秦始皇是說蒙古話的女真人》較為通俗，但在華夏民族與北方民族同源的問題上，卻比《中國北方諸族的源流》有了更多的頭緒，如上古中原人名大都是後世戎狄族名：虞舜是烏孫，句踐是女真，叔孫是肅慎，孟柯是蒙古，墨翟是勿吉，荊軻是准葛爾等等。於是，我就拿北方民族當作上古中原社會的一面鏡子，達成了「姬姓、九姓是通古斯民族」、「五帝是愛新氏，華夏是回紇國」等人類學的結論。

　　中國人「以書證書」的落伍意識，使傳統學術自外於世界潮流。直到二十世紀前半葉，因為解讀甲骨文字和考古器物的努力，才有了「以物證書」時代的到來。然而，語言作為另一種傳承系統，它的「人類歷史化石」的作用，卻被國人束之高閣。而這種集體漠視的表面是中國文字研究的優越感，背後卻是「大漢語民族」的錯誤觀念，中國人大凡以為萬古不變的祖宗，是毋須求證其分合由來的。

　　本書要推動「以言求真」的研究。夏商兩代之際，中原社會經歷了「漢語」或「雅言」的一個形成過程；於今來看，此前中原流行的是北方民族的語言，否則許多先秦人事就無法理喻。如甲骨之「帚」字是「婦」，早已被郭沫若破解；但甲骨氏族名「帚好」、「帚妻」、「帚妹」、「帚妊」、「帚白」、「帚㜷」中的「帚」是音符，還是意符？始終沒有正確的理解；如果我們能有語音實證的自覺意識，它們不是「回紇」、「兀者」、「烏馬」、「斛律」、「悅般」、「惡來」，又是什麼呢？

　　或許有人會質疑本書書名的科學性：蒙古女真都是後起于唐宋之間的民族，怎麼可能是秦始皇的家身？事實上，世間民族既不可能無中生有，也不可能驟然湮滅，如果上古沒有蒙古女真民族，何來孟軻、蒙驁、蒙武、句踐、句井疆這樣一些春秋秦漢人名？蒙古是東胡鮮卑的後裔，女真是通古斯系民族的代表。說「秦始皇是說蒙古話的女真人」，是用現代人類的表像，去看古人的血緣和語言的歸屬，非此還不能把問題說得更清楚。

　　本書議論秦始皇的身世，或者選用了忽必烈、慈禧、溥儀、康生的面容，也只是研究他們的種屬，而不是搬弄他們的歷史是非。充斥本書的「漢虜同源」的種種立論，卻沒有任何一點政治的企圖，因此這是人類學的純潔探索。而本書又旨在成為一本通俗的讀物，所有的注釋又都被略去了。

　　前書《中國北方諸族的源流》問世後，曾想在台灣出一個繁體本，我在紐約的一次會上結識了周策縱先生，這位有「真君子」之稱的學者，竟于八十六歲的高齡，費時四個月，寫就了一篇充滿鼓勵的〈原族──對《中國北方諸族的源流》的幾點意見〉，後來台灣《歷史月刊》和北京的《讀書》雜誌都刊行了這篇令人耳目一新，又回味無窮的文章。作為本書的代序，〈原族〉或許能讓的讀者瞭解一位二十世

紀大學者的睿智。

推動一種思維，在任何社會中都很困難，在中國社會就無比艱巨。但中央研究院院士，世界知名語言學家王士元教授，將我的長文〈古代中原漢語中的通古斯、蒙古、突厥語成分〉推薦給美國的《中國語言學報》Journal of Chinese Linguistcs, Berkeley 發表。最近，中國語言學界在漢藏語理論的基礎上，開始注意漢語中的北方民族語言底蘊，當然又是對我莫大的安慰。

台灣《歷史月刊》新任社長東年先生和他的同仁，對《秦始皇是說蒙古話的女真人》書稿的接受，引發了作者完成使命的喜悅。周策縱王士元等先生曾予的幫助，乃至一切對本人學術觀點的批評，都有益於學術公器品格之完美。還要感激內人張甯華女士的不懈支持，在過去的一年中我們攜手克服了許多病痛和困難。

2006 年四月十七日記

簡體版前言

　　讀過台灣歷史智庫出版公司出版的本書的一位朋友，認為有出一個簡體本的必要，我轉告了東年先生，他不僅慨然允諾，而且還說：「出這樣的書，都是為了公益。」於是《秦始皇是說蒙古話的女真人》就在兩岸情同手足的出版家們的關愛下繼續成長了，感到榮幸的是我的母校出版社給了它在祖國伸展的機會。

　　近年來，我的思想有了深化，也有了新的線索。譬如，與中原古代姓氏「南門」相關的北方民族族名「乃蠻」，法國學者伯希和說它是蒙古語的數詞「八」，而《金史‧國語解‧姓氏》則說「尼忙古曰魚」，我想乃蠻是「魚族」的可能更大一些。但由於語言的變遷，人們當然不會認為內蒙古奈曼旗是一個「魚旗」的。

　　我的興趣始於匈牙利民族的祖緣探究，結論是 Magyar 人的根主要是東北亞地區的通古斯民族。因此長久以來，我一直在匈牙利姓氏中尋找「女真」。最近，一個偶然的機會在中文電視新聞字幕上看到現任匈牙利總理姓「久爾恰尼」，我又立即在網上檢索到它的原文是 Gyurcsany，匈牙利文 gy 讀 dj，cs 讀 ch；女真民族自稱「朱里真」，而 Gyurcsany 的讀音恰恰是「朱兒真尼」。

　　我們小城裏有一位芬蘭後裔 Topa 先生，他唯一東方特徵是單眼皮，我告訴過他 Topa 是一個東方姓氏，他很吃驚。德裔旅行攝影家 Gleasner 夫婦則很認同我的人類學見解，如匈人血緣融入各歐洲民族和斯拉夫民族是由歐洲人種和蒙古人種融合而成的，Gleasner 先生不僅讓我拍攝了他的照片，還將他母親年輕時的照片給我，他說他

的某些蒙古人種面型特徵是來自美麗的母親,這兩張照片也就成為本書的一部分。

　　蒙古人種的祖先是從非洲出走的,他們的體質形態則是在南亞地區滯留期間發育而成的,隨著冰河的消退,他們北上中原,然後向四方發散,不僅進入北亞、中亞、南亞、近東,而且進入歐洲和美洲。同時,我們還應注意史前期印歐人種的東遷,他們不可能止路在沙漠中的樓蘭;一定有人邁步河西走廊進入中原,一些北方人長得有西方人的隱約特徵,是因為這個古老的原因;說那是宋代猶太人東來造成,則是過於短淺的結論。

　　我所進行的人類──歷史──語言學的研究方向,不僅是在追求精確的結論,更重要的是尋找有效的手段。因此,我鼓勵讀者對本書的所有結論進行討論,目的是提升中國人文科學的整體水準。之於那些於大局無礙的不足,也就不去更動了,獻給祖國大陸的讀者的,只是一個原文略有修改,但尾接了四篇新文章的簡體版本。

　　在改版的過程中,我反復地讀了台灣版的《秦始皇是說蒙古話的女真人》,只發現了兩個標點上的疏誤和一個錯字,顯然歷史智庫出版公司編輯李惠華女士做了巨大的努力,達成了一部幾近完美的出版物,在此我要向她鞠躬行禮。

　　　　　　　　　　　　　　　　　　　　　2007 年十月二十四日

周策縱：原族——《中國北方諸族的源流》序

　　朱學淵博士把 2002 年五月北京中華書局出版他的書《中國北方諸族的源流》寄來，說準備在台灣出修訂版，並要我寫一篇序。我早先就讀了他第一篇文章〈Magyar 人的遠東祖源〉，他說 Magyar（讀「馬扎爾」，即匈牙利），事實上就是中國歷史上的「靺鞨」族。他從「語言、姓氏、歷史故事和人類互相征伐的記載中」，勾畫出了一個「民族」的始末來，旁徵博引，我認為有很大的說服性。後來他又討論了通古斯、鮮卑、匈奴、柔然、吐火羅等許多種族和語言，一共收輯了九篇論文，還有〈附錄〉和〈後記〉，就成了本書。

　　大家都知道，十九世紀下半期以來，歐洲一些漢學家由於兼識多種語言，而對中亞、遠東諸族的姓氏和源流，多有研考，成績可觀。如斯坦因（Sir Aurel Stein, 1865-1943）、沙畹（Édouard Chavannes, 1865-1918）、伯希和（Paul Pelliot, 1878-1945）、馬伯樂（Henrri Maspero, 1883-1945）等尤為顯著。中國的馮承鈞（1887-1947）翻譯了不少他們的著作。其實是應該全部都譯成中文的。中國學者懂這些語言的太少，像陳垣、陳寅恪都已經去世了，季羨林教授又已年老。將來只能靠年青一代。

　　學淵這本書遠遠超過前人，對北方各少數民族不但索源，並且窮流，指出亞、歐種族和語言溶合的關係，發前人所未發。尤其難得的是，他本來是學物理學的，能不受傳統人文學科的拘束，獨開生路，真是難能可貴。讀了學淵《中國北方諸族的源流》一書之後，不免有

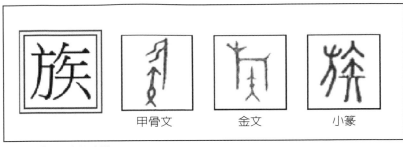

甲骨文　　金文　　小篆

圖一　「族」字的流變

許多感想，這裡只能提出幾個問題來討論。

　　第一，中國人「族」的觀念起源很早。至少於三千五百年前甲骨文中的「族」字，就是在「旗」字下標一枝或兩枝「矢」（箭）。丁山解釋得很對，族應該是以家族氏族為本位的軍事組織。這種現像在北方諸族中，就可以看得很清楚，如《舊唐書‧突厥傳下》說的：

> 其國分為十部，每部令一人統之，號為十設。每設賜以一箭，故稱為十箭焉。……其後或稱一箭為一部落，大箭頭為大首領。

　　這裡的「箭」，本義為「權狀」或「軍令」，後來則轉義為「部落」了。又像滿洲「八旗制度」，將每三百人編為一「牛錄」（滿語 niru，義為大箭）。因此「八旗制度」和「十箭制度」，也都在「旗」下集「矢」，是軍事性的氏族組織。「族」與「矢」的這種關係，可以說中原漢族和北方民族是習習相通的。學淵說北方諸族是從中原出走的，這或許是個合理的證據。

　　箭是人類早期最重要的發明之一；對這個字的研究，自然非常重要。它在匈牙利語中是 nyil，芬蘭語中為 nuoli，愛沙尼亞語中為 nool，竟都與滿語的 niru 如此相近；而漢語中的相關辭彙「弩」、「䇲」等，是否與之相關？也很值得深思。中國古文字研究，重「形」

和「義」之解釋，固然有其特殊貢獻，但忽略「語音」的構擬，已經被詬病得很久了。總有一天是要兼走這條路的，而舍比較語言學的方法恐怕不能成功。

第二，關於唐太宗征遼東（高句麗）的戰爭，正史的很多記載並不真實。在學淵的〈Magyar 人的遠東祖源〉一文中，他詳細敘述了這場戰爭，但引用的卻多是中國官史的說法。多年前，好像柏克萊加州大學一位美國朋友贈我一文。他根據高句麗方面的記載，說貞觀十九（公元 645）年六月安市城（今遼寧海城南）之戰，因高延壽、高惠真率高句麗、靺鞨兵十五萬來救，直抵城東八里，依山佈陣，長四十里，抵抗唐軍。唐太宗親自指揮李世勣，長孫無忌、江夏王李道宗（太宗的堂弟）等攻城，然而經過三個月還不能攻下。後來因為太宗中箭，只得在九月班師。

可惜這篇文章一時找不到了，我只能從中國史料來重構一些真相。而中國官方記錄都是一片勝利之聲，實在離真事很遠。據《資治通鑒》說安市之戰時，李道宗命傅伏愛屯兵山頂失職，高句麗兵奪據土山。太宗怒斬伏愛以徇，李道宗「徒跣詣旗下請罪」。太宗說「汝罪當死」，但「特赦汝耳」。據我看，太宗中箭，大約即在此時。而靺鞨兵善射，太宗可能就是中了靺鞨之箭。

《新唐書‧黑水靺鞨傳》說：「高惠真等率眾援安市，每戰，靺鞨常居前。帝破安市，執惠真，收靺鞨兵三千餘，悉坑之。」同書〈高麗傳〉所說的「誅靺鞨三千餘人」，當是同一件事。太宗對高句麗軍都很寬恕，獨對靺鞨人仇恨，必非無故。九月班師，《通鑒》說是「上以遼左早寒，草枯水凍，士馬難久留，且糧食將盡。」其實都只是藉口。

《通鑒》又說，這年十二月太宗突然患癰疽，「御步輦而行」；「至并州，太子〔李治〕為上吮癰，扶輦步行者數日。」還有侍中兼

民部尚書和禮部尚書劉洎，本是太宗的親信大臣，「及上不豫，洎從內出，色甚悲懼，謂同列曰：疾勢如此，聖躬可憂。」，太宗居然用「與人竊議，窺窬萬一，謀執朝政」的罪名，賜他自盡。其實他不過是透露了太宗受箭傷的消息，竟惹來了殺身之禍！

《通鑒》還說，二十年二月，「［太宗］疾未全平，欲專保養，庚午［陽曆三月二十九日］，詔軍國機務並委皇太子處決。於是太子間日聽政於東宮，既罷，則入侍藥膳，不離左右。」褚遂良諫太宗多給太子一些閒暇，說明太宗已把責任都交給太子了。二十二年五月，太子率更長史王玄策擊敗天竺（印度），得其方士那邏邇娑婆寐，自言壽二百歲，有不死術。太宗令他「采怪藥異石」，以求「延年之藥」。據我看，太宗是想要治箭瘡。二十三（公元 649）年，五月己巳［陽曆七月十日］，太宗服丹藥反應崩駕。他死後四天才發喪。當時宣佈他年五十二，實際只有五十歲。

中國後世史家，甚至寫唐史的人都很少留心敵人方面的記載。我只注意到錢穆先生的老師呂思勉在他的《隋唐五代史》裏就懷疑官方的說辭。他說：

> 新唐書高麗傳曰：始行，士十萬，馬萬匹，逮還，物故裁千余，馬死什七八。船師七萬，物故亦數百。（通鑒曰：戰士死者幾二千人，馬死者什七八。）此乃諱飾之辭，豈有馬死什七八，而士財［才、僅］喪百一之理？

當然，他還沒有注意到高句麗方面的記錄，可是有此見解已很不容易了。

第三，關於李唐家族的血緣，前人也有些研究。陳寅恪曾發表兩篇論文，認為唐朝皇室基本出於漢族。日本學者金井之忠發表〈李唐源流出於夷狄考〉一文反駁。陳寅恪又寫了〈三論李唐氏族問題〉來

答復。陳說：李唐祖先李熙及妻張氏皆漢族，其子李天賜及妻賈氏亦皆漢族，其子李虎自系漢族，虎妻梁氏固為漢姓，但發現有一例為胡人，乃只好作為可疑了案。陳寅恪是依傳統，以男性血緣為主，所以終於認定李唐為漢族。

依照我從男女平等的看法，張姓本多雜胡姓，李唐皇室早已是混血種。李虎之子李昞本身已可疑，其妻獨孤氏（即匈奴屠各氏，後改劉氏）當是胡族，他們的兒子李淵（高祖）必是漢胡混種，胡血可能在一半以上。李淵的妻子竇氏（太宗之母）乃紇豆陵毅之女，更是鮮卑族胡人，所以唐太宗的胡血，至少有四分之三。太宗的妻子長孫皇后（高宗的母親），是拔拔氏（史亦稱拓拔氏，也就是拓跋氏），高宗身上漢血的成分已很少很少了。

據陳寅恪考定，高宗做太子時，即烝 [上淫曰烝] 于太宗的「才人」武則天，太宗死後便直接娶了她。為了避免顯得他是直接娶了父親的愛妾，便又偽造武則天先在感業寺為尼，然後才把她娶來的假故事。這雖像掩耳盜鈴，但于胡血甚濃的李唐家族來說，從「父死，妻其後母」的胡俗，又有什麼可驚怪的呢？皇族還可略加追索，至於一般老百姓，當然更是一篇糊塗帳。

中國歷來對姓氏和血緣的研究就不用心，章太炎在〈自述學術次第〉中說：「姓氏之學……所包閎遠，三百年中，何其衰微也！」姚薇元于抗戰前師從陳寅恪，他在 1963 年出版《北朝胡姓考》，於〈緒言〉中說自己是「以蚊負山」，也不為無故。

第四，這裡還必須指出，太宗的妻子長孫皇后，于貞觀十年六月己卯（陽曆七月二十八日）因病去世，實年僅三十五。她的英年早逝，對唐朝的命運關係重大。身為皇后的她，既好讀書，又反對外戚弄權。她的哥哥長孫無忌與太宗是「布衣交，以佐命為元功，出入臥內，帝將引以輔政，后固謂不可。」她向太宗說：「不願私親更據權於朝。

漢之呂、霍,可以為誡。」(《新唐書・後傳》)太宗不聽,任無忌為尚書僕射,即宰相之職;她卻勉強要哥哥辭謝了。她一死,無忌就當了權,扶持了外甥李治做太子。親征高麗時,有人建議直取平壤,無忌卻主張先攻安市;結果有太宗的中箭。

後來高宗因常患「風眩」,一切由武則天控制。她把唐朝宗室幾乎殺盡,連太宗的愛女和女婿,和她自己的兒女也遭誅殺。長孫無忌遭貶謫賜自盡,褚遂良則死於貶所。武則天終於篡了天下,做了皇帝。說來,在玄武門事變中,太宗把同母兄太子建成射死;自己後來也因中箭傷而崩駕,可謂報應不爽。而他讓人把胞兄建成和胞弟元吉的頭割下來示眾,還把他們的十個兒子都殺光。時元吉僅二十三歲,想必他的五個兒子不過幾歲,小孩又有何罪?

趙翼在《廿二史札記》裏說:「是時高祖尚在帝位,而坐視其孫之以反律伏誅,而不能一救。高祖亦危極矣!」《通鑒》則評得更痛快:「夫創業垂統之君,子孫之儀刑 [模範] 也,後中、明、蕭、代之傳繼,得非有所指擬 [摹擬],以為口實 [藉口] 乎!」那幾代皇帝都要靠軍隊平難,方能繼位。太宗雖然是一個歷史上的好皇帝,但他也為本朝後人樹了壞規矩。上述的這些惡果,多少與長孫皇后和魏征的早死有關。魏征死於征遼的兩年前。太宗在戰事失敗後,曾歎曰:「魏征若在,不使我有是行也!」

太宗服丹藥喪命,也是皇室的壞榜樣,趙翼的書中就有〈唐諸帝多餌丹藥〉一條。貞觀二十一年高士廉卒,太宗欲去弔唁,房玄齡諫阻,「以上餌藥石,不宜臨喪。」長孫無忌更一再攔阻。這還不是那印度方士的藥,但可見他早就在服丹藥了。多年後,李藩對唐憲宗(公元 806-820 年在位)說,太宗「服胡僧藥,遂致暴疾不救。」說的才是那印度方士的藥。至於好色和亂倫,更是唐朝皇帝們的家常便飯了。

　　最後，我想質疑學淵在〈Magyar 人的遠東祖源〉的一個說法。他引用馬長壽的結論說「阿伏于是柔然姓氏」。並且推論說：柔然是繼匈奴、鮮卑之後，稱霸漠北的突厥語族部落，公元 508 年被高車族重創；又據歐洲歷史記載，一枝叫 Avars 的亞洲部落於 568 年進入東歐，曾經在匈牙利地區立國，並統治巴爾幹北部地方二百年之久，865 年為查理曼帝國所滅。歐洲史家認為 Avars 是柔然之一部；學淵以為 Avars 就是匈牙利姓氏 Ovars，或「阿伏于」的別字。很可能是在九世紀末，Avars 與 Magyar 人融合，而成為匈牙利民族的一部分。

　　我原來以為學淵的推測很巧妙；可是一查他在注釋裏引馬長壽的《烏桓與鮮卑》一書中所說的，不是「阿伏于」，而是「阿伏干」。再查馬氏所根據的《魏書‧長孫肥傳》附其子長孫翰傳曰：

> 蠕蠕大檀入寇雲中，世祖親征之，遣翰率北部諸將尉眷，自參合以北，擊大檀別帥阿伏干於柞山，斬首數千級，獲馬萬餘匹。

　　馬氏認為入寇雲中是在公元 424 年。我查得柞山是在綏遠界內，今屬內蒙。

　　據陳連慶著《中國古代少數民族姓氏研究》（吉林文史出版社，1993 年初版，頁 198）說：

> 《魏書‧官氏志》說：「阿伏于氏後改為阿氏。」「于」字系「干」字之誤。《姓纂》七歌、《氏族略》均不誤。《廣韻》七歌誤作「于」。

陳氏又說：

《魏書·高祖紀》云：「延興二（公元 472）年二月，蠕蠕犯塞，太上皇（獻文帝拓跋弘）召諸將討之，虜遁走。其別帥阿伏干率千餘落來降。」

為什麼在四十八年之後，阿伏干又來投降北魏？我再查手頭的中華書局標點本，原來陳氏又將「阿大干」錯寫作「阿伏干」了，他們不是一個人。

我以為「阿伏干」讀音，最接近「阿富汗」（Afghan），而阿富汗人多數說的是一種屬於伊朗語言（Iranian language）的普什圖語（Pashtu）。當然阿富汗之名的由來還須查實，1970 年版《大英百科全書》說 Afghan 的名稱是六世紀印度天文學家 Varaha-mihira 首先提到，當時用的是 Avagana。同時期的中國歷史似亦有線索，《魏書·西域傳》記載過「闍浮謁，故高附翕侯，都高附城。」古之「高附」，就是今之喀布爾（Kabul）；莫非「闍浮謁」就是阿富汗？此事還望學淵作進一步探索。

我在這篇序裏要強調的有幾點：（一）凡對外、對內關係或戰爭，都應該要比較對方的記錄，平衡判斷。（二）官方的宣傳和記載，不可盡信。（三）偶發事故，像長孫皇后和魏征之死等，往往可有長遠重大的後果，歷史並非有必然定律可循。（四）美國素來以世界諸族熔爐自豪，當然可貴，但還只有三數百年發展；中國卻早有三數千年的民族融合了。語言、血族、文化、文明的和平交流熔會，更可能是將來的趨勢。我看這也是朱學淵博士此書最重要的貢獻。

2002 年十月五日寫於
美國威斯康辛州陌地生市之棄園
原載台灣《歷史月刊》2003 年一月號

目次 ———————◆

華夏與戎狄同源

一、中國北方諸族研究始末

　　中國北方諸族對人類歷史進程的影響是巨大的。極端惡劣的生存環境玉成了他們堅韌不拔的意志、卓越的軍事才能和傑出的統治藝術。對東西方文明社會持續數千年的激烈撞擊，使他們的活動成為世界歷史中最精彩和誘人的部分；而中國則承擔了記載他們的史跡的最重要的責任。在過去的六、七年中，我著手了北方民族的語言信息的解析，以及他們與東西方民族血緣關聯的研究，即：追溯他們的「源」，和辨析他們的「流」。

　　人類之初是從事遊牧和漁獵活動的，中國北方諸族的祖先都是從中原出走的遊牧和漁獵部落。它們在草原地帶獲得了巨大的遷徙能力；所謂「西戎」是直接出自中原，或是由「東夷」、「北狄」轉徙而成的。東夷、北狄、西戎與中原民族的同源關係，正是今世通古斯、蒙古、突厥語的成份在漢語中舉足輕重的原因。

　　然而，北方諸族的許多征伐活動都被移接到其他人種名下去了。紀元前出現在東歐和近東的 Cimmerian、Scythian、Sarmatae 人，都被《大英百科全書》說成是伊朗人種的遊牧部落；那些出自河西走廊的月氏和烏孫民族也被指認為印歐人種。我則以語言線索為這些人類集團尋到了源頭：它們也是史前期出自中原的戎狄民族。

　　所謂「民族」，實有「血族」和「語族」之分。遠古時部落隔絕、人口稀少和近親遺傳，使人類的體征和語言發生分離。上古語言往往是在血緣集團內發育完備的，那時血族和語族是一致的。到人類生產和遷徙能力增強時，血緣開始在較大範圍內交叉，遠緣繁殖又使人類

體質和智力發生飛躍。而在「強勢部落」和「強勢語言」的影響下，一些大規模的民族，實為語族開始形成，血族的概念則漸漸淡漠。例如漢族就是一個語族，其血緣則早已無法辨析。概言之，人類之初是處於離析的狀態，而近世則處在融合的趨勢中。

今天基因科學如此進步，人類生理、病理和遺傳等艱深問題的解決，都指日可待；而人類對自身由來的認識，卻遙遙無期。近一萬年人類的活動只是它的歷史的最後幾頁，而我們對它的理解則是千頭萬緒。從生命科學的成果來看，不同人類種屬間的基因區別極其微小，而且這種微弱差異又被人類融合的過程稀釋到難以察覺的程度。因此，那些包括傳說在內的歷史記載，必然包含了解決上述課題的語言線索；人文科學在自然科學的強勢進展面前，仍然保有不可與缺的一席之地。

涉及人類學和語言學的北方諸族研究，是西學東漸後才在中國展開的。然而，外人治中國史有條件的限制，中國人理自家史又有傳統的束縛。雙方雖然有不少成果，總體卻不如人意。儘管如此，法人伯希和，俄人巴托爾德，日人白鳥庫吉等，以及國人洪鈞、屠寄、王國維、陳垣、陳寅恪、岑仲勉等，都有專精的見解和著述。

我自幼對這些問題有著濃厚的興趣，然而腦子裏也只是一片混沌，而且從來沒有解決這些問題的打算。是一次偶然的機會，將我引上了這項研究的不歸之路。1996 年夏天，為識得一個蒙古字之讀音，打電話給蒙古國駐華盛頓大使館求教，商務參贊納蘭胡（意為「太陽之子」）先生竟與我閒聊了兩個多鐘頭。納蘭胡之父是駐節原蘇聯的外交官，因此他長在俄羅斯，受業於莫斯科大學，英俄兩語俱佳；其岳父又是鮮卑史專家，耳濡目染，對於史學亦頗有見解。他告訴我匈牙利語與蒙古語很接近，還說匈牙利國內年輕的一代，正在與傳統勢力鬥爭，認為他們的祖先是來自蒙古的。

納蘭胡寄來 1995 年二月六日《華盛頓郵報》一篇題為 *Hungry of Their Roots* 的文章，說的是匈牙利的尋根熱潮。Hungary（匈牙利）與 Hungry（饑渴）僅一字之差，該標題實際是英文文字遊戲。這篇〈饑渴〉文章說：

> 在共產主義的年代裡，蘇聯學者支持匈牙利和芬蘭民族是源自於蘇聯境內的烏拉爾山地區，因為這個假設或多或少有利於將匈牙利套在蘇聯的軌道上。但是，新的研究已經開始質疑這個假設，匈牙利人正在朝更遠的東方去尋找他們的文化之源。

這篇文章引起了我的好奇。公道地說，前蘇聯學者的純學術態度是高尚的。匈牙利和芬蘭民族發源於烏拉爾山的理論，是源於西歐學者的早期研究，後來才為芬蘭學者認同，目前則為一些匈牙利和西方學者堅持。對於這個學術觀點，前蘇聯學者也沒有表現出更高的熱情。

比如，美國印第安那大學匈裔猶太人學者 Denis Sinor 很早移居西方，但他是上述觀點的「權威」支持者之一。布達佩斯羅蘭大學 Gy. Kara 教授，以及《大英百科全書》也都在鼓吹這種理論。如果說這都是為前蘇聯的政治服務，顯然是荒謬的。客觀一點說，《郵報》是用「戴紅帽子」方法，為匈牙利的一代新人，發他們對行將逝去的一代學術專制的怨懟。

〈饑渴〉一文描繪了一群匈牙利大學生，學習的「中亞學」的熱潮，和羅蘭大學裏的藏語和蒙語課堂爆滿的情景。這篇報導表現美國大報記者善於速成的聰明才智，它不失精確地介紹了 Magyar（馬扎爾，即匈牙利）人從東方闖進喀爾巴阡盆地的那段已知歷史，以及關於 Magyar 人未知祖源的種種說法。它說：

1986 年，中國政府允許匈牙利學者回到烏魯木齊以東三十英里處的墓地從事進行研究。……匈牙利學者在那裡發掘了一千二百座墓葬，他們這些發現出土的文物與九至十世紀間的匈牙利墓葬物相似，墓中陪葬武器的排列，掩埋的方式，以及文字書寫的形式均一致。著名的匈牙利民族學者基斯利說：」這些地方竟埋藏了人們從未領略過的秘密。」

在離墓地不遠的地方（按：實際是在甘肅省），基斯利和其他學者們碰到了一個人數很少的，在中國被稱為「裕固」的民族，它與新疆地區也使用突厥語的維吾爾族有所不同。科學家們發現，這個人數僅九千人的的裕固族的七十三首民歌，都是五音階的；那些被世界著名作曲家巴托克普及了的匈牙利民歌也都是用五音階作成的。（按：這個結果是中國音樂學家杜亞雄教授首先發現的）

基斯利說：「我們找到了最後一個會唱這些民歌的婦女，她唱得就象和我們匈牙利人一模一樣」。基斯利還說，裕固族在若干個世紀以前就皈依了伊斯蘭教，卻依然保存了薩滿教的巫醫治病的傳統。他們所用的念咒語的方式，在十一世紀以前尚未接受基督教的匈牙利也很普遍。基斯利說：「我們認為我們已經尋到了自己的根，但是我們必須回來反復的確證它」。基斯利說，他認為古匈牙利人不遲於五世紀才離開新疆地區，以後則一路走走停停，經過了幾個世紀，中途又融入了古芬蘭人，演變了他們原先的語言，最後才到達他們今天歐洲的家。

文章還說：

一個名叫尤迪特・色楞格的專修蒙古語的女生，幾年前去蒙古，她感到兩種人民間有無形的聯繫。她在烏藍巴托結識了她後來的丈夫，他們一起回到布達佩斯，都在該大學裏做研究。她說：「我知道匈牙利人不是歐洲人，我們有許多與亞洲人共同的東西，特別是與蒙古人。」

Magyar 人的先祖肯定是從東方遷移來的民族集團。如果他們還是一副亞洲人的樣子，問題可能會變得索然無味。也正是因為他們的那種「西方人」的外形，和「東方人」的內涵，及曾經遊牧於歐亞草原的無可奉告的歷史，使得假設可以更為大膽，而求證則必須甚為小心。然而，除去科學性以外，還往往牽涉人們的感情；藍色的多瑙河畔的人們，是否會苦思：難道我們會是來自苦旱的蒙古高原的嗎？難道我們的祖先是那些高顴塌鼻的蒙古人嗎？

〈饑渴〉說基斯利教授認為裕固族可能與他們同根；色楞格女士卻更認同蒙古人。裕固族是回紇的後代，他們是在紀元 840 年後才從蒙古高原中部遷徙到甘肅地區的；而今天的蒙古民族是在十三世紀以成吉思汗的蒙古部為核心融合成的。匈牙利人在九世紀末進入中歐前，還曾在草原上遊蕩了幾百年。如果回紇是其祖，他們應出自蒙古高原；如果蒙古是其宗，他們則應來自呼倫貝爾大興安嶺地方。

經此番啟迪，我興致大發。只用了幾個月的時間，就比較完了半本《英匈字典》和《英蒙字典》，輕而易舉地發現了數百個完全相同的對應辭匯，當時我幾乎已經認定匈牙利人與蒙古民族同源，並準備要寫一篇論文了。然而又一偶然事件改變了我的思路和結論。

1996 年感恩節，我去洛杉磯省親，在一家中國書店掘得一部《金史》。該書最後一篇〈國語解〉羅列了七十七個女真辭匯，經過幾個星期的揣摩，竟發現女真語比蒙古語還更接近匈牙利語。我開始意識

到匈牙利族名 Magyar（馬扎爾）就是女真滿族的祖名「靺鞨」（亦作「靺羯」），他們與滿族是同源的。以後又發現了支援這個結論的大量語言證據，1997年夏，終於作就了平生第一篇史學論文〈Magyar 人的遠東祖源〉。

文章寫成後，先寄給史學家唐德剛先生，德剛先生文章聞名天下，年過八旬而又諧趣風生。據唐夫人說，他接到文章一口氣就讀完了。唐先生在電話裏，用極重的合肥話與我長談，他說：「你的文章是一篇絕好博士論文」，他說自己也曾有過 Magyar 即「靺鞨」的想法，可惜沒有深入下去。

受此鼓勵，把文章寄給中國國內雜誌，卻遭遇了重重的困難。非議如「不合體例」，或「未曾聽說」，或「某字拼法有誤」，或「匈牙利會有什麼反映」，或「洋人有如何看法」云云；怕見笑於世界，受譏於學界。總之，無自信乃我民族之劣質也。所幸，中國社會科學院歷史研究所中亞問題專家余太山教授，不僅予我許多鼓勵，還竭力四方推薦。他的熱情和真摯，令人感佩。

老朋友趙忠賢教授（物理學家，中國科學院院士）得悉我的文章得不到發表，頗為嘆惜地說到他的一位研究生發現了一個經驗公式，只需有幾個資料，便可確定某種物質是否可能有高溫超導性，在有所舍取後再行實驗，既省錢又省事。該生投稿《中國科學》，竟因「理論不完善」被拒。他轉投美國《應用物理》，卻立即被錄用。現在這個公式已被各國同行廣泛使用。由此可見，中國之學術還在「但求無過」的困境中徘徊。

民族研究所所長郝時遠教授主編的《世界民族》雜誌，於 1998 年第二期刊登了這篇長文。後來《文史》、《歐亞學刊》、《西北民族研究》、《滿語研究》刊出了若干後續文章。1999 年，韓國、芬蘭、土耳其學者主編的《國際中亞研究》International Journal of

Central Asian Studies 全文發表了它的英文稿。2001 年在布達佩斯講演引起了匈牙利學界的高度重視；是年底該國 TURAN 雜誌又將它譯成匈牙利語全文刊出。顯然，任何學術成果的認識和傳播，都是要消磨時間和耐心的。

中國敦煌吐魯番學會秘書長、中華書局漢學編輯室主任柴劍虹教授，很早就與我約稿成書。但線索一旦展開，潮思如湧，很不容易收斂；有的文章殺青了，又言猶未盡。拖了很久才決心打住，給自己留了一條出路。2002 年五月拙著《中國北方諸族的源流》以《世界漢學論叢》之一部面世了。

同年六月一日，我去紐約參加司馬璐先生召集的「胡適之討論會」，結識了主講人周策縱教授。策縱先生是德剛先生的摯友，第二天我們同車往訪四月間中風，腦部受損的德剛先生，開門時他竟問周先生：「你找哪一位？」這鉤起我心中一番酸楚。畢竟一代文豪睿智猶存，入座後就記憶恢復，妙語連珠了，談的都是名人昔事，唐夫人吳昭文女士說交談有助病人康復。回來的路上我把書稿給了周先生，他一路就讀了起來。我說準備出一本「繁體本」，希望他能寫一篇序言，他說「文債」太多，不知有無時間，回去再細讀一遍。可這一「細讀」，就耗去了周先生四個多月的時間，他不僅把書中的錯字別字，文句缺失，註釋編理的問題一一找了出來，還「刁難」了我許多問題。

是年十月間，八六高齡而虛懷若谷的周策縱先生，才一絲不苟地將〈原族《中國北方諸族的源流》序〉作就了。文中將突厥民族「以箭匯族」的部落結構，和滿洲以「牛錄」（滿語之「箭」）為元胞的「八旗」組織，與甲骨文的「族」字是「旗下集矢」的現象融會貫通，指出北方諸族的確是從中原出走的。學術大師的這種集文字學、歷史學、民族學的高瞻遠矚，自是我輩靈感與學力之所不及的了。2003

年，北京《讀書》雜誌和台北台灣《歷史月刊》分別刊登了他的這篇文章。

中國傳統學術和西方學術間的區別在於目標之差異。幾千年來，中國讀書人都是以訓練背誦和註釋經典的能力，來達到做官行政的終極目標；結果往往是學罐滿盈，而見地不足。然則，西方學者卻能大膽假設，雖時有疏於求證的結論，而探新的優勢倒在他們的手中。就北方諸族研究而言，中國史料有必須被徵引的機會，而中國學者之說卻難有登堂之譽。面對西人的大膽宏論，國人只有求證的本份。

中國傳統學術的弊端，可從古代學者顏師古和胡三省的名字看出端倪，「師古」有杜絕創新之意；「三省」有主觀唯心之嫌。這種傳統決定了中華文明有前期的燦爛，繼而有後期的守拙。近百年來，在西方學術進取優勢面前，我國學者缺乏自信；精通西學方法者少，而迷信西學結論者多。歷史、語言、人類學的研究，則在「傳統的」和「別人的」雙重遊戲規則中，糾纏於咀嚼式的考據。那些本該由自己作出判斷的重大課題，卻都謙讓給別人去說了。

比如，由於漢字系統非表音的性徵，使「語言學」和「文字學」的分野在中國長期未能界定。西方科學方法入傳以後，這一問題仍未理順。瑞典學者高本漢構擬的漢語「上古音」又誇大了漢語語音的變化。然而，這些尚待檢驗的假設又成枷鎖，使我國學界對漢語語音的延續性愈具疑慮，對上古文字語音記載，或懷疑一切，或避之猶恐不及。通過語音信息對上古歷史的研究領域，竟而被誤導到幾乎完全「失聲」的狀態。

就歷史科學來說，繁瑣考據的時代應該結束了。前人沒有留下更完備的史料，也是「歷史」的一部分。這個無法抱怨的現實，為我們留下的是一片施展思辨、想像和洞察的廣闊空間；而「過去」既沒有必要，也沒有可能去精確地重現了。歷史科學應該去解析現成的史

料，發現新證據，調用新方法，來重構一個較合理的模型，去逼近人類社會的各個真實過程。

　　這次，台灣《歷史月刊》社長東年先生，又命我寫幾篇文章，準備出一期關於中國北方民族研究的專輯。我首先以這篇〈中國北方諸族研究始末〉來介紹本人學術研究之樂趣，並表達對前輩周策縱先生、唐德剛先生和台灣《歷史月刊》編輯部的敬仰和謝意。

原載台灣《歷史月刊》2003 年六月號

2006 年三月三日修改

二、中國北方民族的族名

　　語言是人類歷史的化石，族名作為人類血緣的語音標識，產生於語言的早期發育階段，因此它們是人類歷史最深層的化石。而族名又會轉化為姓氏、人名、地名遺留至今。中國傳統學術將「天、地」視為根本，以為族名是從山、水而來的。其實，沒有人類的到達，是沒有這些山水之名的。

　　《禹貢》記有「織皮昆侖、析支、渠搜、西戎即敘」的說法，漢代大儒鄭康成認為它們是「衣皮」的遊牧部落，而「昆侖、析支、渠搜皆本山名，而用以為國號者也」。其實，應該反過來說「昆侖、析支、渠搜皆本族號，而用以為山名者也」。東北內蒙有許多「鮮卑山」，它們都是「鮮卑」部落曾經居住的地方。

　　人類之初走出非洲，由於種落隔絕，近親遺傳導致人類體征的群體性分離，同時產生出了許多不同的部落語言，那時候「血族」就是「語族」。後來，在遷徙和征伐活動中，人類血緣發生了融合，人類的語言也發生了兼併，語種逐步減少，今天的漢族、滿族、蒙族、維吾爾族、藏族等，都是血緣極為混雜的大語族而已。

中國北方民族族名研究的意義

　　由於語種的大量湮滅，族名語義也大量地被遺忘，音義皆明的族名只有不多的幾個，如愛新（金）、蒙古（銀）、叱奴（狼）、呼延

圖二　阿拉斯加一個愛斯基摩人家庭（面目似山東人）

（羊）、叱羅（石）等。有一些古代族名只有譯義，如林胡、山戎、
黃牛、白馬等，真音反而無人知曉。絕大多數族名有音無義，如突厥、
鮮卑、女真、華夏等，因為失去了語義內涵，所以就不再遷就語言的
遊移，而成為較穩定的語音成份，亦不失為訓讀漢字的一面鏡子。

　　北方民族的祖先出自中原，它們的族名卻播遷到世界各大洲，如
西伯利亞即「鮮卑利亞」，保加利亞即「僕骨利亞」，烏茲別克即「兀
者別克」，楚克奇半島即「女直半島」。而匈牙利族名 Magyars 是
女真的「馬佳氏」；德國國名 German 與一枝叫 Cimmerian 的蠻族
族名有關，字根 Cimmer 是東方族名「吉里謎／濟爾默／哲里木」等。
而印度莫臥爾王朝是「蒙古政權」，如果英國人不殖民印度，南亞次
大陸也未嘗不因名「莫臥爾次大陸」。北方民族族名之於世界地名、
族名、國名的研究有非凡重大意義。

　　北方民族也用族名來做人名，努爾哈赤兒輩人名「巴布」是「拔拔」，「多鐸」是「韃靼」，「多爾袞」是「吐渾」，「德格類」是「吐火羅」，「費揚果」是「費雅喀」，「莽古爾泰」是「蒙古惕」，「湯古代」是「唐古惕」。古代中原人名也有此特徵，如「虞舜」是「烏孫」，「無忌」是「兀者」，「句踐」是「女真」，「叔孫」是「肅慎」，「闔閭」是「斛律」，「老萊」是「柔然」，「孟柯」是「蒙古」，「墨翟」是「勿吉」，「荊軻」是「准葛爾」等等。從人類學來看，北方民族社會是史前中原社會的一面鏡子。

「朝鮮」是「彩虹」

　　《史記・朝鮮列傳》是朝鮮半島的第一部歷史，其地曾為高句麗、新羅、百濟三國并立，高句麗又與扶余民族有關。然而，這些國名族名卻沒有一個能與「朝鮮」掛鉤，因此始於春秋的「朝鮮」之名的由來一直是個謎。

　　蒙古人稱「高麗」做「肅良合」，明代雜著《登壇必究》附篇〈蒙古譯語〉記作「瑣瓏革」，現代西式蒙文作 Солонго／Solongho，本義「彩虹」。漢譯「朝鮮」是取「鮮豔天色」來代替「彩虹」。那時，蒙古民族還沒有抬頭，但是東胡——鮮卑語是蒙古語的祖先，看來中原民族對這種古代語言早有瞭解。

　　既然「肅良合／瑣瓏革」是國名或部落名，因此一定可用來做人名。《八旗滿洲氏族通譜》記載的十七世紀女真人名「薩郎阿／索淩阿」都是其諧音或別寫。非比尋常的是，孔夫子父親之名「叔梁紇」就是「肅良合」，即是一個名叫「彩虹」的人。

「兀者」是「林胡」

「兀者」是通古斯──女真系民族中最重要的部落名，一般認為它散居在東北亞地區，《中國大百科全書》賈敬顏撰文之詞條「兀者」說：

> 又作吾者、斡者、斡拙。遼代稱烏惹、兀惹、烏若、烏舍、嗢熱；金、元兩代又稱烏底改、兀的改、兀的哥；或稱野居女直、兀者野人（一作吾者野人）。兀者或兀者野人是一種泛稱，它用以稱呼廣布於松花江下游直到黑龍江下游以及精奇里江南北、烏蘇里江東西從事漁獵和採集的許多不同族屬的部落。……清代有各種以「窩集」命名的部落，即指兀者。

清代學者何秋濤在《朔方備乘》中則指出「窩集者，蓋大山老林之名」之義。匈牙利語許多基本詞彙來自通古斯──女真語，其「森林中人」一字適為 erdesz。

〈匈奴列傳〉說「晉北有林胡、樓煩之戎」，這個「林胡」應即「林中部落」的意思，因此可能就是女真族名「窩集／兀者」的意譯。古代農業民族看不起遊牧民族，遊牧民族又看不起山林中射獵的民族，因此「兀者」還被遊牧的蒙古人視為「兀者野人」，於是成了「戎狄」眼中的「戎狄」。

〈殷本紀〉說「伯夷、叔齊在孤竹」，歷代史家對華北「孤竹國」（「孤／狐」同音）有許多求證，但無人點明其為「兀者國／林胡國」，可見「兀者」曾經是一個中原古族。事實上，中原地名武陟、尉氏（河南），無極（河北），無棣（山東），吳旗（陝西）；中原

人名無忌、無知，姓氏尉遲等，都是族名「兀者」的遺存。

「月氏」也是「兀者」

中亞國名「烏茲別克／ Uzbek」是由 Uz 和 bek 複合而成，突厥語「王公」一字是 Bek，漢譯「伯克」；「烏茲別克」實際是「烏茲伯克國」。關於這個民族的由來，人們有若干不同的說法，卻未能認識「烏茲／ Uz」是女真民族的成員部落——「兀者」。

前蘇聯學者認為，十五世紀蒙古金帳汗國瓦解，說突厥語的「月即別／ Узбеки」部落軍進入河中（錫爾河與阿姆河之間），與當地十一世紀才改操突厥語的「大食族／ Таджики」（即「塔吉克族」）農業居民融合成為「烏茲別克／ Узбеки」民族（余大鈞譯《金帳汗國興衰史》頁 251-55）。

事實遠非如此，漢代自河西走廊出走的「大月氏」就定居在河中地區，而希羅多德更早就有關於中亞 Utii 部落向波斯帝國繳納稅貢的記載（《歷史》第三卷第 93 節），唐代它成為「昭武九姓」的核心，元代則被稱為「月祖伯」（《元史・地理志六・西北地附錄》）。因此，族名「烏茲／ Uz ／ Уз」即「月氏／月祖／月即」是毫無懸念的結論。（韓國地名「月尾島」對譯 Wolmi Do 也是「月」字訓「烏」的例鑒）

「月氏」是「兀者」，意味著女真民族不僅是「東夷」，而且是活動在河西走廊和中亞地區的「西戎」，於是就與我們傳統的觀念大相徑庭。本書將進一步演繹論證「通古斯即九姓」，一旦認識這個事實，「月氏」既為「九姓」，其為女真大族「兀者」的人類學結論就會水到渠成。

圖三　吉爾吉斯斯坦的烏茲別克族兒童和老人
A. Duvall 和 S. John 攝影 http://freenet.kg/peacecorps/field.html

「山戎」是「烏洛渾」

　　春秋時就有「山戎」，《史記‧管晏列傳》就記載了「桓公實北征山戎」的事件，「山戎」是蒙古語的「山裏人／烏洛渾」；漢代開始用音譯族名「烏洛渾／烏桓」後，意譯族名「山戎」就退出了歷史舞台。顯然，齊桓公時代中原對這個今天是蒙古語的族名，還是能解其意的，但後來的人們卻忘記了它的由來。

　　《後漢書‧烏桓鮮卑列傳》說：

　　　　烏桓者，本東胡也。漢初，匈奴冒頓滅其國，余類保烏桓山，因以為號焉。

　　　　……

　　　　鮮卑者，亦東胡之枝也，別依鮮卑山，故因號焉。其語言習俗與烏桓同。

其中「保烏桓山」和「依鮮卑山」而得其名號，都是瞎說；但是東胡、鮮卑、烏桓都說古蒙古語，卻是千真萬確的。

契丹建立遼朝時，蒙古尚未成名，蒙古語民族以「山戎／山奚／山蕃」為號，《遼史·屬國軍》有「烏馬山奚」和「胡母思山蕃」的記載，「胡母思」就是「庫莫奚」；而「烏馬／u-ma」就是「宇文」，「烏馬山奚」實際是「宇文鮮卑」之別稱，因此「山戎／山奚／山蕃」是前蒙古時代等同東胡、鮮卑的族類統稱。

以天象作的族名

「阿巴嘎」是滿語的「天」，歐亞大陸遍佈「阿巴嘎」之名，如內蒙古的阿巴嘎旗，中西伯利亞的阿巴嘎地方，格魯吉亞的阿巴嘎共和國，等等。「阿巴嘎」又可轉寫成「呵不哈」，《金史·國語解·姓氏》說「呵不哈曰田」；這是因為姓「天」太犯上，因此女真人改漢姓時，選擇了接地氣的「田」。齊魯是東夷——通古斯民族的地方，春秋時代出了許多「田姓」人物，他們可能都是「天族」之裔。

法國人伯希和說「阿巴嘎」是蒙古語的「叔叔」，於是國人亦云它是「叔叔部落」了；而父母叔伯兄弟姐妹人皆有之，用來做族名是不合理的。其實，上古中原的「金天族」，即是「愛新——阿巴嘎」部落聯盟，以「阿巴嘎」的語義和它與「愛新」伴生的歷史來看，「天族」是個通古斯血緣部落。

蒙古語「太陽」是 нар／nar 或 наран／naran。清代著名詩人「納蘭幸德」和「那拉氏」慈禧太后都是「太陽族人」。蒙古人名「納蘭胡」是「太陽之子」，女真人名「納良阿」，乃至東周諫臣之

圖四　慈禧太后和愛斯基摩婦女（右）

名「芮良夫」都是其諧音。說來，古代中原人名的確與北方民族的人名是一樣的。

　　《金史·國語解》說的「兀典，明星」是女真語裏的蒙古字。《漢書·西域傳》有「烏貪國」，《晉書·北狄傳》有族名「烏譚種」；西域地名「于闐」，《蒙古秘史》作「兀丹」，《元史》作「斡端／忽炭」，二十世紀改作「和田」，西文作 Khotan，西方學者想在印歐語裡找到它的語源，但終歸於失敗。我以為黃河流域地名「洪洞／邯鄲」等也都是其諧音，「星族」發源於中原，後來才逸散四方。《史記·趙世家》人名「黑臀」，字雖不雅卻是一位「明星」。

以動物作的族名

人類遊牧活動可能遠早於農耕生活，否則人類是不可能遍佈全球的，因此馴順的「羊」，或兇惡的「狼」都成為人類的族名，突厥語「羊」字「呼延」和蒙古語「狼」字「叱奴」，都是最為人知的的東方族名。

《金史·國語解·姓氏》說的「尼忙古曰魚」、「兀顏曰朱」、「女奚烈曰郎」其實就是「魚」、「豬」、「狼」。《女真譯語》說「魚」是「呢木哈」，「豬」是「兀尖」，但沒有說「女奚烈」是「狼」，然而西方古籍卻將它一語道明了。

希羅多德在西方有「歷史之父」之譽，他的《歷史》（*The History*）用了很大的篇幅記載黑海北岸的遊牧民族，其中一個叫 Neuri 的就是「女奚烈」，或唐代靺鞨姓氏「倪屬利」，或匈牙利姓氏 Nuiri。希羅多德還說：

> Neuri 人在風俗習慣方面與斯結泰人是一樣的……那裡的斯結泰人和希臘人都說，每個 Neuri 人每年都要變一次狼，過幾天後再恢復成人。（《歷史》第四章第 105 節）

這「Neuri 人每年都要變一次狼」的不經之說，與「女奚烈曰郎」不謀而合，也證實「女奚烈」曾是某部落語言中的「狼」字，而這重語義在人類融合的長河中湮滅了。

「牛」和「馬」也是族名，《魏略·西戎傳》說：

> 敦煌西域之南山（按，祁連山）中……有月氏餘種蔥茈羌、白

馬、黃牛羌。

後來西羌民族大量轉化為藏族，今世藏語康方言的「牛」為「索／so」，安多方言為「索格／sok」。古代西羌的主流語言可能是蒙古語，so／sok 可能就是古代蒙古語的「牛」，其於今世拉薩方言轉義為「家畜」。現代藏北「索縣／Sog」的意思是「蒙古人的地方」，魏晉時南朝人稱北朝鮮卑人為「索虜」，我以為中原和西藏都曾將蒙古族視為「牛族／牧牛族」，這就是所謂「黃牛羌」或「犛牛種」（《後漢書‧西羌傳》）的由來。

北方民族語言以「賓──謂」為序，滿語「騎馬」是 morin-gha（莫林阿）；gha 是「騎」，morin 是「馬」。薩滿教崇拜白羊、白兔、白馬，滿語薩滿神歌中有「紅臉白山總兵，騎馬從天而降」（宋和平《滿語薩滿神歌譯註》，頁 245）的頌詞，其中「騎馬」為 yalu-ha，故爾 yalu 應為「白馬」，其音恰為「挹婁」。因此歷史上的「白馬羌／白馬氏」，乃至甘肅文縣和四川平武的「白馬藏族」實際都是挹婁之裔。

以金屬為族名

使用金屬是人類生活的重大進步。族名「愛新」是金，「蒙古」是銀，可能與人類最初接觸到的是天然純淨的貴金屬，而不是須經冶煉而得到的銅和鐵有關。族名「吐火羅」是滿蒙二語中的「錫」字「托活羅」。為什麼「錫」又能在遠古時代就成為族名呢？那可能是因為它的熔點低，很容易被冶煉出來，最先掌握煉錫術的部落，可能就是「吐火羅」的祖先。而青銅又是錫與銅的合金，如果沒有煉錫術，就

不可能有青銅時代。

結論

陳寅恪曾強調：「吾國史乘，不止胡姓須考，胡名也急待研討」。其實北方民族乃至中原古族皆有「以族名為人名」的習俗，急待研討的或許只是「胡姓」或「族名」而已。《魏書·官氏志》和《金史·百官志》較好地記載了北方民族的族名，而《八旗滿洲氏族通譜》提供了更豐富的女真人名和姓氏，卻沒有受到後人的注意。

對攜帶青銅器的 Cimmerian（且末）、Scythian（斯結泰）、Sarmatae（悉萬丹）等遊牧民族入侵歐洲近東，希羅多德有許多詳實的記錄。後來的歷史地理著作《地理志》、《日爾曼尼亞志》等，也都不乏這些蠻族族名的記載，《大英百科全書》說他們是伊朗人種，但以大量的族名和語言的對證，都表明他們只能是蒙古人種的中國北方諸族。

姚薇元《北朝胡姓考》和陳述《金史拾補五種》在六十年代初才得以出版，但都是二十世紀前半葉完成的以羅列為主的工作。現代西方著作《匈人的世界》（*The World of Huns*）是一部研究東歐地區蒙古人種民族的重要著作，該書「語言」一章幾乎都是對西方歷史記載的匈人人名的討論，這也為中西「胡名胡姓」的語音比較，提供了便捷之徑。

今天，我們對中國北方諸族的源流還知之甚少，既不知道它們是從中原出走的，更不知道它們在遠古時代就開始了世界性的遷徙。中原社會因農耕而進步了，北方社會卻長期滯留在遊牧和採集的時代，他們使用的女真、蒙古、突厥等語言，都曾是史前中原的語言，北方

民族社會是史前中原社會的一面鏡子，因此本書就以北方諸族的族名發端了。

2005 年十二月二十一日初稿

2014 年三月十四日再改

三、五帝是女真族，黃帝是愛新氏

《史記‧五帝本紀》是口傳故事的筆錄，中國人自引為「炎黃子孫」是「三皇五帝」帶來的榮耀。因此，這些傳說人物是否真實可靠？自然是我們驕傲中的隱憂了。

一般認為，黃帝、顓頊、嚳、堯、舜即是「五帝」。〈五帝本紀〉說：

> 黃帝者，少典之子，姓公孫，名曰軒轅。
> 帝顓頊高陽者，黃帝之孫。
> 帝嚳高辛者，黃帝之曾孫也。
> 帝嚳娶陳鋒氏女，生放勳……是為帝堯。
> 虞舜者，名曰重華。

但是在結束該卷時，司馬遷又說：

> 自黃帝至舜、禹，皆同姓而異其國號，以章明德。故黃帝為有熊，帝顓頊為高陽，帝嚳為高辛，帝堯為陶唐，帝舜為有虞。帝禹為夏後……。

其中，黃帝從「姓公孫」變成「為有熊」，就成了眾說紛紜的歷史公案。如果不認識這兩個姓氏，就根本無法認識這位人物，中華民族祖先的面目也就難於信服了。

傳統學術是按字面來解釋傳說姓氏的，如「神農氏」是領頭農耕的氏族，「燧人氏」是發明鑽木取火的部落。而含「有」字的族名，

如有熊、有莘、有巢、有娀、有扈、有虞、有邰、有殷等，則有更簡單化的解讀：「有巢氏」是開始巢居的氏族，「有扈氏」是率先開門鑿戶者的子孫，云云。這些的膚淺的說法，卻已經深入了我們的意識。

如果「有」是「有／無」之「有」，那麼「有熊氏」就是「飼養熊羆的氏族」或「與狗熊同伍的部落」，也就非常荒謬不經了。而這些部落名沒有有效的漢語語義，也說明史前中原語言曾經不同於漢語，否則「公孫／有熊」的語義是不會說不清楚的。因此我們必須先把上古中原語言作一番瞭解。

上古中原民族是後世北方民族的同類的語言證據

司馬遷早已指出上古中原語言不是「雅言」的事實，他在〈五帝本紀〉結尾時說：

> 大史公曰：學者多稱五帝，尚（上古）矣。然《尚書》獨載堯以來。而《百家》言黃帝，其文不雅馴（訓），薦紳先生難言之。

歷來人們只把「雅言」當作是優雅的語言，因此不理解這段「大史公曰」。其實，雅言或「雅馴」是指後來形成的漢語，而記載黃帝事蹟的《百家》不是用雅言寫的，司馬遷去諮詢博學的薦紳先生，可是薦紳先生也不知所云。

《爾雅》是一部古代辭書，其中就有中原原始語言的線索。其〈釋天〉一章說：

載，歲也。夏曰歲，商曰祀，周曰年，唐虞曰載。

其實，蒙古語 жил ／ ziil 就是「唐虞曰載」之「載」；滿語 anen 正是「周曰年」之「年」；滿語「歲」字 ser 恰似「商曰祀」之「祀」；而「夏曰歲」之「歲」則是今伏爾加河流域楚瓦什語之 sul，楚瓦什人被認為保加爾（僕骨）人後裔。因此，從這個字來看，夏和唐虞（東胡）似為蒙古語族，而商和周則似通古斯──女真語族。

再如，其〈釋器〉一章說：

黃金謂之璗，其美者謂之鏐。

蒙古語「黃金」一字 алтан ／ altan 常譯「阿勒壇」，「璗」可能就是取了「壇／ тан ／ tan」之音。象這樣的例子，在《爾雅》中還有不少。

所謂「夏曆」，即十二獸曆，北方民族乃至藏族也用它，但它始於何時？卻無從計考。清儒趙翼認為夏曆得自戎狄，他在《陔余叢考》一書中說：「漢時呼韓邪款塞入居五原，與齊民相雜……以鼠牛虎兔之類分紀歲時，浸尋流傳於中國。」事實上，金文甲骨裏就有與十二獸對應的「十二地支」，拿它們與蒙古語比較，還有許多音緣：

兔	туулай ／ tuula
龍	луу ／ luu
馬／午	морин ／ morin
羊	ямаа ／ jamaa
猴／申	сармж ／ sarmz
豬／亥	гахай ／ gahai

看來，不僅漢語的「兔」、「龍」、「馬」、「羊」四字與蒙古語同源，十二地支中的「申」和「亥」也是蒙古語 сармж ／ sarmz 和 гахай ／ gahai 的縮音。因此「十二獸曆」或「十二地支」是前漢語時代說蒙古原語的中原先民，也就是北方民族的中原祖先創造的。

語言信息，彌足珍貴。晉人皇甫謐說「舜母名握登」，「握登」就是蒙古語「夫人／合敦」，她可能是來自一個說蒙古話的家庭。又如，〈吳太伯世家〉說吳王夫差率軍北上「敗齊師於艾陵」，這個戰場可能是在魯南，其古代居民是東夷，而「艾陵」就是滿語的「山／阿林」，漢語「嶺／陵」可能是女真語的遺存。

許多漢語基本詞彙與北方民族語言一致。如突厥語的「水／su」，蒙古語的「天／тэнгэр ／ tengri」，滿語的「木／mo」；而漢語的「胳膊」又與滿、蒙、突厥三語共同的「手／臂／rap／gala」同源。這些都是北方民族與中原古代居民同源的語言證據。

「公」和「有」都讀「烏」

基於北方民族的祖先從中原出走的認識，就可嘗試用北方民族族名來檢識「公孫／有熊」，而首先又須猜測和證明「公／有」二字的讀音。

我們不難明確一個已被長期應用，卻未曾言明的約定，即以半元音 y 為首的漢字，將 y 音免去，即可約明其古代或若干現代方言之讀音。譬如：

「亞／雅／鴨」讀「阿」
「于／余／虞」讀「烏」

「月／越／岳」讀「烏／訛」

「燕／顏／岩」讀「安」

「姚／堯／藥」讀「奧」

不僅族名「月氏／兀者」，「宇文／烏馬」，乃至「亞洲／Asia」都符合這個規律。如果將「有／you」讀作「兀／烏／漚」，那末傳說時代含「有」的中原氏族名與北方民族族名幾乎都有了準確的對應，如：

有熊、有莘、有山	即「烏孫」
有巢、有蟜、有窮	即「兀者」
有扈、有虞、有黃	即「回紇」
有殷、有偃	即「兀顏」
有鬲	即「烏古」
有緡	即「烏馬」
有施	即「紇奚」

而古代中原又有大量含「公」字的姓氏，如「公孫」、「公伯」、「公祖」等同樣有待確認。有人說「公孫」是「公之孫」，「公伯」是「公之伯」，「公祖」乃是「公之祖」；而「公」者本身卻子虛烏有，因此上述說法必是無稽之談。事實上，「公」的讀音可以從「翁／公／孤／狐」等字的構字和讀音得到線索。「翁／un」是「公」的衍生；「瓜」又與「公」形似，「孤／狐／gu／hu／u」等亦為其衍生。若亦將「公」試作 u／o 讀，含「公」姓氏與北方族名的關聯，也一目了然了：

公孫、公慎、公勝	即「烏孫」
公祖、公仇、公朱	即「兀者」
公夏、公何、公華	即「回紇」
公羊、公冶、公言	即「兀顏」
公良、公劉、公旅	即「烏洛」
公孟、公明、公文	即「烏馬」
公西、公皙、公息	即「紇奚」

「公孫／有熊」即是「烏孫／愛新」

既然上古姓氏中的「公／有」須讀「烏／兀」，姓氏「公孫／有熊」就音同於〈大宛列傳〉之西域族名「烏孫」，於是〈五帝本紀〉之「黃帝者姓公孫」與「黃帝為有熊」就不相矛盾；但中原民族不認同戎狄，論證其中原人類的祖先是戎狄的同類，還需要更多的證據。

事實上，女真姓氏「愛新」在《金史·百官志》作「阿鮮」，在《滿州源流考》作「烏新」（或即「烏孫」），因此「烏孫／Osin」與「愛新／Asin」同為「金姓」部落。而唐代突厥王族「阿史那／Asina」，現代哈薩克族之「烏孫部」，內蒙的「烏審旗」；乃至《逸周書·王會解》記載殷商初年華東的「漚深」部等均為「愛新／烏孫」。因此，逸散於歐亞大陸的「金姓」部落發源於中原，「五帝」多為金姓人物，都是不可臧否的事實。

「高辛」也是「烏孫」，「高陽」則是「兀顏」

「帝顓頊高陽者」與「帝嚳高辛者」的姓氏都含「高」字，它應與「亳／蒿／鎬」等字近音。若將「高」試讀如 hao／ho／hu／o／u，「高辛」也是「公孫／有熊」；而「高陽」就是中原姓氏「公羊／有殷」，或是女真姓氏「兀顏」。

「高辛」是「公孫」，「帝嚳高辛者」就是「公孫嚳」，也就是春秋秦漢人名「公孫敖／公孫賀／公孫堯」，或《八旗滿洲氏族通譜》的「阿星阿／武星額／艾星阿／鄂星阿／額盛額／胡星阿」等女真人名。「高辛嚳」與後世中原和戎狄之人的真名實姓的一致，為這位遠古傳說人物增添了真人的色彩，也為戎漢同源提供了證據。

「兀顏」的讀音則與女真語「豬／ulgian」和「紅／fulgian 非常接近」（《赫哲語簡志》，1986，頁 89、102）。《金史·國語解》說「兀顏曰朱」就是「兀顏曰豬」；漢字「朱」音「豬」義「紅」，實質源於「兀顏」的雙義背景，漢代形成的「朱姓」是有女真血緣和語言背景的。因此「帝顓頊高陽者」不僅是「兀顏顓頊」，還是一位「朱顓頊」。

「帝顓頊高陽」是「兀顏顓頊」，說他是「姓公孫」的黃帝之孫就不實在。因此，〈五帝本紀〉說「自黃帝至舜、禹，皆同姓而異其國號」，所謂「同姓」應指在「女真／姬姓」層面上的血緣歸屬；而「異其國號」則是在「烏孫／公孫」與「兀顏／公羊」層面上的氏族區別；既然來自不同的氏族，追究他們的子裔關聯就沒有重要的意義了。

「陶唐」即是「韃靼」

「堯」的信息比較模糊，〈五帝本紀〉除了說「帝堯者，放勳」外，還說「帝堯為陶唐」，而且他還有「唐堯」之號，而《史記正義》甚至還註說他「姓伊祁氏」。這些說法就相當矛盾，一般說來他既為「陶唐氏」，就不應為「伊祁氏」。

「陶唐」是《百家姓》之「澹台」或族名「韃靼」的 -ng 化音，女真姓氏「拓特」或匈牙利姓氏 Toth 可能是這個族名的真音。而「伊祁」即是族名「訛斥／兀者」之轉韻；歐洲國名「愛沙尼亞／ Estonia」之本字 Eesti 恰是「伊祁／訛斥」，而愛沙尼亞的另一名 Chudj ／Чудь 正是「女直」。因此「陶唐」和「伊祁」都是女真氏族。

〈五帝本紀〉還說：「帝嚳娶陳鋒氏女，生放勳。娶娵訾氏女，生摯。帝嚳崩，而摯代立。帝摯立，不善（崩），而弟放勳立，是為帝堯。」如果「堯」是「嚳」之子，他就須姓「公孫／高辛」；其異母兄名「摯」，「公孫摯」是春秋常見的人名；而「摯」的母姓「娵訾氏」當即「女直氏」。這些人名和姓氏的真實性，也顯示「堯」為真人。但其姓氏既為「陶唐」又為「伊祁」卻太令人困惑了。

「虞舜」是「烏孫」，但不是「有虞」

「舜」是「虞舜」的縮音。「虞／ yu」實讀「吳／ u」，無須證明「虞舜」就是「烏孫／愛新／公孫／高辛」。關於這個虞舜家族，〈五帝本紀〉云：

> 虞舜者，名曰重華。重華父曰瞽叟，瞽叟父曰橋牛，橋牛父曰句望，句望父曰敬康，敬康父曰窮蟬，窮蟬父曰帝顓頊，顓頊父曰昌意：以至舜七世矣。

很難解釋的是：為什麼「帝顓頊高陽者」的這位七世孫，從「高陽」變成了「虞舜」？

〈五帝本紀〉又說「帝舜為有虞」，而「有虞」讀「回紇／夏后」。因此「舜」究竟姓「虞舜／烏孫」，還是姓「有虞／回紇」？太史公是說不清的，他比舜至少晚生了兩三千年，其間中原語言發生了巨變，他對上古語言和姓氏已知之甚少，他將「公孫」又作「有熊」算是運氣沒有弄錯；但將「虞舜」誤解成「姓虞名舜」，又將「姓虞」曲解為「有虞氏」，就大錯其特錯了。

「禹」是「夏侯氏」，不是「公孫氏」

〈五帝本紀〉說「帝禹為夏后」，〈夏本紀〉說「夏禹，名曰文命」，中原姓氏「夏后／夏侯」是「回紇」的別寫；「文命」也是一個真實的人名，孔子即有弟子「澹台滅明」者，人名「滅明／文命」出自中原，後來又從漠北走進南疆，維吾爾族男子常見名「買買提」即是「文命」或「滅明」的承繼。而禹就是一位叫「夏后文命／回紇滅明」的人。

「禹」或「夏后文命」是四千年前夏朝的始祖，他治水的遊歷已被《尚書》名篇〈禹貢〉記載下來，在〈禹貢〉和「夏曆」中有許多蒙古語的遺跡，他的全號「大禹」應該是蒙古語「酋長」дарра／darga 的轉音「單于／dar-ghu」。〈五帝本紀〉將他與黃帝、顓頊、

嚳、堯、舜并立為「五帝」，〈夏本紀〉說「禹者，黃帝之玄孫，而帝顓頊之孫也」，而從血緣和時代相隔來看，這些說法都太過牽強而不可靠。

結論

〈五帝本紀〉是上古中原女真系部落強人的傳說，之後中原語言發生了根本變化，加上漢字之初通假規範不明確，同一氏族名往往用面目全非的漢字來記載，如「公孫／有熊／高辛／禹舜」即是「烏孫／愛新」；雖然司馬遷未能辨認它們的異同，卻忠實地將它們輯錄下來，從而為世界人類的一部祖先留下一部可靠的記載。我們一旦認識炎黃祖先是戎狄的同類，外顯雜亂無章的〈五帝本紀〉就歸一如真了。

北方諸族的祖先是從中原出走的，北方民族認祖中原，但中原民族不認同他們；太史公之言如鼎，然而他說「匈奴，其先祖夏后氏之苗裔也」，卻沒有人呼應。事實上，北方民族長期恪守從中原帶出去的語言和習俗。最近兩千多年中，北方民族的數度回歸征服，才加深了中原人民對他們的瞭解，殊不知他們荒蠻生疏的形態，正是上古中原人類的寫照。只有從北方民族這面鏡子，炎黃子孫才能知悉其「五帝」祖先的面貌。

原載台灣《歷史月刊》2006 年三月號

2014 年三月二十三日修改

四、《百家姓》中的北方民族族名

　　《百家姓》是宋代定型的識字課本，它沒有文意和哲理，只是教蒙童們死記硬背幾百個姓氏；但編得押韻順口，因此流傳很廣，影響也很大。它的起首四姓是「趙錢孫李」，那是因為宋代皇帝姓趙，五代十國吳越國國王姓錢，吳越是在宋太宗興國二年才歸降的，南宋學者王明清認為它「似是兩浙錢氏有國時小民所著」。

　　姓氏之初，可能是母系社會的部落名，它是部落血緣的語音標識。姓氏的出現有效地遏止了近親通婚，之於人類的體質和智力的進化有重要的意義。研究一個民族姓氏組成，也是解析它的血緣成份。儘管《百家姓》內容粗疏，但用它做一個淺顯的研究，也未嘗不可。

上古中原是戎狄社會

　　史書都很重視姓氏和血緣的記載。《史記》說：「黃帝者，少典之子，姓公孫，名曰軒轅。」他是來自「公孫」部落的一個名叫「軒轅」的人。而「公孫」和「軒轅」都是《百家姓》中的姓氏。黃帝以軒轅為名，也是循了一種「以族名為人名」的古俗，而北方諸族的大量人名也多是部落名。就這一點來看，戎狄的習俗與中原古族是一致的。

　　其實，古代的複姓中的「公孫」、「夏侯」就是戎狄族名「烏孫」、

「回紇」。大約四千年前，中原語言就開始單音節化，即「藏緬語化」了，這是複音姓氏轉變成單音姓氏的根本原因。但姓氏作為血緣的標識，人們不願輕易地去改變它；直到秦漢兩代，中國出現大一統的局面，社會意識發生驟變，「張王李趙」式的單音姓氏才一轟而起。然而比語言的轉化，它還是滯後了幾千年。因此，用單音姓氏來研究漢族血緣，是不可靠的。

春秋時的姓氏和人名，與秦漢以後也很不一樣。孔子的七十七個弟子多為複姓，但沒有一個姓張王李趙。孔子本人叫孔丘，生父叫叔梁紇，祖父叫伯夏，曾祖叫孔防叔，都不含世代一貫的姓氏，而只是名字而已。其中，「叔梁紇」也是族名，蒙古人就是把「朝鮮」稱為「肅良合」的；「伯夏」也是族名「僕和」的諧音。因此後來成為姓氏的「孔」，可能是從「孔丘」中割取出來的一個字。

複姓變單姓的方式又是多樣的。「孫」、「夏」可能是「公孫」、「夏侯」的簡約。《金史‧國語解》說「兀顏曰朱」和「呵不哈曰田」，「兀顏」和「呵不哈」（即「阿巴嘎」）本是「豬」和「天」的意思；女真人改漢姓時嫌豬太鄙俗，天又太神化，於是用「朱」和「田」來替代。古代齊魯是東夷之地，東夷又是女真之先；幾千年前東夷語言發生變化時，也面臨同樣的問題，那裡的豬、天兩族，可能就成了朱、田兩姓。

複姓都是戎狄族名

《百家姓》中有四百四十個單姓，六十個複姓。我以為從「萬俟司馬」之後的一百五十六字，全部都是複姓。它們是：

萬俟 司馬 上官 歐陽 夏侯 諸葛 聞人 東方
赫連 皇甫 尉遲 公羊 澹台 公冶 宗政 濮陽
淳于 單于 太叔 申屠 公孫 仲孫 軒轅 令狐
鐘離 宇文 長孫 慕容 鮮于 閭丘 司徒 司空
亓官 司寇 仉督 子車 顓孫 端木 巫馬 公西
漆雕 樂正 壤駟 公良 拓拔 夾谷 宰父 谷梁
晉楚 閆法 汝鄢 塗欽 段干 百里 東郭 南門
呼延 歸海 羊舌 微生 岳帥 緱亢 況后 有琴
梁丘 左丘 東門 西門 商牟 佘佴 伯賞 南宮
墨哈 譙笪 年愛 陽佟 第五 言福

　　這些複姓中「諸葛」最有名氣，因為歷史上出過諸葛亮，族人眾多要數「司馬」、「上官」、「歐陽」、「尉遲」等。而《三國演義》和《水滸傳》又使普羅大眾對「公孫」、「呼延」、「夏侯」耳熟能詳。

　　複姓可分兩類。公孫、軒轅、司馬、司徒、司空、司寇、公羊、公西、公冶、公良、巫馬、南宮、澹台、壤駟、漆雕、百里、東郭等，早已是先秦古姓。呼延、拓拔、宇文、赫連、令狐、慕容、長孫、萬俟、夾谷等，好似融入漢族的戎狄之裔。

　　《百家姓》的上古複姓，大部無須正音便可與北方民族族名對音。如：

澹台	即「韃靼」
漆雕	即「赤狄」
譙笪	即「契丹」
墨哈	即「靺鞨」
南宮	即「粘割」
夏侯／皇甫／況后／緱亢	即「回紇」

　　而孔子就有弟子「澹台滅明」、「漆雕開」、「漆雕哆」、「漆雕徒父」等。過去沒有人注意這些現象，是因為沒有人意識到北方民族是從中原出走的緣故。

　　《百家姓》的「巫馬／宇文」兩姓，都讀「烏馬」。孔子有學生「巫馬施」者；而北魏「宇文氏」卻是鮮卑種，後來成為北周的帝族，隋唐兩朝都是從北周起家的。宇文氏稱「其先出自炎帝神農氏，為黃帝所滅，子孫遯居朔野」未必是假話。那是遠走朔北的人們，成了馬背上的牧羊漢；留在中原務農的，則當了聖人門下的讀書人。

「公孫」就是「烏孫」

　　古代很多含「公」字的複姓，《百家姓》只記載了其中五個：公羊、公冶、公孫、公西、公良。〈仲尼弟子列傳〉還列有孔子十一個公姓弟子：公冶長、公皙哀、公伯繚、公西赤、公孫龍、公祖句茲、公良孺、公夏首、公肩定、公西輿如、公西箴。前文說「公」字古讀「烏」，於是這些含「公」姓氏都有了著落：

公孫	即「烏孫」
公夏	即「回紇」
公伯	即「悅般」（或人名「鷔拜」）
公良	即「烏洛」
公羊、公冶	即「兀顏」
公西、公皙	即「紇奚」
公祖、公肩	即「兀者」

黃帝「姓公孫」即是烏孫氏；而烏孫又是愛新。因此北方民族也

是炎黃子孫。

《百家姓》沒有「叔孫氏」，但《孔子世家》有「平子與孟氏、叔孫氏三家共攻昭公，昭公師敗，奔齊」的記載，叔孫氏是魯國的一個有勢力的氏族。然而，《魏書·官氏志》又說它是北魏王室之「內姓」。其實，漢姓「叔孫」就是女真系族名「肅慎」，它有一部分自中原出走北方；後來有一部分與隨鮮卑民族入侵中原，回歸了祖地。

「門」姓並不住在門口

「東門」、「南門」、「西門」入了《百家姓》。戰國就有魏國人「西門豹」，後來《水滸傳》收編了「西門慶與潘金蓮」，西門氏的名氣就更大了。舊姓氏書說住在城門邊的人家，取了這些帶「門」字的姓。如，春秋時鄭國某大夫居西門，魯莊公庶子公子遂居東門，於是起頭姓了「西門」、「東門」。

這些說法很值得質疑。若三千年前中原人口一千萬，宋代人口三千萬，現代人口十萬萬；那麼一戶開始一姓，宋代一定不過三戶，現代也不過一百戶。而世界各族對於改姓，都是非常慎重的。一次大戰時德裔美國孩童常常挨打，許多家庭才將德國姓氏 Busch 中的 c 字去掉，而變成了 Bush。如果人們住到哪里就姓到那裡，姓氏的意義就完全喪失了。

其實，這三個帶「門」字的姓氏，都有北方民族的族名與之對應：

東門	即「圖們／豆滿」
南門	即「乃蠻」
西門	即「悉萬」

中原「東門」，鮮卑「吐萬」，女真「陁滿」，乃至匈牙利 Tomen ／ Tumen 等姓氏，都是女真語的「萬／ tuman」字，而漢語「萬」也是女真語的遺存。今之「圖們江」，古之「統萬城」，都是用它做的地名。宋國景公「頭曼」，匈奴單于「頭曼」，突厥「土門可汗」等，都是用它做的名號；秦人「屠門高」則似以其為姓氏。

姓「南門」的人很少，商湯開朝七個輔佐人物之一名「南門蝡」（「蝡」義同「蠕」音 ru），它與《八旗滿洲氏族通譜‧卷三十一》的女真人名「尼穆倫」或許可做語音比照，而《金史‧國語解‧姓氏》的「尼忙古曰魚」則點明中原姓氏「南門」和後世北方族名「乃蠻」是「魚族」。

「司」姓並非祖上的官職

最著名的姓「司馬」的人是司馬遷。有人說「司馬」是領兵馬的軍職，然而司馬遷只說祖上是「世典周史」的文官，卻沒說是世襲來的這個武姓。我認為「西門」和「司馬」兩姓同宗，它們是與契丹古八部之「悉萬丹」和東歐遊牧民族 Sarmatae 之名「悉萬／ Sarma」有關的。

否定姓氏「司馬」與官職「司馬」的關係，不是否定這個官職，而是要在語音上尋找姓氏「司馬」的根源。《尚書‧牧誓》有武王伐紂的號召：

> 嗟！我友邦塚君，禦事：司徒、司馬、司空、亞旅、師氏、千夫長、百夫長，及庸蜀羌髳微盧彭濮人，稱爾戈，立爾矛，予其誓。

圖五　頓河下游 Sarmatae 人墓葬出土帶動物飾紋的王冠和器物，和「鹿題材」金飾器（右）

　　有人說「司徒」、「司馬」、「司空」是周的鄰邦部落裡的官職，還有人說「司徒」掌刑獄，「司空」管工程，我們沒有足夠的理由反對這些猜測。然而，帶「司」字的古代姓氏太多，如果說它們都是官職，那麼「司國」就是「宰相」，「司城」則是「市長」……也就太荒謬了。而以比較語音著手，女真族名「息慎」，鮮卑姓氏「尸突」，女真姓氏「石古苦」等，就可能與它們有了關係：

　　　　司徒、司鐸、司土　　　　即「尸突」
　　　　司星、司甄、司城　　　　即「息慎」
　　　　司寇、司國、司空　　　　即「石古苦」

在戎狄族名中找源頭

隋唐或隋唐之前，「東／同」等字似可無尾音 -n ／ -ng，而讀如 tu ／ du，故《百家姓》姓氏「東方」是「吐渾」；「東郭」是匈奴「屠各」，或是鮮卑「徒河」。與「東方／東郭」相關的北方民族族名「東胡」，當然就不是「東方的胡人」。

同理，《百家姓》未舉的「東萊／東里／東陵／東樓／東盧／東閭」即是族名「同羅／吐如紇」，與之對應的匈牙利姓氏 Torok 是匈牙利語的「突厥人」。《三國志・魏志》記載，曹魏甘露三年（紀元 258 年）南陽太守叫「東里袞」，此人與努爾哈赤的兒子「多爾袞」其實同名。可見，魏晉年間中原漢族還執有戎狄先祖之遺風；而這種以族名為人名的上古習俗，則為北方諸族長期保留下去了。

諸葛亮出身南陽，卻稱「琅邪諸葛」，他的祖族可能是東夷。「諸／主／朱／女」的古代讀音或若干現代方音為 ju，姓氏「諸葛」與傳說之「女媧」或《遼史》族名「女古」讀音一致；而《遼史》又說「女古曰金」，那不是說「女古」是「金子」，而是說「女古」就是自命「金族」的「女真／女直」。事實上，「古／固／葛／國」等字是蒙古語的「部落／國家」，而「女古／諸葛」就是「女真／女直」的蒙古語式稱謂。

識別「軒轅」關鍵在於認識「軒」的讀音。《大宛列傳》提到「安息……北有奄蔡、黎軒」，《魏略・大秦國》說大秦有屬國「驪分」，《隋書・西域傳》記有「隆忽」，我以為「黎軒／驪分／隆忽」是裏海北岸的同一部落，或即北方民族族名「陸和／陸渾」，因此「軒」應讀「忽／和／分／渾」，而「軒轅」讀「忽袁／ khu-uan」是變自

「回紇／khui-khu」的 -n 化音。

　　《百家姓》中的複姓與北方民族的族名的關聯是廣泛的，下面我們將一些尚未述及的對應作一個表列。

濮陽／伯賞	即「伯顏」
諸葛	即「女古」
淳于／宰父	即「昭武」
宗政	即「女真」
令狐	即「陸和」
百里	即「蔑里乞」
萬俟	即「勿吉」
壤駟	即「芮奚」
閭丘／梁丘	即「如甲」
歐陽	即「兀顏」
尉遲	即「兀者」
有琴	即「兀者 -n」
申屠	即「薛延陀」
長孫／顓孫／仲孫	即「長孫」

結論

　　大約在一萬年至四千年前的史前期，堅持遊牧或漁獵生活型態的中原部落朝北方遷徙，形成了北方諸族的祖先；而南方民族又不斷向中原填充，改變了那裡的血緣和語言，形成了中原漢族和古代漢語。這個態勢在夏商周三代已經基本停止，但上古時代的部落和氏族名，

仍為中原漢族的姓氏。秦漢以後，中原姓氏開始朝單姓發展；歷盡千年的滄桑，祖傳的複姓所剩無幾。

然而，北方諸族卻恪守上古的族名和以族名為人名的習俗。這就是先秦中原姓氏和人名與北方民族的族名和人名如此相關的原因。北方諸族多次入侵中原，帶回的許多「胡名／胡姓」，就都是中原的古族名。今世登高俯視，原來大家本是同根生；即便在蒙童識字的《百家姓》中，也有此多的例證。

2006 年一月十日修訂
2014 年三月二十二日再改

五、中原古代人名的戎狄特徵

漢語與北方民族（女真、蒙古、突厥）的語言表面上沒有共性，但上古中原卻有過「前漢語」或「非漢語」的時代，那時中原人名不同於後世漢族人名「張三李四」，本文要證明它們是北方民族的人名，並由此證明黃河流域曾有過一個漫長的戎狄時期，其語言是戎狄的語言，社會是戎狄形態的社會。

《史記・匈奴列傳》說北方民族「其俗有名不諱，而無姓字」，這好似其特徵；但是該傳又說「呼衍氏，蘭氏，其後有須卜氏，此三姓其貴種也」，如果匈奴沒有姓氏，又何來這些「貴種」之姓呢？因此，北方民族不是沒有姓氏，只是不掛在嘴上而已，而「以族名為人名」又是北方民族的一個顯著特徵。

《八旗滿洲氏族通譜》記載的十七世紀女真姓氏和人名都是例證，我們隨意舉〈卷三十六・訥殷地方富察氏〉記載的：

> 孟古慎郭和，鑲白旗人，世居訥殷地方，孔錫庫之孫，伊星阿之長子，孟古慎郭和同弟羅團莽吉圖將訥秦倭濟地方始開為路……

這祖孫四人「孔錫庫」、「伊星阿」、「孟古慎郭和」、「羅團莽吉圖」的名字前面都沒有姓氏，但他們是姓「富察氏」的，姓氏「富察」就是族名「呼揭／赫哲」，實質是「兀者／月氏／烏茲」的呼口音。而人名「伊星」就是族名「愛新／烏孫」，人名「孟古」則是族名「蒙古」。從匈奴到女真，上下幾千年，北方民族人名的

語音很簡單,只是「一音多字,一字多音」的漢字把它們攪得貌似複雜了。

秦始皇「姓金名金」

秦是「嬴姓」部落,秦始皇則名「嬴政」,有人以為他「姓嬴名政」。其實雍正皇帝之名「胤禛」也是「嬴政」,但沒有人說他「姓胤名禛」。說來「嬴/胤」與「燕/顏」等字都是可讀「英/安」的,「嬴政/胤禛」既可以讀「英政/英禛」,也可讀「安政/安禛」,實際就是蒙古和女真人名「按陳/按春」,也是金朝始祖部落名「按出/安車」的 -n 化音。《金史·國語解》說「金曰桉春」,因此「嬴姓」即是「英姓/安姓」,實質是「金/桉春」的縮音,所以秦始皇是「姓金名金」的女真人。

孔子上輩人名的戎狄形態

孔子是最受敬重的中國人,是中華民族的代表人物,研究他的家族就特別有意義。《史記·孔子世家》說:

> 孔子生魯昌平鄉陬邑。其先宋人也,曰孔防叔。防叔生伯夏,伯夏生叔梁紇。紇與顏氏女野合而生孔子,禱於尼丘得孔子。魯襄公二十二年而孔子生。生而首上圩頂,故因名曰丘云。字仲尼,姓孔氏。

孔子的祖先是「宋人」,而「宋/Song」是「商/Sang」的遺

族，說孔子姓「商」或姓「宋」都是可以的，但絕不姓「孔」，姓氏「孔」可能是人名「孔丘」中的一個音，他的後人就姓了這個字，但這只能是沒有結論的猜測；但是研究孔子父祖兩輩之名「伯夏」和「叔梁紇」才有真正的意義，「伯夏」是北方民族族名「僕骨／僕和」的諧音，而「叔梁紇」又是蒙古語朝鮮的國名「肅良合」。由此看來，孔子父祖還滯留在「以族名為人名」的戎狄形態。

「河亶甲」和「微子啟」

商朝是發明文字的朝代，因此它的文字歷史很可靠，而研究商族的人名就更有特別的意義。〈殷本紀〉記載了先商酋長和商朝帝王四十四人，其中「河亶甲」最醒人眼目，它與漢族人名毫無共通之處，卻與《八旗滿洲氏族通譜》人名「瑚騰額／赫東額／鄂通果／艾通阿／傅當阿」音脈諧通。而「河亶」還是戎狄族名「烏潭／烏丹／兀丹」或西域地名「于闐／和田」的轉音，它的語義應是《金史‧國語解》解釋的「兀典，明星」，或是蒙古語的「星」字 оддын ／ oddyn。

暴君商紂王的庶兄「微子啟」是位賢人，〈周本紀〉說周公平定叛亂後，「以微子開代殷後，國於宋」，而「開」就是「啟」，宋人孔子可能是他的後代。因為「微／未」等字亦讀「末／墨／萬／ mo ／ mi」等音，春秋名人「墨翟」即是「微子」，《八旗滿洲氏族通譜》人名「萬濟喀／瑪濟根／瑪爾積哈」等即是「微子啟」，這些人名都是從族名「勿吉／篾里乞」演化來的。

「芮良夫」和「伯陽甫」

　　中原古人的名號常含有一「夫」字，如「孔夫子／孟夫子」或「大丈夫」等，人們將它理解為「男子」的意思。而「夫」實為蒙古語「兒子／xYY／khüü」，匈牙利語的「兒子／fiú」則是其變音。中國名人「烏蘭夫／Улаан xYY／Ulaan-khüü」之名就是蒙古語「紅色之子」的意思。

　　周朝人名「芮良夫」即蒙古人名「納蘭胡／納蘭夫」，「納蘭」是蒙古語「太陽／нар／nar」的 –an 化音 наран／naran，「納蘭胡」就是「太陽之子」的意思，這個人名被《八旗滿洲氏族通譜》記為「納良阿／納郎阿」。

　　先秦人名中的「父／甫」是「夫」的異字，「父」非但不是「父親」反是「兒子」。內蒙古大學全福教授告訴我，蒙古語「忠誠／虔誠」一字是 чин／chin，他的名字 Чин xYY／Chin-huu 是「忠誠之子」的意思。我想，有「慶父不死，魯難未已」惡名的奸佞「慶父」，其名「慶父」是比「全福」更準確的「忠誠之子」。所以，一則我們不能低估中國古籍記載的音準，二則古今漢字字音也並沒有發生重大的變化。

　　「富有／富人」，於滿、蒙兩語是「伯顏／伯陽」，突厥語是「巴依」。上古中原人名「伯顏／伯陽／伯夷」就是這個字。史載蒙古有部落名「伯岳吾」，周朝有人名「伯陽甫」。「伯岳吾」即是「伯岳古」，「伯陽甫」則是「伯岳夫」，均源自本字「伯顏／伯陽」。

「百里傒」即是「篾里乞」

「百里傒」是秦國的外來賢臣，他又推薦宋人「蹇叔」事秦，兩人對繆公的事業有很大貢獻。〈秦本紀〉有載，百里傒的兒子叫「孟明視」，蹇叔的兒子叫「西乞朮」和「白乙丙」，父子之間都沒有姓氏的貫聯，與後世北方民族人名也非常相似。人名「百里傒」實際是族名「篾里乞」，法國學者伯希和指出「篾里乞」是「靺鞨」之別音。事實上，《遼史》記載的契丹部名「梅里急」，《南村輟耕錄》「蒙古七十二種」部名「滅里吉／木里乞」等，統統都是「篾里乞／百里傒」。

「樗里疾」是「主兒扯／女直」

「樗里疾」是秦惠文君的庶母兄，戰國後期政治家，《戰國策‧西周》有〈樗里疾以車百乘入周〉的故事，而〈秦本紀〉將「樗里疾」記作「摴里疾」，許慎《說文》訓「摴，丑居切」，現代辭書《辭海》說「樗」讀「初」，因此「樗里疾／摴里疾」當讀「初里疾」，亦即「女里直／主兒扯」的清音。這個叫「女直」的人名在中原早就消失，但元蒙時代還有叫「紐兒傑／鬼力赤」（「紐」擬讀「丑」）的蒙古人，今天歐洲還有姓 Gyuricza 的匈牙利人。

「呂不韋」和「呂布」

秦始皇的父親是庶出，幼時不受寵愛，在趙國當人質時與商人呂不韋相識，呂不韋將已有身孕的愛妾贈與這位潦倒秦王子，又玩弄手腕把他推上秦國王位，最終造就了秦始皇。因此呂不韋雖非趙國貴族，身後之名卻甚於一切趙人。一般認為他「姓呂名不韋」，而且是秦始皇生父，有俗書還說他是「呂氏」始祖。但事情遠非如此簡單，〈趙世家〉說「趙氏之家，與秦共祖」，趙人之名「黑臀」、「吳娃」、「邯鄲午」、「范吉射」漢語根本無法理喻，惟趙始於戎狄才能詮釋這些現象。我們還可以從漢代人名「呂布」來洞察春秋「呂不韋」不僅是戎狄人名，而且還是北方民族的族名。

《三國志‧魏書》說呂布是「五原郡九原人也，以驍武給并州」。五原所在的河套陰山一帶，是今天內蒙古自治區的中心，漢代是匈奴的地方；而「并州」即「太原府」。因此可以泛說呂布是胡人，準確一點是匈奴人，現代說法則可以是「在山西省服役的蒙古族軍人」。

叫「呂不韋」的人還不止一個，至少努爾哈赤有個孫子叫「洛博會」。而《遼史‧百官志》有部落名「盧不姑」，將「姑／gu」轉讀「紇／ghu」，族名「盧不紇」就與人名「呂不韋／洛博會」一致了，而「呂布」就是「呂不／洛博／盧不」。

「公孫賀」和「烏孫賀」

古代姓氏之「公」讀「烏」，因此「公孫」就是「烏孫／愛新」。公孫氏的名人很多，除黃帝是「公孫軒轅」外，春秋秦漢還有：公孫丑、公孫強、公孫度、公孫固、公孫賀、公孫敖、公孫鞅、公孫支、公孫昆邪、公孫無知、公孫有山……等數十人。

其中「公孫敖」是魯國的外交家，「公孫賀」和另一個「公孫敖」又是漢代名將。「敖／賀」同音 gho ／ ghu，都是從「古／紇」的轉寫，是「一音多字」的漢字把他們區別開來的。《漢書·公孫賀傳》說「公孫賀字子叔，北地義渠人也。賀祖父昆邪，景帝時為隴西守」。所謂「義渠」即是「月氏／訛斥」，公孫賀是來自西戎的將領。因此「公孫賀／公孫敖」就是簡單的戎狄人名，而不是姓「公孫」名「賀／敖」的。

與「公孫賀／公孫敖」可比的人名，在《八旗滿洲氏族通譜》中可以品出有幾百個，如：「阿星阿／伊星阿／武星額／艾星阿／鄂星阿／額盛額／衛生額／胡星阿／瓦星阿」等。《魏書·蠕蠕傳》說「大檀者……號牟汗紇升蓋可汗」，其〈鐵弗劉虎傳〉說「鐵弗劉虎……虎父誥升爰代領部落」，此中「紇升蓋／誥升爰」也都是「公孫賀／公孫敖」的別寫。

結束語

　　中國文字「一音多字」足以把中國歷史變成「萬花筒」；再加上語音的變化，如母音遊移引起的人名「阿星／伊星／武星／艾星／鄂星」的多樣化，更叫人眼花繚亂。而傳統學術重字不重音，大凡認為異字同音，沒有很多相關意義，沒有人會去歸納「呂布／呂不」之間的關係。而中國文字還是圖形文字，字字都是「花」，中國學術更是「霧裏看花」，搞了幾千年連中華民族的血緣線索也看不明白。本書是將中國歷史語言研究實證化的一個努力，本文是將一些上古中原人名與北方民族人名進行比較，談不上是完備的語言理論，只是一些對比的資料而已。

2007 年十二月十六日

2014 年三月二日再修改

六、「通古斯／桃花石」即「九姓」

　　十七世紀，來到西伯利亞遠東地區的俄羅斯人發現，使用突厥語的雅庫特人稱其鄰族鄂溫克人為 Tungus（中譯「通古斯」），而鄂溫克人是女真系民族的一類，於是「通古斯／Tungus」就成了現代滿、赫哲、鄂倫春、鄂溫克，以及古代肅慎、挹婁、勿吉、靺鞨等泛女真系民族的人類學通名。

　　中亞突厥語民族又稱中國謂「桃花石／Tughuz」，Tungus 和 Tughuz 是突厥語的「九」字，只是方音有偏離；而中國歷史上東北女真和中原商族都曾以「九」為號。因此「通古斯／桃花石」同為「九姓／九夷／九國／九邦」，才是最合理的解釋。

　　我們有無數的證據可以說明北方民族的祖先是從中原出走的，那些留在中原的九姓民族成了漢族的一部分，而出走了的就成了女真民族和各民族中的九姓部落，譬如漠北「九姓回鶻」和中亞「昭武九姓」。「通古斯／桃花石」是「九姓」的結論，為中原民族和北方諸族同源提供了又一個證據。

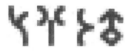

圖六　外蒙出土《闕特勤碑》之 Tughuz 一字（右到左）

東北女真民族曾為「九夷」

宋代以前，族名「女真／女直」（音 ju-jen ／ ju-ji 或 chu-chen ／ chu-chi）並不顯見，相關的東北民族的統名大都記作「東夷」。但是，戰國時代的魏國史書《竹書紀年》提到東北「徐戎」聚「九夷」之眾入侵中原的故事，范曄把「徐戎」改記為「徐夷」，並將其納入《後漢書・東夷列傳》，其云：

> 及武王滅紂，肅慎來獻石砮楛矢。管蔡畔周，乃招誘夷狄，周公征之，遂定東夷。康王之時，肅慎復至。後徐夷僭號，乃率九夷以伐宗周，西至河上。穆王畏其方熾，乃分東方諸侯，命徐偃王主之。偃王處潢池東，地方五百里，行仁義，陸地而朝者三十有六國。穆王……乃使造父禦以告楚，令伐徐……於是楚文王大舉兵而滅之。

這個故事是說：西周初年肅慎曾是東北地區的盟首，常以楛矢石砮進貢周室；之後徐夷取代肅慎的霸權，糾合泛稱「九夷」的部落群體，侵抵中原河洛地方。周穆王無力抵抗，將中原東部讓與徐偃王，曾有三十六個中原諸侯去朝拜他，《竹書紀年》說這事發生在周穆王十三（紀元前 963）年，次年周穆王約請楚文王逐走徐夷。

「楛矢」是寒帶特產樺木製成的箭杆，「楛矢石砮」是通古斯女真民族狩獵征伐的利器，因此故事中的肅慎、徐夷、九夷一定是東北女真民族。但是，至今中國歷史學者只以為徐夷是中原「徐州之夷」和「淮泗諸夷」。事實上，「徐／chu」是「女／主／ju」的清音，「徐戎／徐夷」是族名「女真／女直」的另寫，上古地名「徐州」也

可能是女真民族在中原更早的遺跡。

這個歷史故事的顯然結論是：三千年前中原人類是將聚居在東北的女真系民族徐夷、肅慎及其同類統稱為「九夷」的。

中原商族是「九有」，齊楚為「九夷」

《尚書・禹貢》將冀燕、齊魯、淮揚的東夷土著記為「島夷」，《漢書・地理志》將其改為「鳥夷」，顧頡剛、傅斯年等先賢則注意到中原商族與東北女真都崇拜鳥圖騰。傅斯年在《東北史綱》中說「商之興也，自東北來，商之亡也，向東北去」；他實際認為商族是從東北來的女真民族，亡商貴族箕子等又回東北去了。然而，有東北滿族民眾傳說其先人是從山東出去的，中原才是他們的祖地。

既然「通古斯／九姓／九夷」就是「女真／女直」，若商族自命「九姓／九夷」，必是其為「女真／女直」的直接根據，而這樣的證據就出現在《尚書》中。關於發生在三千六百年前，商族以武力推翻夏朝的事件，〈商書・咸有一德〉篇云：

> 以有九有之師，爰革夏正。

古今學者未能詮釋這段文字，關鍵在於兩個「有」字的含義。我以為漢字發生的早期，字數不足夠多，因此上古文獻中有許多同音通假現象，這兩個「有／ o ／ u ／ ou」字分別是「吾／我」和「紇／或／國」的通假，若將此話改作「以吾九國之師，爰革夏政」，商族自號「九有／九國」昭然若明。是為「九國」的商族，當然就是「九姓／九夷」或即「女真／女直」。

直到戰國時代，中原還有「九夷」，散見的記載是：

夫差……大敗齊人……九夷之國，莫不賓服。

（《墨子·非攻》）

率九夷而朝，即業成矣。

（《越絕書》）

齊有東國之地，方千里。楚苞九夷，又方千里。

（《戰國策》）

這些文字表明戰國時齊、楚仍為九夷之地；後來華夏與戎狄分離，東北地區的九夷才成了「韃虜」。宋代以來「女真／女直」之名全面啟用，若不是俄人發現雅庫特人呼女真為「通古斯」，我絕對不會去聯想「九姓／九夷」即是「女真」的。

中亞月氏是「九姓」

中原徹底漢化後「九姓／九夷」才淪為外邦或戎狄。如「烏茲別克／Uzbek」的祖先是經河西走廊出走的「月氏」（內含許多小族），隋唐年間被中國歷史記為「昭武九姓」。而西域九姓是東北女真的同類的結論，之於辨明中華民族的血脈又至關重要，因為我們的宗祖——「周」「秦」都是月氏的近鄰或屬族。

《唐書·西域傳》是這樣記載昭武九姓的：

康者……君姓溫，本月氏人。始居祁連北昭武城，為突厥所破，稍南依蔥嶺，即有其地。枝庶分王，曰安，曰曹，曰石，曰米，曰何，曰火尋，曰戊地，曰史，世謂九姓，皆氏昭武。

其中單字國名「安／曹／石／米／何／史」很難辨識，但雙字國名「戊地／Uti」是「月氏／烏茲／Uz」，實即東北族名「兀者」；而「火尋／Hosin」是「烏孫／愛新」之轉聲，則一目了然。因此在「昭武九姓」的八個國名中，至少有兩個最重要的女真部落名。

西方「歷史之父」希羅多德比司馬遷大約早了三百年，他記載的位於中亞的向波斯帝國納稅的第十四行省中就有「月氏」。其云：

> 第十四行省包括塞迦（Σαγαρτίων ／ Sagartii）、薩良合（Σαραγγέων ／ Sarangeis）、怛沒乃（Θαμαναίων ／ Thamanaei）、月氏（Οὐτίων ／ Utii）、篾頡（Μύκων ／ Myci）及國王使遷出之南海諸島之民……

> （希羅多德《歷史》，第三卷，第 93 節）

中國歷史記載的西戎、北狄族名：「塞種」、「肅良合」、「怛沒」、「月氏」、「篾頡」，為上述五個希臘文族名提供了幾近完美對音，可見蒙古人種遊牧部落早於秦、漢兩代之前就進入了中亞。

上世紀有人猜測「月氏」屬印歐人種。然而，《逸周書‧王會篇》記載商代中原就有「月氏」，《三國志‧魏書‧東夷傳》記載朝鮮半島也有「月支」，「月」在朝鮮語也訓作「兀／烏／u」，因此「月氏／月支」是比「兀者／勿吉」更古老的記載。而中原地名「吳旗／武陟／無棣／無極」、國名「孤竹」、姓氏「尉遲」、人名「無忌」等無一不由「月氏／兀者／勿吉」衍生而來。

「兀者」定論是女真，元代「兀者野人」明代稱「野人女真」，明末清初是「建州女真」的一部分（見賈敬顏撰〈兀者〉，《中國大百科全書‧中國歷史‧元史》，1985，頁 116）。今俄羅斯遠東濱海區「烏德赫／Удээ／Удэхе」、「奧羅奇／Óрочи」、「烏爾奇／Ульчи／Ольчи」等民族，被視為中國境內赫哲族的同類，這些俄

圖七　二十世紀初黑龍江下游的一個那乃（赫哲）族家庭（美國自然
　　　歷史博物館底片號碼 41614）

文族名均可用「月氏／兀者／勿吉」註音。

　　既然兀者是女真，月氏當然也是女真，這將「九姓即女真」從東
北延伸到西域。但執傳統之見者仍可質疑：女真人是否真的到過中
亞？中國人記載的「九姓」是否就是突厥語的 Tughuz？這些問題並
不荒謬，能以愈多的證據回答這些問題，對信服「通古斯即是九姓」
就愈加有利。

阿拉伯地理著作的佐證

　　月氏是九姓，以及女真民族盤踞中亞的證據，還來自九世紀阿拉
伯地理著作《道里邦國志》，其云：

　　Tughuzghur 人的領地算是突厥地中最大的一塊。

（中譯本，中華書局，頁 34）

　　中亞最大的「突厥地」今天是烏茲別克，即古代的大月氏。九世紀那裡已經徹底突厥化，突厥語 Tughuz-ghur 的音譯是「通古斯紇」，意譯是「九姓／九國」，兩者等於合作指證「大月氏是九姓」。月氏民族在河西走廊的祖先可能是說蒙古話的，九世紀轉化為突厥語民族後，還執意將自己的族名化為突厥語的 Tughuz-ghur，足見「九姓」不可棄之本命意義。

　　《道里邦國志》還有裏海為「女真海」的記載，其云：

　　可薩城……海姆利傑座落在一條河上，此河是從北方流過來的，注入 Jurjan 海。

（中譯本，頁 133）

　　可薩汗國是西突厥的後續，曾盤踞裏海周邊大片地域，都城在伏爾加河入海口附近，波斯人至今還稱裏海為「可薩海／ررز ىاىدرد」。我曾猜測《大宛列傳》說的裏海東側的「安息國」和「奄蔡國」就是女真「愛新」和「安車骨」部落，而 Jurjan（中譯本作「久爾疆」）即是「女真」之真音「朱里真／Ju-r-chen」，阿拉伯人稱裏海為「女真海」也為「女真／九姓」民族盤踞中亞、近東提供了證據。

中國是「桃花石」，即是「通古斯／九邦」

　　十三世紀初年「長春真人」邱處機赴中亞觀見成吉思汗，大約在今新疆霍城一帶聽到一句土著讚揚中原的話：

土人惟以瓶取水，載而歸。及見中原汲器，喜曰「桃花石諸事
皆巧」，桃花石謂漢人也。

（《長春真人西遊記》，黨寶海譯註，

河北人民，2001，頁 51）

此中「桃花石」可能是 Tughuz 首次漢譯，清代學者錢大昕發現
並傳抄《長春真人西遊記》後，Tughuz 為「中國／漢人」開始為學
界注意，但無人究其語義。

六世紀末，突厥擊破柔然統一漠北後入據南俄草原。拜占庭史家
提俄比拉克特・西莫喀塔之著 The History of Theophylact Simocatta
述及西突厥汗國曾派員出使拜占庭，其呈遞的可汗致書中云：

阿瓦爾人被擊敗後，有人逃入桃花石之地。

（英譯：So, when the Avars had been defeated, some of them
made their escape to those who inhabit Taugast.）

輯 自 http://www.scribd.com/doc/57083905/The-History-of-
Theophylact-Simocatta, p. 224

西方學界辨出 Taugast ／ Ταυγάστ 即是中國，又認為 Avars 是
逃入中國的「柔然」。因此，西方很早也記載了中國是「桃花石」，
但是同樣不知道其突厥語之語義。

一個多世紀以來，關於「桃花石」的猜測不絕，最著名的是法國
學者伯希和的「拓拔說」，德國學者夏德（F. Hirth）的「唐家說」，
近世中國學者則提出「大漢說」。我提出「九姓說」的直接證據是來
自西班牙教士克拉維約的《東使記》。

十五世紀，克拉維約出使帖木兒汗國，其著 Narrative of the
Embassy of Ruy Gonzalez de Clavijo to the Court of Timour, at

Samarcand, A.D. 1403-6 一書已被譯成英、俄、土等多國文字，而且被認為是馬可波羅之後最重要的東方遊記，中文《克拉維約東使記》（商務印書館，1997再版）是二十世紀四十年代楊兆鈞先生根據土耳其文本譯出。

《克拉維約東使記》有一段文字言及明朝皇帝和中國為「豬」和「通古斯」，楊先生譯作：

> 中國皇帝名九邑斯汗，其意為「統有九邦之大帝」之謂。韃靼人則稱之為「通古斯」，其意為「嗜食豕肉之人。」
>
> （中譯本，頁 127）

這段譯文字非常令人費解，我查得其英文譯文是為：

> This emperor of Cathay is called Chuyscan, which means nine empires; but the Zagatays called him Tangus, which means pig emperor.
>
> http://books.google.com/books?id=PnlWAAAAcAAJ&pg=PA 119&source=gbs_toc_r&cad=3v=onepage&q&f=false, p. 134

讀後方知，Chuyscan 應譯「朱氏汗」，但被誤作「九邑斯汗」，整段文字應正確地譯為：

> 這位契丹皇帝「朱氏汗」，意思是「九邦」；但是察哈台人稱他「通古斯」，意思則是「豬皇帝」。

正確的譯文雖然仍然無法理解，但捉住四個關鍵字「朱氏汗」、「九邦」、「通古斯」和「豬皇帝」，只隔一層薄紗便是真相。

可以推定的事實是，有帖木兒人（即「察哈台人」）向西班牙使

者們解釋：中國皇姓「朱」與「豬」同音，中國之號「通古斯／桃花石」是「九邦」之意。而克拉維約既不懂突厥語也不懂漢語，但他地記住了這四個關鍵字，卻又交叉誤解為「朱氏為九邦」和「通古斯為豬」。這個錯誤影響深遠，日本漢學大師白鳥庫吉誤解「通古斯是豬」可能就是源自於此。

結束語

突厥語民族謂女真「通古斯」，謂中國「桃花石」，本文證明「通古斯／桃花石」即「九姓／九邦」，從而達成了「九姓即女真」的結論。其覆蓋宏遠而自洽，不僅唐代漠北突厥語民族的核心「九姓回鶻」，和中亞「昭武九姓」的血緣都是女真；上古傳說和文字記載，也無不彰顯「九姓／女真」始於「九邦」中原，「姓公孫」的黃帝實姓「烏孫／愛新」，疑與女真同源的商族恰恰自命「九有」，引領封建和一統的周、秦部落又皆「昭武九姓」之祖「月氏」的屬鄰，因此「九姓／女真」是中原人類最重要的一部祖先，也是世界民族之林的一株枝葉茂盛的巨樹。

2006 年三月十五日初稿

2014 年四月九日修改

七、島夷、氐類、姬姓、子姓，
　　皆是女真

　　女真、蒙古和突厥是中國北方民族的三大主流，它們不僅血緣互相滲透，而且還是中原民族的底蘊。華夏始祖「五帝」是女真族，黃帝「姓公孫」即愛新氏，表明女真是中原民族最重要的史前祖先。然而，族名「女真」初現於遼、金兩代，之前的傳說和歷史都沒有涉及它，因此中原民族這脈祖先一定是以其他名目出現的。

　　說突厥語的西伯利亞雅庫特人稱女真類民族「通古斯」，中亞突厥語民族稱中原或漢人為「桃花石」，通過「通古斯／桃花石」即是「九姓」求證，我們已經達成了「女真即九姓」和「中國即九邦」的結論；而《尚書·咸有一德》說：「以有（吾）九有（國）之師，爰革夏正。」不僅表明推翻夏朝的商族自命「九有／九國」，也確證中原曾為「九姓／女真」之地。

　　可以判定，突厥和女真兩大民族曾在中原共處；否則就無以想像從西伯利亞到中亞細亞的突厥語民族都會有關於「九姓／通古斯」的人類學意識。本文還將論證，從中原出走的蒙古語民族視女真民族為「島夷／鳥夷」，而留在中原人類則以「氐類／姬姓／子姓」來表示「九姓／女真」血緣的。

夏部落之謂「島夷」即「鳥夷」

據說，《尚書・禹貢》篇是禹遊歷中原的地輿見聞，其將「黃河」稱為「黑水」，將「玉石」叫做「球琳」，皆是蒙古語形態的表述（見本書後篇〈禹貢中的蒙古語成份〉）。而夏曆中的「申」、「亥」又是蒙古語的「猴／сармж／sarmz」、「豬／гахай／gahai」。這都表明夏族語言可能是後世的蒙古語，而我們讀到的〈禹貢〉是一篇雅言或漢語的譯文，原先它是用蒙古語傳頌的。

〈禹貢〉在述及黃河下游的「冀州」和江淮一帶的「揚州」時，兩次插敘「島夷」：

> 禹行自冀州始。冀州……島夷皮服。
>
> 淮海維揚州……島夷卉服。

其謂「島夷皮服」和「島夷卉服」是說冀州島夷穿著獸皮製成的衣服，揚州島夷穿著草卉編織的衣服。「島夷」顯然是夏族對「非我族類」的一種稱呼。《漢書・地理志》照搬〈禹貢〉的全套文字，但將「島夷」改成「鳥夷」，中國古代註釋家認為「島夷」即是「鳥夷」。

而冀、揚之間的殷商部落不僅自命「九有」，而且崇拜鳥圖騰。〈殷本紀〉說「殷契，母曰簡狄……見玄鳥墮其卵，簡狄取吞之，因孕生契」，即與東北女真民族「卵生說」出如一轍。由此可見上古中原東部地區是「島夷／鳥夷」民族，實質即是「女真／九姓」民族的居地。

「鳥夷」實為「屌夷」？

〈禹貢〉之後約三千年，說蒙古話的拓拔鮮卑內主中原，其史《魏書》將南朝漢人桓玄、劉裕等人冠以「島夷」列傳，實質是又把中原漢人視為「鳥夷」；這與突厥語民族將女真和中原混稱「九姓／九邦」很相似。其共同的歷史原因可能是：夏代之後的商、周、秦三代統治部落都是曾名「九姓／鳥夷」的女真民族，早就離開中原的蒙古語民族自然會把中原視為「鳥夷／島夷」的天下，這與突厥語民族亦稱中國為「桃花石／九姓」是一回事。

以「鳥／雀／雞」喻男器，可能是人類之初就有的原始意識，英語亦以「公雞／ cock」喻之。漢字「鳥」讀 niao ／ diao 兩聲，後者特指男器，俗字為「屌」，眾所周知《水滸》之「鳥人」實為「屌人」；而「鳥／島」二字形似而音通，「島夷」實即「屌夷」，是上古至魏晉年間蒙古語民族對女真民族和中原民族的謔稱。

「鳥夷」是中原的女真民族

二十世紀上半葉，顧頡剛、胡厚宣、陳夢家、于省吾、丁山等先賢曾予殷商文字器物之鳥圖騰線索以極大的注意，他們屬意商族是東北女真的同類，傅斯年甚至認為商族是從東北來的。其實，《逸周書·王會解》所列殷商東南西北三十五個部落中，就有「伊慮」（挹婁）、「漚深」（烏孫／愛新）、「九菌」（九國）、「鬼親」（女真）、「雕題」（女直）、「月氏」（兀者）等都是顯性的「女真／九姓」

圖八　加拿大印第安人圖騰柱和美國印第安人酋長
http://www.vivaboo.com/history-stands-tall-thanks-to-the-stanley-park-
totem-poles
http://www.itd.idaho.gov/civil/images/indian-chiefs-ft-hall.jpg

部落。

　　而「秦之先……玄鳥隕卵，女修吞之，生子大業」（〈秦本紀〉）
和「三星堆」大量出土鳥圖騰器物，還表明鳥夷民族很早就在中原西
部立足，甚至可能早於在東北或滿洲。美洲印第安人鳥圖騰柱與華表
形制一致，其武士頭飾之「翟」字形象，又可為美洲鳥圖騰民族出自
中國的線索。因此東北女真民族只是鳥夷之一部，大可不必有「只此
一家，並無分出」之想。

中原有「鳥夷」的文字證據

中國學術重視文字學證據，顧頡剛年輕時就執著「商」是鳥圖騰民族的見解，晚年又以新發現的先商「高祖王亥」的「亥」的甲骨原字與「鳥」的關係，來論證他早年的這個見解，因此被學界後人傳為美談（張京華：《由先商王亥史事論顧頡剛先生的古建設史》）。

其實，《史記》中三次出現的族名「鴟」是「氏為鳥夷」的更有力的證據：

范蠡……乃乘扁舟浮於江湖，變名易姓，適齊為鴟夷子皮。

（〈貨殖列傳〉）

吳王……乃取子胥屍盛以鴟夷革，浮之江中。

（〈伍子胥列傳〉）

圖九　三星堆出土人頭面具與貓頭鷹頭的比較

〔武靈王〕攻中山……攻取丹丘，華陽鴟之塞。

（〈趙世家〉）

范蠡為「適齊」而易名「鴟夷子皮」，可見東夷齊人是「鴟夷」；而趙武靈王打下的丹丘是「華陽鴟」的要塞，「華陽」實即女真氏族名「兀顏」。因此「氐鳥」合字「鴟」是為「氐為鳥夷」而設。然而，「鴟」又特指貓頭鷹，「鳥夷」並非僅為「貓頭鷹夷」，所以《史記》僅此三處為「鴟」，餘皆用本字「氐」。

「氐類」是女真之別稱

實質為女真民族的「氐」更早以「西羌」的身份出現在中國西部地區，《逸周書・王會解》說的「氐羌以鸞鳥」或即暗示其為鳥夷。《史記・西南夷列傳》還說西南諸夷大族「皆魋結／皆氐類」，其云：

西南夷君長以什數，夜郎最大；
其西靡莫之屬以什數，滇最大；
自滇以北君長以什數，邛都最大；
此皆魋結，耕田，有邑聚。
其外西自同師以東，北至楪榆，名為巂、昆明，皆編髮，
隨畜遷徙，毋常處，毋君長，地方可數千里。
自巂以東北，君長以什數，徙、筰都最大；
自筰以東北，君長以什數，冉駹最大。
其俗或士箸，或移徙，在蜀之西。
自冉駹以東北，君長以什數，白馬最大，皆氐類也。
此皆巴蜀西南外蠻夷也。

圖十　彝族幹部伍精華和彝族末代土司楊代蒂

　　「此皆魋結」的夜郎、靡莫、邛都、滇等南部西南夷，是唐代「南詔／東女」或今世涼山彝族、大理白族、迪慶藏族、麗江納西等族的祖先。《漢書·西南夷兩粵朝鮮傳》將「魋結」假作「椎結」，按「主／朱／諸／zhu」讀「句／女／鬼／ju」的規律，「魋結／椎結／zhui-ji」即「女直／ju-ji」；而魋結諸夷以「夜郎最大」之「夜郎」適為女真族名「挹婁」之化音，又支撐了「魋結是女直」的結論。今世昆明西南之「哀牢山」應是「挹婁山」，聚居當地的彝族、哈尼族應為「夜郎」之裔。

　　「白馬最大，皆氐類也」等北部西南夷，至少是今世川北茂汶羌族，川甘邊境白馬藏族，四川大小金川嘉戎藏族的祖先；四川「氐」姓漢人當然也是氐類之裔。魏晉年間五胡亂華，臨渭氐苻堅建立「後秦」政權，或能顯明「氐胡」是秦之同類。西南氐類以「白馬最大」，薩滿神歌「白馬／yalu」（宋和平《滿語薩滿神歌譯註》，中國社科出版社，頁245）適為「挹婁」，又進一步表明氐類大族

確為女真部落。

因此，南北西南夷均以女真為大，司馬遷分別以「魋結／氏類」記之，「魋結」本身是「女直」的別寫，而「氏類」則是通古斯——九姓——女真民族的別稱。

「子姓／姬姓」是女真的廣義姓氏

〈殷本紀〉說商族之祖「契……賜姓子氏」，〈周本紀〉說周族之祖「棄……別姓姬氏」，其實「契／棄／chi」是商、周兩族的同一祖先，「子／姬／dji／ji」都是「氏／dji」的別寫。從「皆氏類也」和「別姓姬氏」的措辭來看，「氏類／子姓／姬姓」是女真類血緣的總稱，是有別於「張／王／李／趙」的「廣義姓氏」。

「雞／dji」音之所以能代表女真血緣，或許是因為族名「女直／魋結／月氏／月支」都以「直／結／氏／支」等字結尾。而女真人對非女真族名也會加上這個綴音，北宋《三朝北盟會編》中出現的「萌古子」即是從金朝女真人那裡聽來的「蒙古人」；匈牙利姓氏也有這個特徵，「薩科齊／Sárközy」即是錫伯族姓氏「薩孤」加上 zy。

「子姓」僅殷商一家，「姬姓」為女真的人證則較多。譬如，《史記・商君列傳》說商鞅「姓公孫氏，其祖本姬姓」；〈五帝本紀〉說「黃帝姓公孫」，皇甫謐為此作荒謬註說「黃帝生於壽丘，長於姬水，因以為姓」；《唐書・宰相世系表》則說「安氏，出自姬姓，黃帝生昌意，昌意次子安，居於西方，自號安息國，復入中國以安為姓」。我曾說「公孫」即「烏孫／愛新」，「安息 -n」即「愛新」，上述例證表明「姬姓」至少是女真民族的核心「金姓」或即「烏孫／愛新」。

周部落是「女真／九姓」

最著名的姬姓氏族當數周代王室，其為女真氏族之於證明「姬姓即是女真」至關重要。《史記·吳太伯世家第一》說：

> 吳太伯，太伯弟仲雍，皆周太王之子，而王季曆之兄也。季曆賢，而有聖子昌，太王欲立季曆以及昌，於是太伯、仲雍二人乃餎荊蠻，文身斷髮，示不可用，以避季曆。季曆果立，是為王季，而昌為文王。太伯之餎荊蠻，自號句吳。

其中，人物「昌」就是後來的周文王西伯昌，其祖父周太王要立昌父季曆，季曆的兩哥哥失意而出走荊蠻，始「自號句吳」而終成「吳國」之祖。因此，西北的「周」和江南的「吳」的正式名號應該是「句吳」，國號「周」實為「句／ju」的諧音。

若「句踐」即「女真」之理可循，「句吳」實同「女古／女媧」，類似於「蒙古／蒙兀」形態；而西北和江南的「句吳／周吳」各取一字為國號，一成「周朝」，一成「吳國」。周部落是為「女真／九姓」民族，才「別姓姬氏」的。

上海辭書出版社出版之《辭海·中國歷史紀年》卻將「姬」認作「張王李趙」式的普通姓氏，把周王「涅」、「宜臼」、「胡齊」、「壬臣」、「泄心」添作「姬宮涅」、「姬宜臼」、「姬胡齊」、「姬壬臣」、「姬泄心」。依了這種理解，商鞅就是「姬鞅」，周公即是「姬旦」，黃帝還是「姬軒轅」，就太荒謬了。

周部落是戎狄的諸多證據

上世紀，周部落故地「周原」出土的青銅器銘文記有「虢氏」、「裘氏」、「微氏」、「克氏」、「梁氏」等氏族，卻唯獨沒有「姬氏」引起許多困惑。然而，認識「姬姓」到是女真民族的廣義姓氏，糾纏於普通姓氏的疑慮就能消釋。

「周原」是秦隴高地東緣方圓僅幾里的地方，「周原／周垣」實為「周吳 -an」，那裡除「張家」、「王家」、「劉家」、「齊家」等單姓村名，複字村名「召陳」、「務子」、「鳳雛」恰是族名「女真」、「月氏」、「葷粥」（弘吉喇）；恰在這些村落發現了最重要的西周遺址和遺物。秦隴關中是中華民族的根基，在那裡戎狄族名做的地名卻俯拾皆是，如：

叱干　　禮泉縣屬，鮮卑姓氏，蒙古語「白色」

啞柏　　周至縣屬，族名「悅般」，人名「蟄拜」

馬召　　周至縣屬，姓氏「馬佳」，或匈牙利國名 Magyar

厚畛子　周至縣屬，族名「兀者」衍生的「兀真子」

崩崩　　岐山縣屬，鮮卑姓氏「拔拔氏」

北郭　　岐山縣屬，鮮卑族名「僕骨」

麥禾　　岐山縣屬，族名「靺鞨」

第五　　眉縣屬，似即族名「昭武」，入《百家姓》

金渠　　眉縣屬，源自北方族名形成的西域國名「精絕」

面氏　　眉縣屬，族名「勿吉」或「篾里乞」

上列都是顯見於地圖的區鎮級地名，村級地名想必不勝枚舉。這

些地名現象，也揭示中國西部古代居民是北狄的同類。

近年發現的戰國楚簡《容成氏》有文王平定「豐□舟□于鹿耆崇□須」等「九邦」之記事，李零有「九邦」是《禮記·文王世子》說的「西方有九國」之見；我以為「九邦／九國」並非「九個邦國」，而是秦隴之「九姓／女真」部落。〈周本紀〉記載追隨武王伐紂是「庸蜀羌髳微盧彭濮」等部落，有人說它們來自四川湖北，我以為周沒有徵集遠部的能力，它只能靠鄰近的邦國推翻商朝。

楚簡《容成氏》和〈周本紀〉記載的族名，除「□須」被猜為「密須」外，其餘都被斷為單字族名。然而，認識了周部落的戎狄本質，就必須將它們斷為雙字來與戎狄族名對照，如：

豐□	擬即「豐鎬」，「回紇」之別寫
郍□	擬即「舟直」，「女直」之真音
于鹿	即「烏洛渾」
耆崇	即魏姓「俟幾」之轉「俟幾 -n」
□須	擬即「密須」
庸蜀	即「韋粥」
羌髳	即「處密」
微盧	即「莫盧」
彭濮	即「拔拔」

有了這樣的比較，〈周本紀〉對伐紂大軍「虎賁三千」的形容，就應該在北方民族語言裡求線索了，「虎思」是蒙古語的「有力／hus」（《遼史·國語解》）；「賁」是蒙古語的「人／hun」，而「虎賁」當是「壯士／力士」的意思，武王麾下是一群說蒙古話的遊牧民，也就再顯然不過了。當時，「九姓／女真」血緣部落在西北地方占統治地位，但是他們更像是使用蒙古語的。

結束語

女真民族是「九姓」，也是「鳥夷」，其核心氏族則是「愛新」，這些似乎是中華民族的身外事。但一旦明白「公孫」即是「愛新」，商族是「鳥夷／九有」，中華是「九邦」，女真是中原民族的血緣底蘊就昭然了。而周族和公孫氏同為「姬姓」，商族是「子姓」，又使我們認識「姬／子」之音是中原民族中的女真血緣氏族的通稱了。

2006 年三月十五日初稿

2014 年四月十一日修改

八、「句踐／鬼親」即是女真

　　漢字族名「女真／女直」正式掛牌於宋、元以後，於是不少人認為趙宋以古沒有女真民族。其實《大金國志》和《蒙古秘史》是把它們記成「朱里真／主兒扯」的，其讀音是 ju-r-chen ／ ju-r-chi；突厥語民族謂之「通古斯」又揭示各歷史時期出現的「九姓／九國／九有」就是「女真」。

　　一旦認識族名中「女／九／主／句／朱」等字都同音，「女真」民族的存在就簡化為尋找一音多字的漢字了。然而，有些漢字的讀音也被誤導或被忽略，譬如人名「句踐」長期被訓為「勾踐」，其源頭是「女真」的線索就被切斷了；再如「鬼」字的吳音 ju 向來無人關注，「鬼國／鬼谷」即是「女國」的事實也被掩蓋了；而《遼史》族名「糾里闡」更是「女真」無疑，

　　「女」字還可轉讀清音「曲／仇／丘／龜」等（音 qu 或 qiu）。因此〈秦本紀〉之「樗里疾」，《漢書》地名「龜茲」，雲南「曲靖」，山東「曲阜」，山西「曲沃」，四川藏區「卓克基」，亞洲東端「楚克奇」半島之名 Чукча ／ Chukchi，歐洲愛沙尼亞國之名 Чудь ／ Chudj，阿拉伯人之謂「裏海」Jurjan，就無一不是「女真／女直／女國」的記印了。

「句踐」就是「女真」

　　古代中原人名多是戎狄族名，以女真為名的「句踐」卻是江南「臥薪嚐膽」故事的主人公。故事說吳、越兩國發生爭戰，吳王闔廬負傷而死，臨終前囑咐兒子夫差「必毋忘越」。夫差繼位後努力練兵，越王句踐聞訊來攻，被吳軍一舉擊敗，僅餘五千士卒困守會稽。句踐依了謀士范蠡的計策，先以「卑辭厚禮」賄賂吳國太宰緩解危局，繼而「置膽而坐，坐臥即仰膽，飲食亦嘗膽」，憤發圖強，若干年後發兵滅吳。

　　吳、越兩國在蘇杭兩地，人名「句踐」、「闔廬」、「夫差」卻是戎狄族名「女真」、「斛律」、「兀者」。有人要問：江浙之南方古人怎麼也是北方戎狄人名呢？那是因為吳、越兩國王族的祖先是來自中原的，《史記‧吳太伯世家第一》說：

> 吳太伯，太伯弟仲雍，皆周太王之子，而王季歷之兄也。季歷賢，而有聖子昌，太王欲立季歷以及昌，於是太伯、仲雍二人乃犇荊蠻，文身斷髮，示不可用，以避季歷。季歷果立，是為王季，而昌為文王。太伯之犇荊蠻，自號句吳。荊蠻義之，從而歸之千餘家，立為吳太伯。

其中「昌」就是後來的周文王「西伯昌」，他的兩個伯父不受太王的重視，遠徙江南落戶「自號句吳」，因受人擁戴而成為吳國始祖。而《史記‧越王句踐世家》說越國王族是來自中原的夏禹部落：

> 越王句踐，其先禹之苗裔，而夏后帝少康之庶子也。封於會

稽，以奉守禹之祀。文身斷髮，披草萊而邑焉。後二十餘世，
至於允常之時，與吳王闔廬戰而相怨伐。允常卒，子句踐立，
是為越王。

我們無法查實夏部落曾否將族人遣封到東南地方，但夏部落有後人在
會稽（浙江紹興）建立越國未必不是事實。

夏、商、周、秦部落是戎狄型態的人類群體，因此吳、越王族都
有北方民族的血緣，不僅吳王越王的名字是戎狄族名，不少吳越地名
也一樣是戎狄族名。譬如，《史記正義》註說「太伯居梅里，在常州
無錫縣東南六十里」，今天梅里地方還有周族的宗廟。「無錫」和「梅
里」的語義雖然很難判定，但它們與北方族名「紇奚」和「篾里乞」
卻有一模一樣的語音。

「句吳」即是「女古」

「句踐」很早就被人訓作「勾踐」，依據則無法追究。「句」構
生的「拘／駒」等字讀 ju，「夠／狗」等字讀 gou。傳統學術將人名
地名中的「句」一律訓為「勾」，上海辭書出版社的《辭海》取銷了
原字「句踐」，只留下訓音「勾踐」是非常不恰當的。因為「句踐」
究竟是讀「句踐」還是讀「勾踐」？還亟需實證。

在前述〈吳太伯世家〉和〈越王句踐世家〉的兩段引文中，分別
出現族名「句吳」和人名「句踐」，後者也是由某個族名變來。如果
這兩個「句」字都讀 ju 的話，「句吳／句踐」分別即是中國北方族
名「女古／女真」；讀 gou 則成無源的「鈎吳／鈎踐」。

這樣的實證之例還有不少。譬如，江蘇省縣置「句容」為漢代所

設，但至今仍人眾仍然將其讀 ju-rong 而不讀 gou-rong；又如〈匈奴列傳〉之族名「句注」也只能是該傳另一族名「沮渠」，而不能是「溝渠」。這些都是「句」字讀 ju 不讀「勾」的實據。

古代中原「句踐」是一個相當普通的人名，〈刺客列傳〉提到過「魯句踐」，說「荊軻游於邯鄲，魯句踐與荊軻博……」。《孟子》說到過「宋句踐」，孟子曾教誨他「人知之，亦囂囂；人不知，亦囂囂」。〈仲尼弟子列傳〉記載了孔子的學生「句井疆」。這三個名字實際上是「魯女真」、「宋女真」、「女真疆」。

「鬼親」也是「女真」

「鬼」字在上古族名中出現多次，《易卦・爻辭》說「高宗（武丁）伐鬼方，三年克之」，《逸周書・王會解》記有族名「鬼親」，《山海經・海內北經》則云「鬼國在貳負之尸北，為物人面而一目」；而戰國人物「鬼谷子」又顯然是「鬼國子」。幾千年來，中國學術從來不知（也未曾想知）「鬼方／鬼親／鬼國／鬼谷」究為何族。

尚未被注意到的還有，吳方言中「鬼／龜／貴／跪／櫃／歸」等字均讀為 ju。事實上，元蒙人名「鬼力赤」，〈秦本紀〉人名「樗里疾」，匈牙利姓氏 Gyuricza 等，均同音「主兒扯」（「女直」之真音）。按此讀法，上古族名中的「鬼」字就與「女／九／句／主／朱／ju」等字諧通。事實上，〈殷本紀〉人物「九侯」早就被《史記集解》註說「一作鬼侯」（《史記》，校點本，頁 107，註 2），而〈王會解〉族名「鬼親」還與「女真」有雙音耦合之巧。於是「鬼親／鬼國／鬼方」等價於「女真／女國／九邦」的結論，水到渠成。

古代人類可能很早就失卻了對自身族名語義的記憶，而僅僅留心其語音，因此對族名的擇字相當隨意，擇音則相對準確，乃至「女國／九國」亦可為「鬼谷／諸葛／句吳／昭武」等等，上古通假之亂可以想及。然而，「一音多字」不僅造成「一國多名」的複雜性，以「鬼」為人類族名還有其不妥性。前文指出《史記‧西南夷列傳》記載的族名「魋結」即是漢代尚未通用的「女直」，按說它本可用「鬼結」寫之，但司馬遷以「魋」假「鬼」，想必是認識到了這個問題。

「沮澤」是匈奴中的「女直」

被掩蓋的「女真／女直」民族遠不止「鬼親」一個。《漢書‧匈奴傳》有一則有趣的故事。那是劉邦去世後，寂寞的匈奴冒頓單于向呂后發來一封言辭唐突，而令人想入非非的求愛信，該信中說：

> 孤僨之君，生於沮澤之中，長於平野牛馬之域，數至邊境，願遊中國。陛下獨立，孤僨獨居。兩主不樂，無以自虞（娛），願以所有，易其所無。

呂后大怒，要斬其使者，發兵懲罰。後來群臣審度時勢，才平息了呂后的火氣。

信中「生於沮澤之中」這句話，對於解釋冒頓的身世很有作用，但「沮澤」長期被望文生義為「沼澤」，其讀音 ju-ji 卻被忽略。說來「平野牛馬之域」又何來泥濘的水澤呢？其實，「沮澤」即是族名「女直」；只須識得冒頓是女直部落中人，其名號「冒頓／mo-do」也有了線索。《新唐書‧黑水靺鞨傳》說「其酋曰大莫拂瞞咄」，「冒頓」實際就是女真民族酋長稱號「瞞咄」。

匈牙利姓氏中的「女真／女直／女古」

匈牙利民族的東方祖先是女真的同類，許多匈牙利姓氏可以追溯到是中國北方民族的部落名或氏族名。其中就有「女真」、「女直」和「女古」。

匈牙利前總理姓 Gyurcsany，中譯「久爾恰尼」，中歐文字 cs 讀 ch，gy 讀 j，因此 Gyurcsany 讀如 jur-cha-ni 或 jur-chan-i，中文註音即是「主兒扯尼／朱里真乙」，也就是「女真尼」。Gyurcsany 和與它相關的姓氏 Gyurgyi、Gyurka、Gyurki、Gyurko、Gyuricza、Gyurkovics 並不都是匈牙利的大姓，但每個城鎮都有幾個姓它們的家庭，其中 Gyurgyi 即是「女直」，Gyurko 即是「女古」，Gyuricza 即是「主兒扯」，Gyurkovics 則是斯拉夫化了的「女古維奇」。

匈牙利是塞爾維亞的鄰國，由於它在兩次世界大戰中連續戰敗，其國土在二十世紀不斷萎縮，於是相鄰的羅馬尼亞、塞爾維亞，斯洛伐克等國都有為數可觀的匈牙利族人，塞爾維亞網球選手喬科維奇的姓氏 Djokovic 即是匈牙利姓氏 Gyurkovics，其字根 Djoko 亦即是「女古／女國」。

結束語

族名是綿綿的人類血脈，既不無中生有，也不驟然逸滅。得助「女真／女直」的讀音是「朱里真／主兒扯」的啟發，上古人名「句踐／巨卿」，地名「諸暨／龜茲」，族名「鬼親／鬼方」，都可以

歸於「女真／女直／女國」名下，因此女真民族不僅早已有之，而且是中華民族最根本的血緣。族名「女古／女國」是「女直／女真」的一種另態，但有史書說那是女人掌權的國度，不推翻這種說法不僅無法提升中國歷史研究的人類學的水準，而且中華民族無法實現自我定位。

中原古族與北方民族同源，自然也有「以族名為人名」習俗，因此北方民族族名是訓讀中原古代人名，勘定「漢語上古音」的一種判據，譬如，從「句踐」就是「女真」的分析，可以確認「句」字在上古和現代讀音是一樣的，誇大古今漢語的語音變化是沒有根據的。一旦解放了思想，中國歷史學和人類學的許多問題，就有望解決了。

2005 年二月二日〈為句踐正名〉初稿

2014 年六月二十日修改更名

圖十一　匈牙利前總理 Gyurcsany 和匈牙利滿族華人李震

九、秦始皇是說蒙古話的女真人

很早就有人說「秦」是戎狄。但說第一次統一中國就是外族的武功，中原百姓會覺得臉上無光。因此，歷史多的是譴責秦始皇的專制，卻很少談論秦部落的種屬。

西周時，「秦」是一個西戎部落；其他西戎部落作亂時，它總是站在周王室一邊。紀元前 771 年，周幽王無道，怨臣申侯引犬戎伐周，殺幽王於驪山下；周平王是靠秦襄公的護駕，去洛陽避禍，從此東周才起了頭。東周王室感激這番效忠，才將秦部落封為諸侯國。然而，這個遲到的諸侯國卻又很有作為，它不斷吸取中原先進文化，引進了商鞅這樣的變法人才，移風易俗，富國強兵，戰國時成為七強中的最強，最後一舉統一了中國。

秦是月氏的同類

秦是遊牧的部落，《史記·秦本紀》兩處說到它的一個祖先養畜的事蹟，一說：

> 大費拜受，佐舜調馴鳥獸，鳥獸多馴服，是為柏翳。舜賜姓嬴氏。

二說：

〔周〕孝王曰：「昔伯翳為舜主畜，畜多息，故有土，賜姓嬴。今其後世亦為朕息馬，朕其分土為附庸。」

看來，秦部落善長畜牧養馬，曾受到夏、周兩代王室的重視；至於「賜姓」之說，就只能姑妄聽之了。然而「柏翳」又作「伯翳」，可見其為譯音而非本字，中原古代名人之名「伯夷」亦同此音，該字在滿、蒙、突厥諸語義為「富有／富人」，今世維吾爾語此稱漢譯為「巴依」，而大費者「是為柏翳」應該是「由是致富」的意思。

《後漢書·西羌傳》又說：

及昭王立，義渠王朝秦，遂與昭王母宣太后通，生二子。

這是說義渠部落酋長「朝秦」時，與昭王的寡母宣后私通，而且連生二子。昭王是秦始皇的曾祖父，因為父親和長兄死得很早，因此昭王即位時年紀很小，母親宣后也很年輕。中原文化當然容不得宣后的這種「生活作風」，而遊牧部落性俗寬鬆，這位「快樂的寡婦」還握有的大權。後來商鞅在秦國推行「男女之別」時說：

始秦戎狄之教，父子無別，同室而居。今我更制其教，而為其男女之別。（〈商君列傳〉）

這不僅明說秦國百姓是戎狄之人，而「父子同室」又是亂倫之暗謂。商鞅強制推行的「男女之別」，是用中原農業社會進步的性倫理，來教化民眾。

秦部落故地是在今天的甘肅省張家川回族自治縣，漢代屬天水郡略陽道，北連「月支道」和安定郡的「烏氏縣」。而「義渠」是「烏氏／月支」的諧音，秦混跡於義渠、烏氏、月支這些通古斯（九姓）部落之間，當然與它們是血親。幾百年後「五胡亂華」，月氏之裔「氐

族」出過強人「臨渭氏苻健」和「略陽氏呂光」，苻健的侄子苻堅一
度統一中原，建立「大秦」政權，可見「氏」是認同秦部落的。

秦是鳥夷部落

《史記・秦本紀》有關於秦部落祖先的傳說：

> 秦之先，帝顓頊之苗裔孫曰女修。女修織，玄鳥隕卵，女修吞
> 之，生子大業。大業取少典之子，曰女華。女華生大費……費
> 生子二人：一曰大廉，實鳥俗氏；二曰若木，實費氏。其玄
> 孫曰費昌，子孫或在中國，或在夷狄……大廉玄孫曰孟戲、
> 中衍，鳥身人言……其玄孫曰中潏……生蜚廉。蜚廉生惡來
> （革）……周武王之伐紂，并殺惡來……蜚廉復有子曰季勝。
> 季勝生孟增。孟增幸於周成王，是為宅皋狼。皋狼生衡父，衡
> 父生造父……自蜚廉生季勝已下五世至造父，別居趙。趙衰其
> 後也。

此中「玄鳥隕卵，女修吞之，生子」，「鳥俗氏」和「鳥身人言」
等說，都是秦部落崇奉鳥圖騰的證據。上述人名又以「惡來」和「宅
皋狼」最怪異。「惡來」可能就是錫伯族姓氏「敖拉」或匈牙利姓氏
Olah；而「宅皋狼」疑是「它皋狼」的誤抄，「它」應同「陀」音（《說
文》謂之是「蛇」），「它皋狼／tu-ghu-lu」是滿蒙二語中的「錫」
字「托活羅」或族名「吐火羅」。

青銅時代之前人類就發現了錫，「吐火羅」可能是較先掌握煉錫
術的部落。「它皋狼」是用族名「吐火羅」做人名，今天美國NBA
有一名土耳其籍球員姓Turkolu，把它譯做「它皋羅」更恰當。眾所

周知，土耳其是突厥民族國家，而突厥民族和突厥語言又相容了各北方諸族的血緣和語言成份。

以戎狄族名為名的秦人，實在太多。如「胡亥」是「回紇」；「樗里疾」是「主兒扯」；「到滿」是「頭曼」；「蒙驁」是「蒙兀」等，都是極好的例證。然而，中原人名也有這樣的特徵，如「句踐」是「女真」；「夫差」是「兀者」；「墨翟」是「勿吉」；「百里奚」是「篾里乞」。因此，要追究秦部落的血緣，除舉證它使用戎狄語言，還必須拿出更確鑿的證據來。

嬴姓即是「安姓／金姓」

秦始皇之名「嬴政」與清雍正帝之名「胤禛」的讀音完全一樣，但它們在漢語裡都沒有語義，因此只能從「胡名虜姓」來認識「嬴政／胤禛」。北方民族常用「按春／按陳」作人名，《金史·國語解》有釋曰：「金，曰按春。」

可見「按春／按陳」也是「金」的一種讀音，「嬴政／胤禛」不過是它們的諧音僻字，專門用來做帝王的名字。其實，「嬴／安」之變很普遍，西方國名「英吉利 English ／盎格魯 Anglo」即是。

姓氏「嬴」是「嬴政／按春」的縮音，實即「金」。而「殷／尹／英／燕／顏／晏／奄」等姓氏或地名，都是「嬴／安」的轉音。故爾，商朝為「殷」，商地為「奄」，遼東為「燕」，「遼東胡」安祿山姓「安」，大概都與「金」為女真首姓有關。因此秦始皇不僅不是「姓嬴名政」，而是「姓嬴名嬴政」，如果一定要讓他有名有姓的話，他就是「嬴嬴政／安嬴政／金嬴政」。

《唐書·宰相世系表》記載一位西域安息國移民後裔當過唐朝的

宰相，其云：

> 安氏，出自姬姓，黃帝生昌意，昌意次子安，居於西方，自號
> 安息國，復入中國以安為姓。

這是用廣義姓氏「姬姓」的話語來說明「安姓」是女真氏族，這對於認證「嬴姓」為女真氏族很有助益。但是我們也可以用「金姓」的話語來說明這個道理，因為「安息／阿什」、「按春／按陳」和「愛新／烏孫」都是女真語「金」字的諧音或方音。

秦部落的語言像是蒙古語

南京是六朝古都，在現代都會上海出現前，它是長江流域最大的城市；在戰國時代它是楚國的屬地，稱「金陵邑」。秦始皇統一中國後，改名「秣陵」，屬會稽郡；據說是秦始皇親自決定將這個江邊大城改名為「秣陵」的。兩漢沿用秦制，三國東吳孫權易其名為「建業」，晉恢復舊名秣陵，之後長期稱「江寧」。直到朱明王朝，始謂南京。

歷史上還有一個秣陵。那是東魏（534-550 年）在今河南沈丘置「秣陵縣」，轄潁水流域今項城、沈丘、鄲城等縣，發源於嵩山的潁水是淮河最大的枝流。東魏是從北魏分裂出來的割據政權，漢人將領專權其中，鮮卑皇帝只是傀儡。然而，北魏推行漢化，東魏卻事事效仿鮮卑。鮮卑語是蒙古語，蒙古語「江河」一字為 мөрөн／moron，所以黃河叫「喀喇木倫」，遼河叫「西拉木倫」，其實「秣陵」就是「木倫／мөрөн／moron」，這也表明將江城金陵改作「秣陵」的秦始皇是說蒙古話的。

「大良造」是秦國很高的官職。主持變法的商鞅升大良造。商鞅被誅五年後，魏人犀首（公孫衍）入秦主事，〈秦本紀〉曰「陰晉人犀首為大良造」，看來「大良造」應是文職。然而，武將白起屢建戰功，封為列侯，官職也是大良造。因此亦文亦武的官名「大良造」的意義，還得從語言解析著手了。

蒙古語「大海／далай／dalai」通譯「達賴」，-n 化即成「大良／далайн／dalain」。蒙古民族還常把「大海」加譽給地位崇高的人物，《蒙古秘史》說：

> 成吉思合罕意為騰汲思合罕、達賴合罕二詞，皆有大海合罕之意。

西藏「達賴喇嘛」頭銜也是蒙古民族贈予的。1578 年黃教創始人宗喀巴的四世傳人索南嘉措去蒙古族地區傳教，在青海湖邊與土默特部俺答汗相會，俺答汗贈送他一個稱號：「聖識一切瓦齊爾達喇達賴喇嘛」。這個「達賴喇嘛」就是「大海喇嘛」。

「造」像是漢語「封官晉爵」的「爵」的源頭，也像是《唐書·突厥傳》記載的突厥官名「啜」，因此「大良造」是蒙古語「大海般的官」，這再次傳遞了一個信息：秦部落語言的確像是後世的蒙古語。

《金史·國語解》是十二世紀金代女真語的一個小字典，它在「物象」一欄中記載了三個非常重要的字：「兀典，明星」、「阿鄰，山」、「忒鄰，海也」。對照現代蒙古語和後世滿語

	金女真語	蒙古語	滿語
星	兀典	оддын	兀失哈
山	阿鄰	уулын	阿林
海	忒鄰	далайн	墨得

可以發現「兀典」、「阿鄰」、「忒鄰」三個女真語字都與蒙古語一致，這表明金代松花江流域的女真語接近蒙古語；而兩千多年前西北地區通古斯血緣的秦部落可能是說蒙古語為主的。

〈貨殖列傳〉提到一個叫「烏氏倮」的富人說：

> 烏氏倮畜牧，及眾，斥賣，求奇繪物，閒獻遺戎王。戎王什倍
> 其償，與之畜，畜至用谷量馬牛。秦始皇帝令倮比封君，以時
> 與列臣朝請。

烏氏倮顯然是烏氏部落中的戎狄之人，他善於賄賂酋長，得以便利，畜牧致富，而受秦始皇的重視；一介牧夫竟與列臣議論國事。於是看來，秦王室可能是用戎漢雙語進行溝通，秦始皇可能是用戎狄語言與烏氏倮交談的。

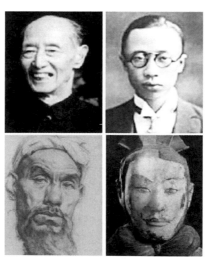

圖十二　通古斯血緣典型面容（臧克家、
薄儀、陝北老農、秦兵馬俑）

結束語

秦部落為中華民族留下的最大的物質遺產或許是「兵馬俑」,而那上千的陶俑的面型分長、圓兩種,也可以讓後人悟出秦部落種屬的究竟。我以為中國北方人中的長型臉(如現代人溥儀、康生之相)屬通古斯——女真系血緣,圓形臉(如歌手騰格爾之貌)屬鮮卑——蒙古系血緣。秦是「嬴姓」部落,只是說它的統治家族有通古斯民族的血緣,而它的民眾則必然是多源的。

事實上,「民族」可分成「血族」和「語族」兩個概念。人類之初,群體間的接觸很少,部落中的血緣和語言都很單純,血族就是語族。到了人類大規模遷徙和融合的時代,血緣和語言都變得非常混雜,所謂「漢族」、「蒙族」、「滿族」、「突厥族」都是「語族」而已,它們的血緣則「理還亂」了。從上述分析來看,秦部落的語言可能有較濃重的蒙古語特徵。而說蒙古話的秦始皇,可能是一個長臉的月氏——女真人。

原載台灣《歷史月刊》2005 年五月號

2013 年九月七日修改

圖十三　蒙古人典型面容,忽必烈和現代歌手騰格爾

十、以「檮杌」一字，為中華民族尋根

　　上古時代，東方人類部落裏就有專人背誦祖宗的譜系，這就是人類之初的口傳歷史。當然，後人不免會在其中添油加醋，但更多的則是遺忘和疏漏，因此在這些傳說中至少還是有許多真人真事。而等到有了文字後，人們把史事刻在龜甲、竹簡上，鑄在青銅器上，這就是所謂「甲骨」、「竹書」、「金文」，書面歷史也就開始形成了。

「檮杌」是歷史

　　中國最早把史書叫「春秋」，得以傳世的是《魯春秋》。但《墨子》說東周王朝和燕、宋、齊各國都有各自的《春秋》，因此東周一代也被稱為「春秋」。但是「歷史」還有其他的稱喚，《孟子》曰：

　　　　晉之《乘》，楚之《檮杌》，魯之《春秋》，一也。

即是說「乘」和「檮杌」與「春秋」一樣也是「歷史」。人們大概都認為「春秋」之為歷史，是「春去秋來」如歲月流逝的緣故，我以為「乘」可能是「春」的諧音，而「春秋」的意義是否出自某些上古部落語言，本人無從考究；但「檮杌」現在還是蒙古語的「歷史」一字。

「檮杌」不是「弱智兒」

檮杌也是古代的人名。〈五帝本紀〉說：

> 昔帝鴻氏（即黃帝）有不才子，掩義隱賊，好行兇慝，天下謂
> 之渾沌。少暤氏有不才子，毀信惡忠，崇飾惡言，天下謂之窮
> 奇。顓頊氏有不才子，不可教訓，不知話言，天下謂之檮杌。

這是說偉人也有不肖的兒子，民間把兇惡者叫「渾沌」，無信者叫「窮
奇」，不會說話的「弱智兒」叫做「檮杌」。其實，司馬遷也沒有搞
清楚這些人名的由來，「渾沌」、「窮奇」、「檮杌」未必有兇惡或
殘疾的意思，譬如《國語・周語》說「商之興也，檮杌次於丕山」，
這個「檮杌」也只是一般的人名而已。

然而，宋代大文士蘇洵又為「弱智兒」之為「歷史」做了一個發
展性的圓通，他在《嘉佑集・史論》中說：

> 史何為而作乎？其有憂也。何憂乎，憂小人也。何由知之，以
> 其名知之。楚之史曰《檮杌》。檮杌，四凶之一也。

他認為歷史是為憂世而作，以「檮杌」命名歷史，是以惡人的名字來
懲誡後人。這種將弱智兒說成惡人，並用來懲戒後人的說法，是荒誕
而且不近情理的。

現代蒙古語的「歷史」仍是「檮杌」

　　為什麼「檮杌」是歷史？翻閱一本《英蒙詞典》，卻不經意地解決了這個疑惑。原來，蒙古語的「歷史」一字是讀「屠兀何／ᠲᠦᠦᠬ／tüükh」，楚國歷史「檮杌」顯然是用蒙古語的這個字來命名的。事實上，楚國語言有蒙古語成份還不止一例，《漢書》作者班固在說到自己的姓氏時，說「楚人謂虎，班」；而現代蒙古語的「老虎」恰恰是 бар／bar。

　　史學家岑仲勉也曾經注意到《離騷》中的突厥語成份，楚國語言的戎狄語言特徵，可能有兩種形成的原因。其一，楚國中心所在的地方（湖北北部和河南南部）的遠古居民是使用北方民族語言的；其二，楚國統治部落是使用北方民族語言的。前一原因無法排除，後一原因更有顯據，〈楚世家〉說：

> 吾先鬻熊，文王之師也，蚤（早）終。成王舉我先公，乃以子男田令居楚，蠻夷皆率服，而王不加位，我自尊耳。

這是說楚王室的先人是周文王的部下，因為他早死，後人就被周成王打發到偏僻的蠻夷之地去了，而且還不予封位，楚國的王位是他們自封的。

　　楚部落的先祖追隨文武，而〈周本紀〉記有伐紂大軍「虎賁三千」的雄姿，「虎」出自蒙古語「強壯／ᠬᠦᠴ／khüch」（《遼史・國語解》作「虎思」），「賁／渾」是蒙古語的「男人／ᠬᠦᠨ／khün」，「虎賁三千」即「壯男三千」。武王麾下是一隊說蒙古話的遊牧民，他們將「歷史」稱「檮杌」，將「老虎」稱「班」，也

就不奇怪了。

其實，漢語裡有蒙古語源並不希罕。普通如「新」、「舊」二字，蒙古語裡分別是「新呢／шинэ／shine」和「忽陳／хуучин／khüüchin」，後者又可略做「陳」，內蒙古「陳巴爾虎旗」就是「老巴爾虎旗」。因此漢語裏「新生事物」的「新」和「陳年的酒」的「陳」，都與蒙古語有關。可是，一說到蒙古的事情，有人就說「是成吉思汗帶進來的」；其實，夏曆中的「申」、「亥」兩字為「猴」、「豬」兩意就是蒙古語，因此四千年前的「夏部落」就是說蒙古話的。

司馬遷的〈楚世家〉，無疑就是重撰了的《楚檮杌》，它開卷就背誦歷代祖宗的名字：

> 楚之先祖出自帝顓頊高陽。高陽者，黃帝之孫，昌意之子也。高陽生稱，稱生卷章，卷章生重黎。……帝乃以庚寅日誅重黎，而以其弟吳回為重黎後，復居火正，為祝融。夏之時……殷之時……季連生附沮，附沮生穴熊。其後中微，或在中國，或在蠻夷，弗能紀其世。周文王之時，季連之苗裔曰鬻熊。鬻熊子事文王，蚤卒。其子曰熊麗。熊麗生熊狂，熊狂生熊繹。熊繹當周成王之時，舉文、武勤勞之後嗣，而封熊繹於楚蠻。

而《蒙古秘史》和〈楚史家〉讀上去的味道差不多，也是背誦家譜起頭：

> 成吉思合汗的祖先是承受天命而生的孛兒帖赤那，他和他的妻子豁埃馬闌勒一同渡過了騰汲思海子，來到斡難河源頭的不兒罕山前住下，生子名巴塔赤罕。巴塔赤罕子塔馬察，塔馬察子豁里察兒篾兒干，豁里察兒篾兒干子阿兀站孛羅溫勒，阿兀站

字羅溫勒子撒里合察兀，撒里合察兀子也客你敦，也客你敦子
搏鎖赤，搏鎖赤子合出兒。（《秘史》第一章第二段）

說來，《楚檮杌》和《蒙古秘史》都是循了中原古族歷史的一種
體例。

人名「檮杌」可能出自族名「屠何」

要體認「檮杌」作人名的一面，須先瞭解古代人名特徵。現在看
來很多中原古人之名是北方民族的族名。譬如，「虞舜」是「烏孫」，
「句踐」是「女真」，「墨翟」是「勿吉」等。楚人亦循此矩；如〈楚
世家〉人名「卷章」是「女真」，「吳回」則是「回紇」。這種現象
再次說明，中原古族與北方民族是同源的。

〈五帝本紀〉人名「檮杌」應是中原古族名，後為北方民族的族
名「屠何／達斡爾」，把它記為「檮杌」只是巧合，「達斡爾」與「歷
史」當然沒有關係，但「檮杌」是「弱智人」就更沒有根據；而歷史
之為「檮杌」是以惡人之名警世的說法，實在荒謬透頂。事實上，〈五
帝本紀〉人名「渾沌」和「窮奇」可能也是由族名演變成的。「渾沌」
是族名「烏潭」或西域地名「于闐／和田／Khotan」的諧音，「窮奇」
則與匈牙利姓氏 Gyöngyösi（音「窮覺希」）一致，從東方遷徙到歐
洲去的匈牙利人也把東方族名帶到西方去了。而常和「渾沌」糾纏在
一起的「盤古開天地」者「盤古」，我以為就是族名「僕骨」。

「賢為屠耆」的解釋

關於匈奴語言，中國歷史只有若干辭彙的紀錄，其中一個很令人費解的是「屠耆」。《史記·匈奴列傳》說：

> 匈奴謂「賢」為「屠耆」，故以太子為左屠耆王。

從字面上看漢字「賢」是聰明能幹的意思，但我以為「屠耆」是蒙古語「歷史學家／ түүхч ／ tüükhch」，是在單于左右供諮詢的「知曉歷史的智者賢人」，漢譯或作「史官」；所謂「左屠耆／右屠耆」中原朝廷繼承為「左史／右史」。但是進入權力社會後，匈奴單于兩側都換上了親生兒子，所以才有了「以太子為左屠耆王」的現象。

結束語

三、四千年前，黃河流域的語言生態發生過翻天覆地的變化，可能是在「南蠻」語言的影響下，具有藏緬語特徵的「雅言」開始佔優勢，這就是「漢語」的前身；原本中原古族使用的土著語言則被出走北方的部落保留下來，反倒成了「戎狄」語言。司馬遷的時代雅言形成已久，他對這些上古語言的變化現象已無線索。然而，作為現代人的我們，已經在偉人的延長線上，又走過了兩千多個年頭，我們站在

歷史的制高點上，去重新檢視人類的既往，自然應該有高於古人的見解。而僅以「檮杌」一字，也可以為中華民族尋根。

原載《文史知識》2005 年五月號

2013 年九月八日修改

十一、匈奴民族的血緣和語言

　　自《史記·匈奴列傳》、《漢書·匈奴傳》和《後漢書·南匈奴列傳》問世，中原社會對北方民族才有了較系統的闡述。「匈奴」幾乎是秦漢兩代「北方諸族」的代詞，而近世歷史語言學者普遍認為匈奴是突厥語民族的祖先。事實上，匈奴民族的血緣和語言還都有待於進一步研究；而它與入侵歐洲和南亞的 Hun 人的關係，也亟需辨證。

　　中國北方諸族呈通古斯、蒙古、突厥三大語族的局面，是在複雜的上古語言生態上融合而成的。以匈奴之龐大，其語言和血緣必然混雜；說它是多血緣多語言的部落聯盟或許更為恰當。把兩、三千年前整個中國北方說成是單一的「匈奴語」或者「突厥原語」的世界，不僅違反了事實，而且違反了人類語種逐步減少的歷史。

　　司馬遷記載的匈奴，顯然不是最初的匈奴部落，而是它稱霸後的廣大屬族，或不妨謂之「廣義匈奴」，本文以為匈奴民族的語言比較接近蒙古語；而它的統治部落，或曰「狹義匈奴」的血緣和語言，可能含有更多的通古斯系成份

匈奴是多血緣的民族

　　《史記·匈奴列傳》開篇即說：

匈奴，其先祖夏后氏之苗裔也，曰淳維。唐虞以上有山戎、獫狁、葷粥，居於北蠻，隨畜牧而轉移。

今世學界對此中族名沒有準確認識。我以為「夏后氏」就是「回紇」的中原祖族；「唐虞」即是河套一帶的「東胡」，其時「山戎」、「獫狁」、「葷粥」在其北方遊牧；「唐虞／東胡」常見於史，蒙古人稱西夏民族為「唐兀惕」，清政府稱甘青安多藏族為「唐古特」。而「山戎」即蒙古語「烏洛渾／山裏人」，「獫狁」和「葷粥」可能分別是「室韋」和「弘吉剌」的諧音。

〈匈奴列傳〉述有春秋時代戎狄民族的分佈態勢：

晉文公攘戎翟，居於河西圁、洛之間，號曰赤翟、白翟。秦穆公得由余，西戎八國服於秦，故自隴以西有綿諸、緄戎、翟獂之戎，岐、梁山、涇、漆之北有義渠、大荔、烏氏、朐衍之戎。而晉北有林胡、樓煩之戎，燕北有東胡、山戎。

圖十四　匈奴「虎咬馬」青銅飾牌（內蒙古涼城縣出土）

因此，河西、隴西、晉北、燕北都為戎狄盤踞；乃至發源周、秦兩代宗室的岐、梁、涇、漆附近也是戎狄之地。

傳統學術常以漢字語義解釋戎狄族名，如「赤翟，尚紅之戎」和「白翟，尚白之狄」。那麼「葷粥」就應是「食肉粥之族」，「黨兀」就該是「結黨營私之胡」了。我作此誇張辯說，是為突顯以漢字字義解釋戎狄族名的荒謬。北方民族的族名大部分應該從他們自己的語言來認識，譬如「愛新」是女真語的「金姓」，「烏洛」是蒙古語的「山」字，它演化成族名「烏桓／烏洛渾」漢譯「山戎」，即是重要的兩例。

如果注重研究司馬遷擇列的這些部落名的讀音，它們與後世北方民族族名的對應就比較清楚：

赤翟	即「車臣」
白翟	即「博爾吉」
由余	即「回紇」
義渠／烏氏	即「兀者／月氏」
綿諸	即「勿吉／篾里乞」
繩戎	即「渾」
翟獂	即「昭武」
大荔	即「沓盧／同羅／吐如紇」
朐衍	同「居延」，疑與「呼延」有關
樓煩	即「陸和／陸渾」

唯「林胡」無類音族名對應，然而稍解其意，則豁然釋通。清代學者何秋濤首先辯出滿語「窩集者，蓋大山老林之名」（《朔方備乘》），故爾音近「窩集」的「兀者／訛斥」當是「林胡」。此言也有旁證，匈牙利語「林中人」適為 erdész。

　　東胡、烏桓屬鮮卑或蒙古系民族，兀者、勿吉、昭武屬九姓或女真系民族。而在突厥語裏「渾／qun」是「太陽」，「呼延／qoyun」是「綿羊」；而「吐如紇」即是匈牙利姓氏 Torok，是匈牙利語「突厥人」的意思；我因此猜測：渾、呼延、吐如紇等族可能是突厥系部落。

　　根據《漢書》冒頓單于的自述，統治匈奴的可能是一個女真部落。劉邦死後，冒頓單于寫了一封向呂后求愛的信，其云：

> 孤僨之君，生於沮澤之中，長於平野牛馬之域，數至邊境，願遊中國。陛下獨立，孤僨獨居。兩主不樂，無以自虞，願以所有，易其所無。

　　匈奴是在冒頓時代興盛起來的，認識冒頓「生於沮澤之中」的身世，對認識其統治部落的血緣至關重要。「沮澤」可望文生義為「沼澤」，其實它是《魏書》記載的姓氏「沮渠」，或直接就是「女直／ju-ji」的變寫。冒頓之為女直中人也有語言證據，《北史‧勿吉傳》曰「渠帥曰大莫弗瞞咄」；《新唐書‧黑水靺鞨傳》云「其酋曰大莫拂瞞咄」，因此「冒頓／mo-do」實為女真系民族酋長之號「瞞咄」，而強大的匈奴民族是在一個「沮澤／女直」部落領導下發跡而成的。

　　我曾經多次提及月氏和烏孫就是女真氏族兀者和愛新，今次又認識到匈奴領袖部落「沮澤」是「女直」。因此，匈奴將月氏、烏孫逐出河西走廊，實際上是西北地區以女真氏族為首的部落聯盟間的鬥爭和遷徙，而通古斯民族是東北亞土著的傳統見解，也就需要修正了。

　　從族名上來看，匈奴民族裏包含了鮮卑、突厥、通古斯諸血緣部落。長期的血緣融合，又導致語言的錯雜。即便有通古斯族名的部落，也可能是說蒙古話或突厥話的，反之亦然。匈奴民族血緣的多元性，在語言上也可以得到證明。

匈奴語的多源性

關於匈奴語，《漢書·匈奴傳》的一段話：

> 單于姓攣鞮氏，其國稱之曰撐犁孤塗單于。匈奴謂天為撐犁，
> 謂子為孤塗，單于廣大之貌也，言其象天，單于然也。

介紹了匈奴語「單于／酋長」、「撐犁／天」、「孤塗／兒子」的
語義。

「撐犁」是蒙古語「騰格里／тэнгэр／tangri」的轉音，漢語「天
／青」二字是「騰／撐」的轉音，它們是漢語中的蒙古語成份，也是
蒙古語民族的祖先是從中原出走的證據。

「孤塗」也被認識得較早，很早就有語言學者發現西伯利亞通
古斯部落語言中的「兒子」為 kutu／gutu／utu／ute 等，如鄂倫
春語為 ut'er（《鄂倫春語漢語對照讀本》，中央民族學院出版社，
1993，頁161），據此日本學者白鳥庫吉認為將匈奴「視為通古斯族，
則問題容易解決矣」。然而，我們不能因「孤塗」一字把匈奴民族視
為通古斯民族；「撐犁」就是蒙古語，而不是通古斯語。

「單于」的辨識相對困難，關鍵是：「單」究竟是讀 chan，還是
讀 da／dan？《漢書·匈奴傳》說的「單于廣大之貌也」，揭示了「單
于」的語源，蒙古語「酋長／дарга／darga」和「廣大／дэлгэр／
delger」的讀音的確相近；所以「單于」必須讀如 dar-ghu，否則它
就既非「酋長」之意，亦非「廣大」之音。

「單」須讀 da／dan 亦不止「單于」一例；《三國志·魏書·
東夷傳》說「沃沮……在單單大嶺之東」，著者陳壽顯然不明白「大

領」是蒙古語和女真語兼用的「海」字,「單單大領」即是沃沮部落東濱的「韃靼海」（今日本海）,「單單」非讀「韃靼／da-da」不可。

「昭君出塞」引來的匈奴語詞彙

《漢書》說宮女王昭君後宮寂寞,自願出塞和親,她先嫁「呼韓邪單于」,「號甯胡閼氏」,生有一子伊屠智牙師;待老單于死,復株累若鞮單于立,「復妻王昭君,生二女,長女雲為須卜居次,小女為當于居次」。

「居次」是突厥語的「女兒／kiz」,也是現在所知的匈奴語中不多的突厥語詞彙之一。

「閼氏」是「夫人」,如果直讀為「於氏／u-ji」,它與女真語的「福晉／u-jin」的關聯就顯現了。《史記索隱》有一個出處不明的說法:「匈奴名妻作閼氏,言其可愛如煙肢也。閼音煙。」這個荒謬的釋訓,居然也能被傳統學術采信。

「甯胡」出自女真語。女真人以女真氏族名「粘割／粘合」謂漢人;頗似蒙古人以「契丹」稱中國。「甯胡」實即「粘合」,王昭君之為「甯胡閼氏」實為「大漢夫人」。唐代顏師古卻用漢語解釋「甯胡」說「言胡得之,國以安寧也」,當然也很荒謬。

「呼韓邪單于」是蒙古語。該語「青／藍」二色為「呼和／xөx／khökh」,「呼韓」實為「呼和 -n」;而「大／их／ikh」漢、唐兩代譯「邪／牙」,所謂「牙帳」即為「大帳」;元譯「也客」,今內蒙地名「伊克昭」是為「大廟」。因此,昭君之夫「呼韓邪單于」是蒙古語「青天大老爺」。

「甌脫」、「頭曼」、「屠耆」

「甌脫」出自〈匈奴列傳〉「東胡……與匈奴間，中有棄地，莫居，千餘里，各居其邊為甌脫」的記載。「甌脫」是蒙古語「營地／отог／otog」，或義「部落」。因此「各居其邊為甌脫」就是「各居其邊有部落」。

「頭曼」是匈奴起家單于「冒頓」之父名，應出自女真語數詞「萬／tuman」；蒙古語和突厥語沒有單字「萬」，只有雙字「十千」，中原宋國末代諸侯「景公」亦名「頭曼」，宋王室是九姓商族之裔，以此女真字為名並不為怪；但是該字作為人名、姓氏或名號已經流入北方諸族，乃至匈牙利、俄羅斯。

「屠耆」出自〈匈奴列傳〉之云「匈奴謂賢為屠耆」，蒙古語「歷史」一字為「屠兀／түүх／tüükh」，「歷史學家」為「屠兀耆／түүхч／tüükhch」，因此「屠耆」應是「知曉歷史的智者」。

《漢書》說「匈奴謂孝曰若鞮」。「孝」是中原農業社會的文化辭，在其他的語言中很難找到準確的對應，而之於「壯者食肥美，老者食其餘。貴壯健，賤老弱」的匈奴民族而言，更沒有實際的意義，因此我們就不予討論了。

蒙古語在匈奴語裡占顯著上風

綜上所述，以近代阿爾泰語來解析古代匈奴語，十一個匈奴語字分屬於蒙古語、通古斯語和突厥語：

蒙古語：單于、撐犁、甌脫、屠耆、呼韓、邪
通古斯語：孤塗、閼氏、甯胡、頭曼
突厥語：居次

看來蒙古語在匈奴語裡占顯著上風，但以十一個字來斷言匈奴語為哪家語言的祖先，或許過於草率。而我們所說的突厥語、蒙古語和通古斯語，又都是基於今天的語言表像，它們都是在複雜的上古部落語言的基礎上融合成的。

而「匈奴」之名何來？更是難以回答的問題，至今沒有發現適當的北方民族族名與之相關。四、五世紀歐洲出現了 Huns，南亞地區湧入了 Huna，它們都是來自中國北方的遊牧民族，「匈」很可能是與 Hun 有關聯的。有人類學者認為，族名往往與該民族語言中的「人」或「百姓」相關；因此，有人猜說蒙古語的「人／渾／Hun」字就是「匈奴」的「匈」。

結束語

匈奴影響過世界，故爾東西方無不對它予以關注。但是，中國學術記載了匈奴，卻無力研究匈奴，甚至還提供了若干誤導，如「單于」和「閼氏」的錯誤音訓。然而，世間沒有一個民族的前人沒有說過錯話，但也沒有一個民族的後人，象中國學術這樣偏執地「承古訓」，乃至前人的錯誤成了後人的枷鎖。認識匈奴民族要多方著手，而語言研究可能是非常有效的一種手段，這就要求我們以非常勇敢的精神來審視中國學術的已有成果。

匈奴民族無疑是血緣混雜的，東胡、月氏在它的兩側，林胡、山

戎曾經是它的臣民。從不多的語言信息來看，匈奴語含阿爾泰語系
（女真、蒙古、突厥）諸語的成份，說它是突厥語民族的祖先，是一
個誤判，拙著《中國北方諸族的源流》也曾經循了這種說法，看來都
須予以修正。總的來看，它的人種和語言已經接近後世蒙古民族的形
態；又由於女真部落是它的統治集團，其核心部落的語言可能更偏向
於通古斯語。

2005 年三月二十一日初稿

2013 年九月十日修改

十二、匈奴的興起、敗滅和出逃路線

匈奴是秦、漢兩代中國西、北兩方的遊牧霸權。然而,在兩漢更替的之際,因爭奪單于位而分裂成南、北兩部。中國歷史以「南匈奴」為正統,其實它是附庸東漢的一個小朝廷;而河套至河西走廊仍在「北匈奴」的控制之中;漠北(今之外蒙)則為種屬混雜的高車、柔然、回紇等無數族落盤踞。

匈奴之初,只是一個通古斯血緣部落而已。它能夠成為一個強大的部落聯盟,似乎是靠了一代領袖的魅力;當它的領袖隕滅後,制度的缺失就使它變得脆弱,任憑有勇猛的騎兵,卓越的軍事智慧,和無數的輝煌戰績;但最終在中原皇朝的持續圍剿中敗滅。

匈奴的興起

匈奴興起以前曾經受到秦始皇的軍事打擊,〈秦始皇本紀〉說:

> 三十二年……始皇巡北邊,從上郡入。燕人盧生使入海還,以鬼神事因,奏錄圖書,曰「亡秦者胡也」。始皇乃使將軍蒙恬發兵三十萬人北擊胡,略取河南地。……三十三年……西北斥逐匈奴。自榆中並(傍)(黃)河以東,屬之陰山,以為三十四縣、城,河上為塞。又使蒙恬渡河取高闕、陶山、北假,中築亭障,以逐戎人。

圖十五　內蒙古杭錦旗出土的匈奴純金鷹頂王冠
（紋飾是四隻餓狼在撕噬四隻羊）

　　這「西北斥逐匈奴」標明匈奴是在長安的西北方。「榆中」是在今西寧蘭州間，「高闕」是在今內蒙古杭錦後旗。因此秦代匈奴的主要活動區域可能是在榆中和高闕之間，亦即是沿黃河一線從青海、甘肅、寧夏至西套地方。

　　關於匈奴興起的的時間、人物和原因，〈匈奴列傳〉說得更清楚一些：

> 當是之時，東胡強而月氏盛。匈奴單于曰頭曼，頭曼不勝秦，北徙。十餘年而蒙恬死，諸侯畔秦，中國擾亂，諸秦所徙適戍邊者皆復去，於是匈奴得寬，復稍度河南與中國界於故塞。

　　以〈秦本紀〉說「略取河南地」和〈匈奴列傳〉說的「復稍度河南」來看，劉家峽至李家峽之間黃河以南即「河南地（今為青海「黃南藏族自治州」與「河南蒙古族自治縣」）不僅是為古月氏民族盤據，也是匈奴發跡地。在秦皇朝的強勢攻擊下，匈奴部落退出「河南」老巢。不久中原發生全國性農民大起義，秦朝邊防廢弛，匈奴勢力復蘇，

並收復「河南」祖地。

匈奴即將興起時的大形勢是「東胡強而月氏盛」，它夾在其間，〈匈奴列傳〉說：

> 單于有太子名冒頓⋯⋯而單于欲廢冒頓而立少子，乃使冒頓質於月氏。冒頓既質於月氏，而頭曼急擊月氏。月氏欲殺冒頓，冒頓盜其善馬，騎之亡歸。

月氏的中心可能在張掖、武威一帶，屬部則遍佈秦隴，乃至河西走廊廣大地區。從頭曼單于的兒子「冒頓質於月氏」，可以看出匈奴是臣服月氏的。

逃回來的冒頓很有心計和能力，他整頓軍務，培植親信，待羽翼豐滿，便謀殺了父親、後母和少弟，以及不聽話的大臣，自立為單于。他取得權力以後，初初對東胡處處忍讓，直到東胡提出領土要求，他毅然起兵，併吞東胡，繼而麾軍西指，趕走月氏，一舉而成遊牧的西戎、北狄的盟首，其中心轉移到牧草豐美的河套陰山一帶。〈匈奴列傳〉說：

> ⋯⋯遂東襲擊東胡。東胡初輕冒頓，不為備。及冒頓以兵至，擊，大破滅東胡王，而虜其民人及畜產。既歸，西擊走月氏，南并樓煩、白羊、河南王。悉復收秦所使蒙恬所奪匈奴地者，與漢關故河南塞，至朝那、膚施，遂侵燕、代。是時漢兵與項羽相距，中國罷於兵革，以故冒頓得自強（強），控弦之士三十余萬。

在冒頓的經營下，月氏和東胡屬部盡數歸服在匈奴的旗下，從而成為中原皇朝的大患。

最嚴重的事態，發生在高祖六年（前 200 年），韓王劉信叛降

匈奴，冒頓率部進犯太原。次年，高祖率軍反擊，竟中了冒頓誘敵深入的計策，被包圍於今山西大同附近「平城白登山」達七天之久，情況十分危急。據說劉邦派人賄賂了閼氏，讓她向冒頓的說情，放開一個缺口，才逃出來的。從此以後，劉漢皇朝認識到匈奴的實力，長期採用和親的辦法，緩和與匈奴統治部落的關係。

南北匈奴的分裂

匈奴對中原的入侵，在漢孝文帝年間登峰造極，匈奴軍一度直逼京畿，長安局面非常緊迫。到了漢武帝時，匈奴強人凋零，中原卻走向強盛，軍事形勢也終於逆轉。漢朝政府在戰事大體順利的形勢下，開展了孤立匈奴的外交活動，張騫通使西域即是之一。〈匈奴列傳〉記載：

> 西置酒泉郡以鬲絕胡與羌通之路。漢又西通月氏、大夏，又以公主妻烏孫王，以分匈奴西方之援國……自此之後，單于益西北，左方兵直雲中，右方直酒泉、敦煌郡。

這表明因軍事失利，匈奴政治重心開始西傾，其統治部落的出走態勢露頭。

前58年，匈奴汗庭出了一個親漢的「呼韓邪單于」，他多次至長安朝觀。前33年，漢帝賜王昭君與呼韓邪，兩年後他即死去。昭君所生「伊屠知牙師」是呼韓邪的幼子。繼位的「復株累若鞮單于」再娶王昭君，又生二女。昭君一人夫事二單于，竟為中原和匈奴換來了一段雙贏的太平時期。

中原發生「王莽之亂」的時候，匈奴的內爭也導致了它的分裂。

北方民族的王位繼承首先是在兄弟間進行的；而呼韓邪單于多妻多子，自復株累若鞮單于後，單于位在兄弟間傳了五次。及至伊屠知牙師快八十歲，還是一個儲君，可是老哥哥「單于輿」還是起了私心，死前將老弟弟殺了，把位子傳給了自己的兒子。於是一統的匈奴，也就分裂成南、北兩大陣營了。

《後漢書・南匈奴列傳》記載了這件事情：

> 初，單于弟右谷蠡王伊屠知牙師以次當為左賢王。左賢王即是單于儲副。單于欲傳其子，遂殺知牙師。……比見知牙師被誅，出怨言曰：「以兄弟言之，右谷蠡王次當立；以子言之，我前單于長子，我當立。」……（48 年）春，[南邊] 八部大人共議立比為呼韓邪單于，以其大父嘗依漢得安，故欲襲其號。於是款五原塞，願永為藩蔽，扞禦北虜。

「比」是呼韓邪單于的長孫，但他也把自己叫做「呼韓邪單于」。

從此，匈奴南邊八部成為中原的屏障，東漢專設了一個「護匈奴中郎將」，率軍保護這些投誠的南匈奴部落。然而，北匈奴對河套和河西，遠至西域諸國，仍有不同程度的實際控制。在南北匈奴的內戰中，南匈奴初戰有利卻未能維持戰果；南單于庭從「五原西部塞八十里」（今包頭附近），南撤到「西河美稷」（今內蒙東勝市東）自保。順便說一下，古之「美稷」與鄰近的今世陝北地名「米脂」，均為通古斯民族族名「勿吉／篾里乞」的別寫。

北匈奴的潰逃

在中原復蘇和鮮卑民族興起後，北匈奴四面受敵，《後漢書》說

的「黨眾離畔，南部攻其前，丁零寇其後，鮮卑擊其左，西域侵其右，不復自立，乃遠引而去」，正是一世紀末北匈奴四面臨敵的困境。然而，天災人禍又接踵而來，紀元88年，南匈奴新立單于屯屠何向臨朝的竇太后出謀討伐北匈奴。於是竇憲、耿秉受命，率漢軍與南匈奴聯手，經三年討伐，北匈奴敗遁。

《後漢書》有了決戰的戰情：

> ［永元］二（90）年……南單于復上求滅北庭，於是遣左谷蠡王師子等將左右部八千騎出雞鹿塞，中郎將耿譚遣從事將護之。至涿邪山，乃留輜重，分為二部，各引輕兵兩道襲之。左部北過西海至河雲北，右部從匈奴河水西繞天山，南度甘微河，二軍俱會，夜圍北單于。單于大驚，率精兵千余人合戰。單于被創，墮馬復上，將輕騎數十遁走，僅而免脫。得其玉璽，獲閼氏及男女五人，斬首八千級，生虜數千口而還。

〈竇憲傳〉則有更詳細的記載：

> ［竇］憲與［耿］秉各將四千騎及南匈奴左谷蠡王師子萬騎出朔方雞鹿塞，南單于屯屠河，將萬餘騎出滿夷谷，度遼將軍鄧鴻及緣邊義從羌胡八千騎，與左賢王安國萬騎出稒陽塞，皆會涿邪山。……與北單于戰于稽落山，大破之，虜眾崩潰，單于遁走，追擊諸部，遂臨私渠比鞮海。斬名王以下萬三千級，獲生口馬、牛、羊、橐駝百余萬頭。於是溫犢須、日逐、溫吾、夫渠王柳鞮等八十一部率眾降者，前後二十余萬人。憲、秉遂登燕然山，去塞三千餘里，刻石勒功。

顯然，東漢——南匈奴聯軍多路出擊的戰略企圖是，聚殲北單于庭於陰山之南，然而北單于卻輕騎脫逃了。戰事發生處「雞鹿塞」即

今之五原，「稒陽塞」即今之固陽，「河雲北」是呼和浩特以北的地方，「天山」是別名「陰山」的大青山，「涿邪山」和「稽落山」則是陰山山脈的兩個無考山名，「西海」是烏梁素海，「私渠比鞮海」可能是今杭錦後旗境已淤塞的「屠申海」，而「燕然山」則是寧夏境內的賀蘭山。

岳飛的〈滿江紅〉唱曰：「駕長車，踏破賀蘭山缺。壯志饑餐胡虜肉，笑談渴飲匈奴血。」無疑是對杭錦後旗至賀蘭山一帶是匈奴要地的一個極好的理解。北單于回到這一帶，雖已兵敗，卻是輕車熟路。他可能是派人佯走賀蘭山，誤導了漢軍，而自己卻率少數部落沿「居延道」西逃，越地廣人稀防禦疏忽的居延塞，抵今新疆東部伊吾地區。漢軍則沿黃河南追至賀蘭山，勒石記功，軍止。

次年（紀元 91 年），竇憲耿夔再剿，〈耿夔傳〉記曰：

> ［竇］憲復出河西，以［耿］夔……將精騎八百，出居延塞，直奔北單于廷，於金微山斬閼氏、名王以下五千余級，單于與數騎脫亡，盡獲其匈奴珍寶財畜，……會北單于弟左鹿蠡王於除鞬自立為單于，眾八部二萬餘人，來居蒲類海上，遣使款塞。

「蒲類海」是哈密西北的「巴里坤湖」早有定論，「金微山」則應是哈密、伊吾間的「扎木爾提山」（海拔 4886 米），這一帶是新疆東部著名的牧場。北單于逃亡後，不知所終；其弟於除鞬聚集殘部在巴里坤湖周邊喘息，漢軍則屯駐伊吾予以監視；一年後於除鞬再叛，被殺。

南匈奴以一種地方自治的形式，又存活了一百多年。216 年，呼廚泉單于從他的王庭平陽（今山西臨汾）到鄴城（今河北臨漳）去拜會曹操，曹操把他留了下來，並將他的屬眾分成五部，歷時四百三十年的「匈奴帝國」，終告滅亡。

結束語

374 年，西方歷史記載一枝「匈人／ Huns」出現在頓河流域。十八世紀英國歷史學者吉朋（Edward Gibbon, 1737-94），闡發了「匈人即匈奴」（《羅馬帝國興衰史》）的卓越見解。近世中國學者齊思和猜測，北匈奴是經過「悅般」、「康居」、「粟特」、「阿蘭」到達東歐的（〈匈奴西遷及其在歐洲的活動〉，原載《匈奴史論文集》，中華書局，1983）；然而，齊思和說北匈奴汗庭是來自外蒙地區，卻是大有問題的出發點。

中國史籍對匈奴民族有豐富的記載，但對它的血緣和語言，活動的地域、戰爭乃至遷徙，史家沒有宏觀格局的正確理解。譬如，《中國歷史地圖集》將「單于庭」置於外蒙烏蘭巴托；台灣學者柏陽在《中國人史綱》中說「北匈奴汗國殘餘部落，在漠北不能立足，只得向西流亡」，還將戰場涿邪山、稽落山、燕然山、金微山定位於外蒙地區，都是非常不當的說法。其實，北匈奴的中心是在河套，而不是在漠北。

在史前期，北方諸族可能就播遷到歐亞大陸的各個角落了，把四世紀開始衝擊歐洲的 Hun 人完全指認為是北匈奴之裔，是誇大了的結論。事實上，在三世紀前的一千年中，南俄草原已早是「吉里迷／Cimmerian」、「斯結泰／ Scythian」、「悉萬丹／ Sarmatae」等亞洲遊牧民族的棲息地，未能顛覆中華帝國的匈奴部落，後到而成為凝聚它們的核心，從此他們就以 Huns 的名義，膽大包天去顛覆羅馬帝國了。

2005 年三月二十一日初稿

2014 年四月十日再修改

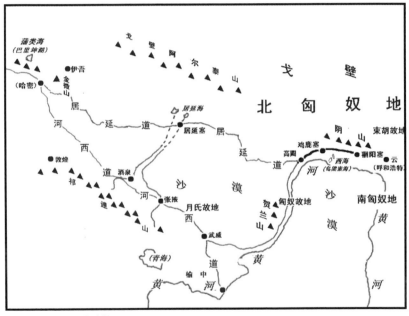

地圖一　匈奴出逃路線

十三、阿梯拉和匈人

374 年左右，即中國北方正在進行著第一次「五胡亂華」的時代，一支被西方史載稱為「匈人／Huns」的東方民族，渡過伏爾加河和頓河，他們首先征服了的阿蘭人，又在第聶伯河以西降服了日爾曼族的東哥特人，接著又不費力地逐走了西哥特人，進而捶擊西方文明的大門。

匈人從頓河以東發動進攻，以戰車為主力的阿蘭人，敵不過勇猛突馳的匈人騎兵，結果國王被殺，民眾奔散，大部分阿蘭人被匈人接納為「同盟者」，成為匈人軍隊的重要組成部分。不久之後，他們就一起去攻打黑海北岸的東哥特人的王國，年邁的哥特王 Ermanarich 抵抗失敗，自殺成仁。他的侄孫領導族人又繼續抵抗了將近一年，也戰敗身亡，大部分東哥特部落臣服了匈人。接著，他們又向西哥特人發起進攻，西哥特人一敗塗地，全面崩潰。376 年，大量的西哥特人渡過多瑙河，逃入鄰近君士坦丁堡的色雷斯地區，給多瑙河沿岸的東羅馬邊防軍，帶來了關於匈人的令人戰慄的消息：

> 從來未曾見過的人種，不知是從那個角落冒出來的……，他們一路掃蕩破壞所遇到的一切。
>
> （Thompson E. A. The Huns, Blackwell, Oxford, 1996, pp 28-9）

今天匈牙利和羅馬尼亞地方，就這樣被匈人和阿蘭人盤據。383 年冬，他們開始插手羅馬和高盧（法國）之間的事務。408 年，一名

匈人領袖「兀真／Uldin」率眾渡過多瑙河，入侵東羅馬帝國的梅西亞行省（今保加利亞），接著他又掃蕩了色雷斯地區。東羅馬地方軍事長官分化利誘了他的部眾，兀真本人回渡多瑙河後，失去了音信。

東西方的情況非常相似。每當漠北災荒發作，北方遊牧部落便入侵中原。395 至 396 年間，東南歐饑饉流行，匈人移兵高加索，開始大規模入侵中近東。他們用了十五天的時間穿越高加索山脈，進入亞美尼亞、敘利亞、巴勒斯坦等地。這些東羅馬帝國的東方行省深蒙其害，血流成河，連地中海濱名城安提俄克，也曾遭其襲擊。他們沿幼法拉底——底格里斯河谷，深入波斯帝國的腹地，逼近首都泰西封，但被波斯軍擊潰。丟棄了大量的戰利品和俘虜後，匈人大軍從裏海邊的打耳班通道返回南俄草原。

令人驚魂的阿梯拉

441 年，匈人中出了兼具魅力和魄力的領袖阿梯拉（Attila），在他的率領下，匈人再度向東羅馬帝國挑戰，將巴爾干半島攪得大亂。東羅馬不得不與阿梯拉簽訂和約，正式讓出了潘諾尼亞（今匈牙利、及奧地利東部和克洛地亞），承諾向他們納貢。447 年，阿梯拉又趁水災和地震併發，再次擄掠巴爾干半島，把東羅馬搞得民窮財盡。

448 年，東羅馬與阿梯拉汗廷繼續外交接觸，希臘智者普里斯庫（Priscus）應邀參加東羅馬使團，該使團從君士坦丁堡出發，經 Sardica（今保加利亞索非亞）和 Naissus（今塞爾維亞尼什），然後渡多瑙河進入匈人控制地區，登岸處可能是今羅馬尼亞西南城鎮奧爾紹瓦（Orşova），然後沿今歐洲 E-70 公路北行後，西折至阿梯拉大

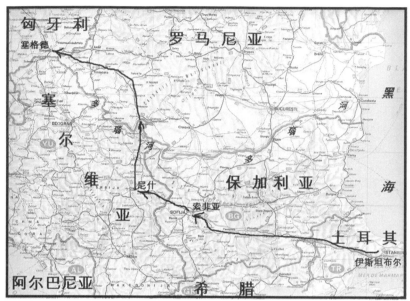

地圖二　現代地圖上的東羅馬使團出使路徑

帳所在之地（今匈牙利南部大城塞格德／Szeged 附近）。普里斯庫曾在各種場合面見阿梯拉數次，他身後留下的史著八卷大部失軼，但記載出使阿梯拉汗廷之行的殘卷（*Priscus at the court of Attila, Priscus, in Fragmenta Historicorum Graecorum,* Translation by J.B. Bury）得以保全，其中對阿梯拉的步履言語和親情霸氣都有栩栩如生的描寫，那是世界歷史最精彩的篇章之一。

451 年，阿梯拉的眼光轉向西方，他率大軍從潘諾尼亞出發，渡萊茵河，會合了日爾曼族盟友部落，大舉入侵高盧，於四月七日焚毀梅茲後，乘勝包圍奧爾良。六月底，匈人和東哥特聯軍，會戰西羅馬──西哥德聯軍於卡塔勞尼安平原地方。在一場爭奪制高點的搏戰中，西哥特王希歐多爾里克，被一個有著女真式人名「按答海」（《金史·國語解》曰「客人」）的東哥特頭人用長矛刺死。阿梯拉也差點喪命，

他和隨從避入了用車輛圍成的營壘（蒙古人稱「古列延」）中。夜間，雙方在惶恐中息爭。阿梯拉在會戰失利後，退回多瑙河地區越冬。

452 年，阿梯拉捲土重來，他率軍轉進義大利。在焚掠阿奎利亞，佔領米蘭和巴維亞後，又揚言要進軍羅馬城，還指名要與皇帝的姊妹荷諾麗婭公主和親，懦弱的羅馬皇帝瓦棱丁三世逃之夭夭，教皇利奧一世不得不親自出面，在他的勸誘下，阿梯拉接受羅馬進貢與聯姻的諾言，才平息了戰火，重回潘諾尼亞。

這件事情的原委是，羅馬公主荷諾麗婭婚姻不幸，傳言她為管家歐根紐斯所誘而懷身孕，姦情渲泄後，歐根紐斯被處死；她被迫與富有而平庸的參議員赫庫拉烏斯訂婚。450 年，她派親信傳信並帶了一個戒指給阿梯拉，請求他將她解救出來，並願意以重金報賞。阿梯拉當然可以認為這是她向他求婚的表示。

453 年，多妻的阿梯拉在又一次「新婚之夜」（新娘是一位金髮女郎）暴病而死。逝去了光輝領袖，後繼者魅力不再，一個日爾曼部落酋長領頭造反，匈人的帝國旋即雲消煙散。454 年，阿梯拉的長子在一場大戰中戰死。其他的幾個兒子從羅馬人手裏到了一些封地（大部在今羅馬尼亞境內）。惟有一個兒子帶了一些部眾，回歸南俄草原，重過遊牧生活。

匈人驅動的歐洲民族大遷徙，是世界歷史頭等大事之一。原來住在東德地區的撒克森人為逃避戰火，一部分遷到不列顛島去了，「盎格魯——撒克森」民族開始形成。今巴黎東南有風景如畫的「孛艮第」地方，「孛艮第」本是一個東歐的日爾曼部落，它被匈人追過了萊茵河就留下了，法國名酒「孛艮第」就產在那裡。走得最遠的，要數一支汪達爾人和阿蘭人，他們先到西班牙，又渡海進北非，然後又從那裡入侵義大利，羅馬不得不雇傭多瑙河流域的日爾曼人和匈人來抵禦，羅馬帝國就是敗滅於這幫蠻族之手的。

與日爾曼民族的融合

許多哥特人和阿蘭人成了匈人的盟友。東哥特部落與匈人共處了相當長的時間，那位東哥特頭人用通古斯字「按答海」做名字，就是他們之間血緣融合的明證。許多德國姓氏與中國北方諸族的族名可能是相關的，如：

Aiching	即「愛新」
Bulger	即「僕骨」
Dagher	即「達斡爾」
Mahnke	即「蒙古」
Schmel	即「石抹」
Sieb	即「錫伯」
Topfer	即「拓拔」
Urich	即「烏洛渾」
Utz	即「兀者」
Wehe	即「回紇」

從面目上看。南德民眾有較多的寬顴、烏髮、單眼皮的特徵，這與北德人金髮碧眼的容貌有區別。英語中 Huns 又是「德國人」的貶字（現在已經很少使用了）。當然，亞洲民族的入侵可以追溯到更早的時代，歐洲人中的亞洲血緣也是逐次融入的；但匈人席捲歐洲是被歷史準確記載了的一次。

根據西方歷史記載，匈人的男子長著「敦實的身材，粗壯的手臂，不成比例的大腦袋」。一些和阿梯拉等打過交道的哥特人，還以

圖十六　德裔 Gleasner 先生和他的母親，母子二人鼻齶均寬於歐洲人種平均水準，Gleasner 先生的上眼瞼平塌

歐洲人的眼光，逼真地描繪過阿梯拉短小、粗壯、大頭、小眼、塌鼻、少須的亞洲人種的形象。遺憾是沒有匈人語言的記載，因此關於匈人的族屬就成了曆久不衰的學術題材。

匈人即匈奴

　　十八世紀初，精通滿漢兩種文字的耶穌會士馮秉正（Joseph de Moyria de Maillac, 1669-1748）來華，受康熙之命將朱熹的《通鑒綱目》譯成法文，1737 年寄達里昂圖書館，四十多年後才於巴黎陸續出版，易名為《中國史》，共十三巨冊。學者德揆尼（M. Deguignes），摘取其中關於北方諸族的內容，成《匈奴、突厥、蒙

古及西部韃靼各族通史》一書，並提出了匈人即西遷的匈奴。長期留居法國的英國學者吉朋，在他的名著《羅馬帝國興衰史》中，進一步闡發了「匈人即匈奴」的想法，從此這一個觀點在西方廣泛傳播。

十九世紀末清庭駐俄使節洪鈞（傳言名妓「賽金花」的丈夫），在所著《元史譯文證補》中，率先介紹了匈人源於匈奴的觀點。王先謙在《後漢書集解》某節的註解裏，引述過洪鈞的這些關於匈人的文字。於是「匈人即匈奴」的觀點開始在中國學界流傳。後來，章太炎和梁啟超也都注意到西遷的匈奴與匈人間的關係。中西學界有呼應之勢。

至今有人反對這種說法，個別西方學者千方百計要證明他們是歐洲或伊朗人種。例如，英國學者湯普生就為舊版《大英百科全書》所撰寫的「匈人」條目中說：

> 我們和四世紀的羅馬人一樣，對於匈人的來源的瞭解是模糊不清的，而且是無從知曉的。至少從十八世紀以來，對這個問題已經進行過無休止的辯論，但是毫無結論。

其實，想否定匈人是東方人種的湯普生先生，對中國史料和東方語言卻是毫無瞭解的。新版的《大英百科全書》中，撤去了他所撰寫的這一條文字，可見西方學術界反對他的聲音是很強烈的。

匈人的人名和語言

西方史料沒有匈人語言的記錄，美籍德裔學者 Maenchen-Helfen 在其名著《匈人的世界》（*The World of Huns*）的「語言」一章中，整理了歐洲學者收集到的匈人的名字，並力圖通過它們來達成對匈人

語言的瞭解。他說「我們所知道的 Hun 人的語言，只是他們的姓名而已」。

事實上，匈人名字大部分是中國歷史記載的「胡名／胡姓」，儘管西方學術對中國北方民族語言有很深入的研究，但是從事匈人研究的學者沒有閱讀中文史料的能力，又醉心於用哥特語、波斯語去尋求答案，既然瞄錯了方向，所獲當然甚薄了。

「阿梯拉」是一個普通的北方民族人名，它與蒙古人名「阿的／阿台」同源，亦與唐代漠北族名「阿跌」相關。今世維吾爾族有兩個名人，一個是八一籃球隊教練「阿的江」，另一個是走鋼絲的「阿的力」。其中「江／力」都是維族男子的愛稱，字根只是「阿的」而已，而「阿梯拉」就是「阿的力」。

阿梯拉生父之名 Mundzuc，是女真人名「滿住／滿柱／曼殊」，或即族名「滿洲」。明初有建州女真首領即名「李滿住」，努爾哈赤成事之初被擁稱「滿柱汗」，皇太極統一女真後將族名改成「滿洲」。這雖然是女真族名轉化成的人名，但不限於女真民族使用，契丹民族也有人叫「買住」。

阿梯拉有個幕僚之名 Edika，而努爾哈赤的第十二子就叫「阿濟格」，這個名字在蒙古語民族和突厥語民族也常見，它是女真語的「小」字「阿濟格」，其意為「幺兒／幼子」。而女真語的「大」是「按巴」，500 年左右，高加索有匈人首領名 Amba-Zuka 者，該名就是唐代室韋部名「大如者」。

阿梯拉長妻的名字，被普里斯庫兩處記載，一處為 Hreka，另一處為 Ereka，其希臘原文疑為 Ἐρέκα。北方民族女子都有以「花」為名的習俗，蒙古族女子多「其其格／цэцэг／tsetseg」，突厥語民族多「古麗／guli」，女真民族則為「依爾加／ilga」。從阿梯拉的妻子叫 Ereka，可知她出自使用女真語的家庭。

匈人人名 Buqa 是蒙古人名「不花」（意「牛」）；匈人人名
Apsiq、Apsikal、Oebarsius 是後世契丹或蒙古人名「阿保機／渥巴
錫」；而 Odolgan、Sigizan、Simmas 等又分別是中國歷史上屢見的
胡名「郁都甄」、「厙狄干」、「石抹」等。

匈人 Odolgan 是羅馬雇傭軍的一名指揮官，今天土耳其國總理
也叫 Erdogan。這個名字或姓氏被《魏書‧官氏志》記為「郁都甄，
後改為甄氏」，《金史‧百官志》為「溫蒂罕」，《金史‧國語解》
還有「阿徒罕，採薪之子」的解釋；但要論證它究竟是蒙古語還是女
真語？卻非易事。然而 Odolgan ／ Erdogan 是北方民族的人名是無
庸置疑的。

當然，用人名來做語言和人類研究必須審慎。西方人名「彼得」、
「約瑟」等，都是隨基督教入傳歐洲的閃族人名，中國北方諸族的人
名也在通古斯、蒙古、突厥三大語族中互相滲透。若斷言「滿柱」統
統是滿族，「忙古」一定是蒙族，就流於草率了。然而，北方民族的
人名互通的現象，倒也反映了他們血緣融合的漫長歷史。

結束語

四世紀開始入侵中歐和西歐的匈人，不可能全部是一世紀離開中
國北方的北匈奴，因為那時東歐草原至少已被蒙古人種遊牧部落佔據
了一千多年；但是匈人領袖集團極有可能是來自中國北方的北匈奴單
于家族，它號令了包括哥特人和阿蘭人在內的各種人種部落。可相比
擬的歷史是，成吉思汗的「黃金家族」在蒙古帝國結束後，也曾在歐
亞大陸上保持了若干世紀的影響力。

蘇俄突厥學大師巴托爾德院士曾指出匈人語言可能更接近鮮卑

語，日本學者白鳥庫吉則重視匈奴語與通古斯語的關係。我們可以相信龐大的匈奴民族的語言是多元的，進入歐洲的匈人語言也一定複雜。我曾經指出「生於沮澤之中」匈奴單于家族可能出自「女直／女真」民族；而阿梯拉的父名「滿柱」，妻名「依爾加」來看，阿梯拉家族就愈看愈像是匈奴單于的後裔了。

原載台灣《歷史月刊》2003 年六月號

2013 年九月十四日修改

十四、突厥民族之由來和輝煌

　　當今使用突厥語的民族至少是：裕固、維吾爾、哈薩克、烏茲別克、吉爾吉斯、土庫曼、阿塞拜疆、土耳其等。它們分佈在地域遼闊的歐亞大陸。

　　歷史上本無族名「突厥」的記載，六世紀中（546-552 年）它異軍突起，一舉擊敗強部高車、柔然，統一了漠北。此後的兩百年中，突厥汗國號令血緣廣泛的諸多部落。然而，居統治地位的是「阿史那」家族，《隋書‧突厥傳》記載了它的起源：

> 突厥之先，平涼雜胡也，姓阿史那氏。後魏太武滅沮渠氏，阿史那以五百家奔茹茹，世居金山，工於鐵作。金山狀如兜鍪，俗呼兜鍪為突厥，因以為號。或云，其先國於西海之上，為鄰國所滅，男女無少長盡殺之。至一兒，不忍殺，刖足斷臂，棄於大澤中。有一牝狼，每銜肉至其所，此兒因食之，得以不死。其後遂與狼交，狼有孕焉。彼鄰國者，複令人殺此兒，而狼在其側。使者將殺之，其狼若為神所憑，欻然至於海東，止於山上。其山在高昌西北，下有洞穴，狼入其中，遇得平壤茂草，地方二百餘里。其後狼生十男，其一姓阿史那氏，最賢，遂為君長，故牙門建狼頭纛，示不忘本也。

這些描述中有些是不可靠的，如「金山狀如兜鍪，俗呼兜鍪為突厥」顯然是妄說；而「遂與狼交，狼有孕焉。其後狼生十男」等，則是屢聞的北方民族傳說。然而，「阿史那氏」出自「平涼雜胡」，以及它

發跡於「高昌西北」之山間牧場，則是可取的史料。

河西走廊是月氏、烏孫的故居，沮渠、乞伏、禿髮等部落也在那裡生息，「月氏」、「烏孫」、「沮渠」即是通古斯族名「兀者」、「愛新」、「女直」。因此河西種屬複雜「平涼雜胡」之說即由是而來。《魏書》說五世紀初北魏曾經逐走河西走廊上的「沮渠氏」；而「阿史那／Asina／Osina」是「愛新／烏孫」之衍生音，也就是通古斯「金姓」氏族。

「後魏太武滅沮渠氏，阿史那以五百家奔茹茹，世居金山，工於鐵作」是說五世紀初，幾百家「沮渠阿史那氏」，或即「女直愛新氏」輾轉遷至阿爾泰山，初附柔然，鍛鐵為生。六世紀中，終成氣候，建立突厥汗國。他們不僅屢犯中原，還遠追殺柔然殘部至東歐。六世紀末，它分裂成「東突厥」和「西突厥」兩大汗國；拜占庭史籍遺有西突厥使臣國書一份，內中有譴責拜占庭的強悍言辭，「突厥」之名雀起於歐亞大陸。

東突厥的汗庭設在今外蒙古中心地區，西突厥汗庭可能在哈薩克斯坦「千泉」附近。東、西突厥雖然強盛，但內亂紛爭不息。630年唐軍聯合薛延陀部用兵漠北，滅東突厥；658年在歸附的阿史那家族將領的協助下，西突厥也被唐朝擊滅。682年「後東突厥汗國」復興，745年被親唐的「回鶻汗國」取代。而西突厥有伏爾加河——頓河下游「可薩汗國」為繼；它與拜占庭聯手對抗阿拉伯帝國，有效地阻遏了伊斯蘭教向東歐的發展。

突厥民族走出漠北進取世界

840年蒙古高原發生天災，回鶻汗國饑饉大作發生內亂。有人邀

引點戛斯人南下參戰，逃亡的回鶻諸部，人分兩路。一路十萬之眾抵今內蒙陰山地區，可能就是後來的汪古部；另一路西遷入河西、高昌、中亞、近東各地，與當地居民融合成歐亞大陸突厥語諸族。今世維吾爾、哈薩克、烏茲別克和土耳其人所使用的突厥語，實際上是傳承於漠北的回鶻語。

以前，突厥語的勢力可能不像今天這樣大。八世紀時可薩汗國曾兩度與拜占庭皇朝聯姻，一個嫁去的公主叫 Chichig，即蒙古族姑娘常用名字「花／其其格／цэцэг／tsetseg」，因此可薩汗庭中有使用蒙古語者，也不是不可能的事情。又如，727 年新羅僧人惠超遊經今烏茲別克東部，他在《往五天竺國傳》中說，那裡時用的語言是「言音半吐火羅，半突厥，半當土」。今天中亞和新疆南部使用單一的突厥語，應該是九世紀回鶻民族西遷後才形成的局面。

突厥民族發源在東方，但是當代突厥民族的正宗，卻是位於歐亞要衝的土耳其，那本是東羅馬的後續——拜占庭帝國的疆域，但源自漠北的民族在那裡建立過一個歷史輝煌的國家。十世紀時，哈薩克斯坦黃水（Sara Su）流域的烏古斯（Oghus，或即「護骨」）部落南下布哈拉，在酋長塞爾柱及其後人的統領下征服阿富汗、波斯，還皈依了伊斯蘭教。1055 年佔領巴格達，操縱了阿巴斯王朝哈里發（先知繼承人）教廷，建立塞爾柱帝國，並開始征伐近東諸國的「聖戰」。1071 年塞爾柱與拜占庭軍決戰於今土耳其東部曼茲克爾特（Manzikert），結果拜方大敗，連皇帝也被俘虜。拜占庭勢力退出安納托利亞大部地區，這片原本是希臘、亞美尼亞、庫爾德等民族的家園，也開始了突厥化和伊斯蘭化的進程。突厥民族領軍的伊斯蘭教勢力的擴展，導致歐洲基督教國家和教會的恐懼，因此多次組織十字軍運動，力圖消除地中海東岸的伊斯蘭力量。

奧斯曼帝國在歐亞非三洲的統治

　　十三世紀蒙古帝國興起時，塞爾柱帝國已經衰落，入侵中近東的蒙古騎兵摧枯拉朽，以波斯和兩河流域為中心建立伊兒汗國，但卻始終未能深入安納托利亞半島，那裡呈多個突厥部落割據的局面，其中一個名叫奧斯曼一世（Osman I）的突厥戰士，崛起為離君士坦丁堡東南不遠的比提尼亞（Bithynia）的「異密／Amir」（阿拉伯語「酋長」），他祖上來自烏古斯的喀伊（Kayi）部落，據說參加過曼茲克爾特戰役。奧斯曼之子斡兒汗（Orhan，1324-60）以頗有春秋筆法的東方謀略，先逐盡安納托利亞的拜占庭勢力，又吞併其他突厥小國，進據達達尼爾海峽和馬爾馬拉海沿岸，並與拜占庭結盟；接著又在拜占庭宮廷內爭中協助「約翰六世」（本名 Cantacuzenus）登基，從而獲准在色雷斯（Thrace，今土耳其歐洲部分）劫掠的權利和與懷抱公主希歐朵拉（Theodora）的恩准。

　　奧斯曼人洞悉了拜占庭宮廷的腐敗，就留在色雷斯不肯走了，而且還開始了向馬其頓、塞爾維亞和保加利亞的發展，1389 年，穆拉德一世（Murad I, 1360-89）於科索沃（Kosovo）一戰擊敗巴爾干聯軍，雖然其本人戰死於此役，但奧斯曼人在巴爾干站住了腳跟。穆拉德之子白濟德一世（Bayezide I, 1389-1403）繼位後，以聯姻和金錢兼併了安納托利亞的突厥諸侯。又回到巴爾干地區鎮壓基督教王公的叛亂，並對保加利亞實行軍事佔領，從而完成對君士坦丁堡的合圍，1396 年匈牙利國王組織了一次重要的十字軍，但出門不遠就被擊敗，奧斯曼人鞏固了在多瑙河南岸的統治，於是白濟德的名聲在穆斯林世界不可一世，開羅傀儡哈里發不顧統治埃及的馬木魯克王朝蘇丹

的妒忌和反對，冊封白濟德為「羅馬省蘇丹」。

1402 年，中亞新興的「帖木兒汗國」遠征安納托利亞，在安卡拉擊敗奧斯曼軍，還虜去了白濟德（次年死去）。但帖木兒意未在近東，早早就撤了軍。十五世紀初，經過爭奪皇位的血腥內鬥，奧斯曼帝國重新振作。穆罕默德一世（Mehmed I, 1413-20），穆拉德二世（Murad II, 1421-51），穆罕默德二世（Mehmed II, 1451-81）三任蘇丹精明強幹，他們安撫巴爾干和安納托利亞的王公諸侯，還建立了一枝艦隊封殺海上霸主威尼斯，漸次兼併希臘諸邦和愛琴海諸島；1444 年十一月十日，奧斯曼在黑海港口瓦爾納 Varna 戰勝最後一支十字軍；1448 年，消滅阿爾巴尼亞民族英雄斯堪德培的抵抗軍；1453 年攻陷君士坦丁堡，結束了羅馬帝國的漫長生命，接著又佔領塞爾維亞大部和波士尼亞全境，還派遣一枝非正規軍進駐阿爾巴尼亞，他們就是阿爾巴尼亞穆斯林的祖先。

在突厥民族征服伊斯蘭和基督教世界的同時，也融入了波斯、阿拉伯、亞美尼亞和希臘等民族的血緣，因此今天土耳其人面目和身材更似印歐人種。而與拜占庭和巴爾干諸王室的聯姻，又使奧斯曼蘇丹家族的血緣更為複雜。例如，戰死在科索沃的穆拉德一世的母親，就是拜占庭公主希歐朵拉，穆拉德一世本人又娶了拜占庭和保加利亞公主，他的兒子白濟德一世娶了塞爾維亞公主黛絲碧娜（Despina）。每次這樣的聯姻，都為奧斯曼宮廷帶來了一大批基督教侍臣和謀士，因此在一段很長的時期內宮庭裏說的是希臘語或塞爾維亞語。特別是，白濟德一世幾乎淡忘了先人的習俗和伊斯蘭教法，乃至在安卡拉大戰時，穆斯林眾叛親離，只有基督徒為他護駕，遂至大敗。

1453 年，奧斯曼人佔領君士坦丁堡（改名伊斯坦布爾）後，改索菲亞大教堂為清真寺，但對拜占庭帝國國教「希臘正教」（或東正教）仍秉持寬容態度，至今伊斯坦布爾正教牧首地位依然如故。1492

地圖三　奧斯曼帝國全盛期（1683-99）疆域

年，也就是哥倫布發現新大陸那年，西班牙女王伊莎貝拉頒佈了強制
猶太人接受天主教，否則就離境的法令。因此大批猶太人遷徙他鄉，
許多人在奧斯曼帝國屬地得到了蔭庇，而且被允許組織猶太教教會和
享有自治權的社團。奧斯曼帝國統治下的穆斯林世界對猶太民族的仁
愛，與西方基督教世界對猶太民族的迫害，適成對照。由於奧斯曼人
的統治和移民，以及基督徒的改宗，在波士尼亞、阿爾巴尼亞、科索
沃形成了一個巨大的伊斯蘭教社團，這又是後世巴爾干地區宗教殘殺
的起因。

　　十六世紀，蘇萊曼大帝（Suleyman the Magnificent, 1520-60）
在位時，奧斯曼帝國鼎盛。除安納托利亞和阿拉伯諸國外，它還擁有
阿爾巴尼亞、希臘、塞爾維亞、波士尼亞、保加利亞、羅馬尼亞、匈
牙利，以及克里米亞半島和環黑海地區的歐洲屬地，和阿爾及利亞、

突尼斯、利比亞、埃及等非洲屬地，疆域超過拜占庭帝國和阿拉伯帝國的總和，惟羅馬帝國可與之比擬。但從此奧斯曼帝國開始了漫長的衰落。在對奧地利和俄羅斯的戰爭中，逐步喪失了在歐洲的土地；在西方列強興起後，又失去了對北非的控制。在一次大戰中更站錯了隊，隨著德、奧戰敗，奧斯曼帝國也被以英、法為首的協約國肢解，只剩下了安納托利亞半島和巴爾干東南一隅的疆土，朝廷全靠英國炮艦的保護，苟延殘喘。

凱末爾的語言純化和文字改革運動

1922 年，軍人穆斯塔法・凱末爾（Mustafa Kemal）領導革命，推翻奧斯曼帝國。從塞爾柱人入據巴格達到奧斯曼帝國覆滅，突厥民族在中近東和東南歐的統治維持了近九百年，為歷史留下不可磨滅的篇章。1923 年十月二十九日，土耳其共和國宣告成立，凱末爾當選首任總統，並一直連任到 1938 年去世。凱末爾推行政治、經濟、法律、文化、教育和婦女權利的全面改革，奠定了政教分離和民主立國基礎，並廢除了奧斯曼帝國與協約國簽訂的許多不平等條款，使國家獲得徹底獨立。1933 年大國民議會授予其「土耳其之父／Atatürk」的稱號。

二十世紀三十年代，凱末爾推動了一場「語言純化」和「文字改革」的運動，旨在清除土耳其語言中的非突厥語成份，並以拉丁文替代阿拉伯文作為書寫文字。這是突厥民族語言的偉大復興。據統計，二十年代土耳其書面語言中的阿拉伯語、伊朗語和法語成份占百分之八十；至八十年代已減少到百分之十。在這場運動中，政府有組織地收集各歷史時期的突厥語詞彙，以及各地突厥語方言，經鑒定後逐步

替代外來語詞。事實上，這些被收集來的「純突厥語詞」中，有不少是融入突厥——回紇語中的「蒙古語」和「女真語」辭匯，很多還被列入現代土耳其語詞典。這場在土耳其進行的淨化語言的努力，竟也為中國北方諸族歷史語言採集了資料。

例如，「白色」一字突厥語是「阿克」，蒙古語和滿語同為「叱干」，古鮮卑語為「素」。而土耳其語有三字為「白」：ak、solgun、soluk，其中 ak 是「阿克」，solgun 是「叱干」的變音，soluk 則可能與「素」同源。從「白」字的多源現象，可以窺見現行突厥語的多元背景。

又如，突厥語的「水」和「土」是 su 和 toprak；而突厥語的「伯克／beg」又與漢語的「伯」一樣都是「首領」的意思。「水」、「土」、「伯」留在漢語中，也表明突厥語民族的祖先是從黃河流域出走的。土耳其語詞典中「青銅」有兩字：tunch 和 bronz，後者顯然源自歐洲語言，而前者就是漢語的「銅器」。這又表明土耳其民族的祖先與中原民族的最後交往應該追溯到漠北的某個時代。

突厥民族對伊斯蘭世界的一度控制

突厥民族對阿拉伯世界和伊斯蘭教廷的控制，可追溯到 830 年代初，巴格達的阿巴斯王朝從「拔汗那」（即烏茲別克東部「費爾干那」盆地）引進一枝四千人的「突厥奴隸」雇傭軍。836 年這些「奴隸」開始在巴格達鬧事，二十多年後即全面干預阿巴斯王朝的政事，他們不僅包辦了地方行政和稅務，連哈里發也成他們手中的玩物，任意擁戴或廢黜，甚至剜眼殺害。十世紀中，哈里發只是一個虛設的精神領袖而已。是塞爾柱人的到來，才將這些「奴隸」雇傭軍逐出巴格達。

　　先後統治埃及和敘利亞的法蒂瑪和阿尤布王朝，也熱中引歐亞草原的遊牧民和北高加索部民切爾克斯（Cherkess，今名 Adyghe，即女真語「小」字「阿濟格」）人的雇傭軍。後來他們利用宮廷內爭取而代之，在埃及建立「馬木留克王朝」（1250-1517，「馬木留克」在阿拉伯語本意「奴隸」），1260 年馬木留克人曾予蒙古軍以致命一擊，終止了蒙古帝國圖進北非，也保護了伊斯蘭教和基督教在近東的聖地，又據說馬木留克人既不篤信真主，也不精通阿拉伯語言文化，但他們在開羅恢復了哈里發制度，還把它當做號令伊斯蘭世界的傀儡。

　　後來，奧斯曼帝國雖然兼併了近東和北非地區，但在埃及保留下了一個龐大的馬木留克特權階級。十七世紀奧斯曼帝國開始衰落，馬木留克人又重新控制了埃及的軍務、稅務和政府的權力，並以向伊斯坦布爾貢稅換取了自治權。1798 年拿破崙遠征埃及時，實際遇到的是馬木留克政權的抵抗，1811 年他們的統治才被摧毀；但是到二十世紀五十年代納賽爾領導埃及革命時，他們仍然被埃及社會視為精英。

　　從漠北出走的突厥語民族，是一個叱吒風雲、征服世界的有為民族。回憶這滄桑變遷，予人以歷史感懷：偉哉！東方民族。

原載台灣《歷史月刊》2003 年六月號

2013 年十月十一日修改

十五、匈牙利民族與女真同源

匈牙利 Hungary 是一個中歐國家，多瑙河從北到南貫穿了她平坦的土地，首都布達佩斯座落在它的兩岸，是世界著名的美麗城市。這個國家只有一千萬人口，卻產生過許多傑出的科學家、藝術家。一百五十多年前，匈牙利革命青年裴多菲的熱情詩句：

> 生命誠可貴，愛情價更高；若為自由故，二者皆可拋。

是世界各國人民熟知的千古絕誦。匈牙利人民熱愛自由，但它又曾是中歐的一個霸權，羅馬尼亞、南斯拉夫、斯洛伐克、波蘭、義大利的一部分都曾在它的統治下。因為它是「奧匈二元帝國」中的一個獨立實體，一次世界大戰後，戰敗的奧匈帝國被肢解，匈牙利也失去了大片領土，就此萎縮成了一個歐洲小國。

人們都知道匈牙利人的祖先是從東方來的，匈牙利語的語辭、語法和韻律都與中國北方諸族的語言有相似之處。匈牙利人姓名稱謂，如 Arany Janos ùr（愛倫・亞諾什先生），是以「姓氏—名字—身分」為序；他們寫的信封，是以「國家—城市—區里—街道—門牌—收信人」為序。看來他們的思維與我們中國人很相似，而與西方人相左。

匈牙利民族的由來

不少中國人以為匈牙利人是匈奴的後裔；但歐洲人知道它的真名是 Magyar（馬扎爾），與匈奴沒有直接的關係。有人以為他們是阿梯拉匈人的後代，或成吉思汗的武士的子裔，那也是倒錯了時光，阿梯拉和成吉思汗分別是五世紀和十三世紀的人物，Magyar 人則是在九世紀末進據匈牙利地區的。為紀念這一歷史性事件，1896 年布達佩斯舉行過「征服家園」的千年慶典。

《大英百科全書》有一種說法，古 Magyar 的祖先住在烏拉爾山北部，由於不明的原因使他們遷徙到南俄草原；在那裡他們和一些遊牧部落結成了 On-Ogur（突厥語「十箭」）部落聯盟，鄰近的斯拉夫人將 On-Ogur 訛讀為 Vengr，其諧音即是 Hungary。然而，關於族名 Magyar 的由來卻沒人知道。

889 年左右，南俄草原上的 Magyar 人受到後續而來的東方遊牧部落的攻擊，西遷到喀爾巴阡山緣，東法蘭克王國借他們去討伐莫拉維亞公國；拜占庭皇帝又利用他們打保加爾人；這不禁令人想起唐朝借沙陀兵鎮壓黃巢起義的故事，純樸勇敢的遊牧民族常常被「文明帝國」用來「借刀殺人」。

後來，Magyar 諸部由大酋長阿巴德（Apad）率領穿越喀爾巴阡山，進入多瑙河和蒂薩河之間的平原地區，那裡富饒的水草令人馬駐足。可是，此後半個世紀中他們還繼續騷擾西歐各國，尤其是他們優良的箭術和騎兵的快速襲擊能力，引起西方世界一片恐怖，猶如阿梯拉匈人再次降臨。953 年，他們在巴伐利亞被日爾曼人擊敗，就此退守家園，開始農耕生活，並皈依了基督教。退一步海闊天空，轉化了

文化意識，就能在歐洲立國安身了。

Magyar與「馬佳氏」

查證族名 Magyar 的由來，還得靠中國歷史。滿族馬姓很多，大多出自「馬佳氏」。北魏年內入的胡人中有「萬俟氏」和「莫折氏」，「萬俟」還入了《百家姓》。「馬佳／萬俟／莫折」都與 Magyar 同音，細考起來，隋代的「蔑促」，遼代的「梅只／慢押」，元蒙的「蔑里乞」等部落名，和北方民族族名「靺鞨／勿吉」等都是 Magyar 的變寫。

北方民族常用族名作人名，與「靺鞨」或 Magyar 相關的人名也不少。如：金代女真族的「麻吉／麻產」，遼代契丹族的「買住／抹只」，元代蒙古人的「麻察／馬扎兒台」等。而女真人叫「滿住／滿柱」的更多，努爾哈赤還有「滿柱汗」的稱號。古代中原也有人以此為名，如先秦的「墨翟／mo-ji」，漢代的「金日磾／馬日磾」（「日磾」讀 mi-ji）。這個名字的廣泛使用，不僅反映中原民族與北方諸族間的血緣關聯，還能看出 Magyar 是來自東方的族名。

楛矢石砮的故事

《國語・魯語下》的一則關於肅慎的記載，很能證明匈牙利人與通古斯民族的關係，它說：

> 仲尼在陳，有隼集於陳侯之庭而死，楛矢貫之，石砮其長尺有咫，陳惠公使人以隼如仲尼之館問之。仲尼曰：「隼之來遠矣，

此肅慎氏矢也。昔武王克商，通道於九夷、百蠻，使各以其方賄來貢，使無忘職業。於是肅慎氏貢楛矢，石砮……」

故事是說孔子在陳國講學時，有幾隻隼（大鳥）聚死在陳侯的庭院里，身上插著楛（音 hu）木製成的有石質箭頭的箭，陳惠王派人將隼送到孔子處求教，孔子說，這些隼是從遠方來的，因為那些箭是肅慎民族的箭；又說武王克商後，聯絡周邊少數民族，讓他們把各自的特產送來，要他們安心勞作；於是肅慎人進貢了楛矢石砮。孔子從箭是楛矢，就猜到這些隼是從東北飛來的。

楛木就是樺木，蒙古語稱 xyc ／ khus，是在大興安嶺地區十分繁盛的樹種，中原卻很罕見，樺木輕而直且硬，數千年前肅慎人便善用樺木制箭杆，還以一種輕質石料磨制箭頭，並以此進貢中原，這就是孔子告訴陳惠公的「楛矢石砮」。直到清代，樺木箭杆仍是甯古塔將軍和黑龍江將軍獻給朝庭的例貢。

弓箭是人類最重要的發明之一，「箭」字在匈牙利語是 nyíl，芬蘭語是 nuoli，愛沙尼亞語是 nool，三者竟都與滿語的 niru（牛錄）一致。更巧的是，「樺樹」在匈牙利語裡為 nyír-fa，意為「箭樹」，無疑又說明匈牙利人的東方祖先，是善制「楛矢」的通古斯民族。

由於通古斯民族很早就解決了射擊武器的材質問題，靺鞨——女真人的箭術是他們克敵制勝的法寶。據高麗歷史記載，遼東戰爭期間，唐太宗就是被靺鞨人的毒箭射中，數年後發作而死的，中國正史卻把這個事實掩蓋了。當遊牧的 Magyar 民族進入歐洲以後，他們的騎術和箭術也都曾經令西方民族膽寒。

匈牙利語最接近女真語

Magyar 人到達中歐後的一千多年中，它的語言受到周邊民族的影響，必然會發生很多變化。然而，在現代匈牙利語中不僅可以找到大量通古斯滿語和蒙古語基本詞彙，還可以發現許多近現代社會、軍事、娛樂方面的高等辭彙，有些甚至與漢語是相通的。下面我們擇要做了一個簡單的語詞比較：

	匈語	滿語	蒙語	漢語
天	ég	阿瓜		
金	arany	愛新		
水	us		烏蘇	
火	tűz	tuwa		
花	virag	ilga		荂
草	fű	orho		卉
牛	tehan	ihan		特
猴	majom	monio		
心	szív			心
女士	hölgy	福晉		婦
村莊	kozeg	gasan		
軍隊	sereg		tsereg	
英雄	bator	baturu	baatar	

這個比較不僅揭示 Magyar 人祖先是來自滿蒙地區，而且證明他們是在脫離了蒙昧後才離開那裡的。十二世紀女真族建立金朝，與

Magyar 人到達歐洲時代相去不遠。《金史‧國語解》用漢字記載了
七十幾個女真語字音，其中雖只有三十九字能析義，卻有十餘字與匈
牙利語對應，如：

	金女真語	匈牙利語
客人	按答海	vendé
摔角者	拔里速	birkózó
牙	畏可	fog
和諧	奴申	összhang
快	撒八	sebes
買	兀帶	vétel
刀刃	斜烈	él
金	按春	arany
口袋	蒲盧渾	bőrönd
紅色	活臘胡	vörös

更令人驚歎的是，《遼史‧國語解》記載的與女真語「興旺」相
關的同義詞「耶魯」和「蒲速」竟與匈牙利語 jólét 和 bőség 對應得
天衣無縫，這是很難得的語言同源現象。這使我們可以進一步推定：
古 Magyar 人使用的是以女真語和蒙古語為主的混合語言，而與女真
語可能更接近。

匈牙利人的姓氏

Magyar 人保存了遠東祖先的語言，還保留了一套以女真諸姓為
主體的姓氏系統。如 Nagy 是「粘割」，Tóth 是「拓特」，Arany（金）

是「愛新」，Bodó 是「泊咄」。其他如：Bócsa（蒲察）、Szabó（塞蒲里）、Dudas（徒單）、Fehér（夫合）、Papp（把）、Sánta（散答）、Szakál（撒合烈）、Tomen（陀滿）、Turi（都烈）諸姓，亦都與《金史‧百官志》記載的女真姓氏對應。

包括「女真」在內的許多中國北方民族族名也轉化成匈牙利姓氏。譬如：Bokor（僕骨）、Csibi（契苾）、Gyurcsany（女真）、Gyurgyi（女直）、Gyurkó（女古）、Horváth（賀拔）、Kocsis（高車）、Kovács（庫莫奚）、Sípos（須卜）、Szekeres（思結）、Szima（悉萬）、Szöllös（樹六于）、Torok（同羅）等。《魏書‧高車傳》說「高車族」使用的車輪高大，因之得名；事實上，匈牙利語 Kocsis 是「駕車人」，Kocsi 是「車」，而不是「高大的車」，歷史記載中以「漢義」附會「胡音」的情況實在太多了。

紀元 700 年左右，靺鞨民族建立以文明著世的「渤海國」。《新唐書‧渤海傳》說渤海國「地有五京，十五府，六十二州」，其中「鄚頡府領鄚、高二州」，《中國歷史地圖集》則標明「鄚頡府」是在哈爾濱周邊地區，「鄚州」就在阿城（舊名「阿勒楚」或「阿什河」）地方；而「鄚頡」顯然就是 Magyar 之音。

唐太宗征東造成靺鞨民族出走

Magyar 人西遷的原因和時代也有線索可循。唐帝國興盛後，對遼東和朝鮮半島用兵近三十年，北部靺鞨族與高句麗結盟抵抗，並曾重創唐軍。後來高句麗——靺鞨聯盟敗滅，導致抗唐的靺鞨強部出走，就此失聞於中國歷史。《新唐書‧黑水靺鞨傳》記載：

> 王師取平壤，其眾多入唐，泊咄、安居骨等皆奔散，寖微無聞
> 焉，遺人迸入渤海。

即是這段歷史，二百多年後出現於歐洲 Magyar 人，可能就是這些西遷的靺鞨後裔。

隋煬帝屢征高麗不果的人禍，觸發了全國農民大起義，斷送了原本興旺的隋皇朝命脈。唐太宗李世民當政十八年後，恃國力強盛，置前朝之鑒於不顧，決定親征高麗，以一勞永逸地解決東北領土問題，開始了纏鬥不休的征東戰爭。在高句麗——靺鞨聯盟中，高句麗王朝在政治上居主導地位；而被利用的靺鞨部落，卻又不知進退地從事軍事蠻幹，在長達一代人的抗爭中，既耗盡了唐帝國的精力，也給自己引來了滅頂之災。

征東戰事以第一次（貞觀十九，645 年）聲勢最隆。唐軍算計極盡縝密，它計畫以營州（今朝陽）為陸路基地，春季開始行動，於夏水氾濫之前搶渡遼河，迅速攻取今撫順、遼陽等要地。海路出山東半島，襲取遼東半島南端之金州。然後南北夾擊，拔除遼東灣北岸弧形通道上的據點（今鞍山、海城一帶），打通通往朝鮮半島之最短線，力爭夏季進入朝鮮半島，隆冬前結束戰爭。然而，北部靺鞨部落出乎意料地介入，挫敗了這一戰略企圖的實施，使得唐太宗敗興而歸，一場本擬速決的戰爭就此一拖便是幾十年。

戰爭空前殘酷，唐太宗親臨前線，救死扶傷，激勵士氣。如突厥貴族阿史那思摩「為流矢所中，太宗親為之吮血……」又如「〔契苾〕何力……中賊槊，創甚，帝自為傅藥。」而決戰正在安市城（今海城南）外進行時，「靺鞨眾十五萬來援」，靺鞨軍以優良的箭術重創唐軍，太宗亦為毒箭中傷。太宗對投降的高句麗軍寬大有餘，而對靺鞨部眾恨之入骨，竟「誅靺鞨三千餘人」。唐軍圍城三月，卻無力再

戰，於九月撤軍，征東戰事半途而廢。歸途中大雪紛飛，將士饑寒交迫，太宗情緒極為沮喪。以後的東征也都不順心，四年後太宗因箭傷死去。

唐軍從此與靺鞨不共戴天，從唐軍不斷地用兵於「扶余道」的史實，可以推測與唐軍為敵最力者，是聚居於扶余、嫩江地區的北部靺鞨諸部。連續二十年的抗唐戰爭，對於高句麗和靺鞨人民來說也是一條不盡的隧道，英雄主義的鬥爭精神早已在黑暗中磨滅殆盡。老邁的權臣泉蓋蘇文一味地好戰，而高句麗國王與唐帝國私相授授，王子們則早已等著爭奪他死後將遺下的權位。高句麗王朝氣數將盡了。

666 年，高句麗國發生內哄，唐高宗以契苾何力為遼東道安撫大使，率龐同善、高侃、薛仁貴、李謹行等出遼東接應。九月薛仁貴勝高句麗軍於新城（今撫順北），進次金山（今開原西北，東、西遼河交會處），威脅扶余地區。十二月，八十高齡的李勣任遼東行軍大總管，統率征東戰局，戰事進入高潮。

667 年九月辛末，唐軍擊敗敵軍，佔領高句麗軍西北重鎮新城，由契苾何力留守，主持北線戰事。跡象表明，唐軍不以速勝為戰略，而以攻取扶余、嫩江地區，痛擊靺鞨強部為首期目標。

668 年二月，時年五十四歲的薛仁貴，率精兵兩千克扶余（今四平），周邊三、四十部落納款輸誠。在北線失利的危急態勢下，高句麗軍傾巢而出，薛仁貴率部回救，但在金山受阻。薛仁貴避其鋒芒，出其不意東取南蘇、木底（今新賓）、蒼岩（今通化）等三城，殲敵五萬，進據東部靺鞨腹地。高句麗敗象已露，靺鞨社會大受震動。失盡了遼東、扶余，朝鮮半島已無屏障，兼之有生力量在外線被殲，都城平壤只是危城一座，契苾何力率軍於今安東新義州一帶渡江，「悉師圍平壤」，九月五日平壤城破，高句麗國亡。

而唐軍的死敵靺鞨安車骨、泊咄等部的命運，則更是淒慘，《新

唐書・高麗傳》記載：

> ［李］勣破之薩賀水上，斬首五千級，俘口三萬，器械稱之。

那條「薩賀水」即是松花江，也是後來渤海國的鄭頡府地方。當時的真相大概是，唐軍在佔領扶余地區以後，以窮追猛打之勢進抵嫩江、松花江流域，以圖一舉肅清靺鞨後方。在薛仁貴率主力唐軍東進後，朝鮮半島告急，高句麗部隊急於回救平壤，扶余嫩江的靺鞨部隊遂成孤軍，後被唐軍聚殲於薩賀水地區。唐軍以夷制夷，高侃的營州契丹奚族，李謹行的燕州靺鞨族都參與了這場除惡務盡的掃蕩行動，戰勝後又縱兵虜掠。此時，靺鞨內部已相當空虛，無力抵抗，於是一場牽動滿蒙地區的大逃亡開始了，這也就史書所說的：

> 泊咄，安車骨等皆奔散，寢微無聞焉。

結束語

作為後來歐洲 Magyar 人的祖先，這些部落告別了東方社會，先是逃亡，轉而漫遊，在無垠的歐亞草原上，消磨了二百多個寒暑，和十代人的生息，融入了許多不同血緣的族落，也終於忘卻了祖先的業績。他們本可和平地遊牧於水草豐盛的南俄草原，大概是肇於九世紀中葉蒙古高原的動亂，後續而來的逃亡者，又搶去他們的牧場，將他們推入了歐洲民族的熔爐，就此開始了作為西方民族的新篇章。

原載台灣《歷史月刊》2003 年六月號

2006 年三月十二日

地圖四　唐代東北形勢

十六、鮮卑民族及其語言線索

　　「鮮卑」的記載始於東漢，更早的史料只是些片斷。鮮卑又名「師比」或「犀毗」，音值可能在 sa-bi、si-bi 或 xi-bi 之間。它的今世後裔錫伯族自稱「錫韋」，那是因為 b 與 v 相通，sibi 也可讀成 sivi 即「室韋」。後魏隋唐年間「室韋」就是前代「鮮卑」。歷史地名學家很早就認准 Siberia 的字根 Siber 是鮮卑，即「西伯利亞」就是「鮮卑地方」。今歐洲國名 Сербия／Serbia 應作「塞爾比亞」，但中譯「塞爾維亞」，這雖然是諧音兩可的現象，但是也表明這個國名是與「鮮卑／室韋」有關的。

　　《後漢書》說「鮮卑」和「烏桓」是「東胡」的後代，我以為它們只是同源，未必有裔屬的關係。「屠何／達幹爾」很可能是「東胡」之音源；而「烏桓／烏洛渾」則是春秋之「山戎」。東胡、烏桓、鮮卑使用類同的語言，因此被歸屬為一個族類，現代學者確認契丹語、蒙古語都是由它們的語言發展而來的。

　　北方諸族在遷徙中不斷地析離和融合，各代和各地的「東胡／鮮卑語」的後裔語言也不完全一樣，如蒙古語與契丹語就有一些區別。因此，將其稱為「蒙古原語」更為貼切。東胡／鮮卑民族的後裔——拓跋鮮卑、契丹、蒙古曾數度入據中原，因此蒙古語族族人的活動是中國歷史不可與缺的部分，他們的血緣也是漢民族的重要成份。

　　成吉思汗的騎兵橫掃歐亞大陸之前六、七百年，還有一枝 Sabir 人生活在裏海西岸，歐洲也稱他們「高加索 Hun 人」，亞美尼亞文獻記之為 Savirk。這與「鮮卑／室韋」或「錫伯／錫韋」的語音轉換

都是一致的。

鮮卑的源頭

關於鮮卑的先祖，可以追溯到先秦時代，《國語・晉語篇》有說：

> 昔［周］成王盟諸侯於歧陽，楚為荊蠻，置茅蕝，設望表，與
> 鮮卑（亦作「牟」）守燎，故不為盟。

不管「置茅蕝，設望表，與鮮卑守燎」的含義是什麼，它至少表明春
秋時中原還有可以與楚國相守相望的鮮卑部落。

鮮卑是一個部落繁多的大族，但落進歷史書袋的是「拓跋鮮卑」，
這個部落曾經統一中原建立過北魏王朝（386-534 年）。《魏書・序
紀》說它的祖地是：「國有大鮮卑山，因以為號。」《魏書・禮志》
記載了 443 年，中書郎李敞刻文祭祖的事蹟：

> 魏先之居幽都也，鑿石為祖宗之廟於烏洛侯國西北。自後南
> 遷，其地隔遠。真君中，烏洛侯國遣使朝獻，云石廟如故，民
> 常祈請，有神念焉。其歲，遣中書郎李敞詣石室，告祭天地，
> 以皇祖先妣配。……石室南距代京四千餘里。

1980 年，學者米文平在大興安嶺北段「嘎仙洞」壁上發現這篇
石刻祝文。從此大興安嶺是「大鮮卑山」似乎無疑了。其實，東北和
內蒙地區到處都有「鮮卑山」，因此鮮卑也決不止是一個部落，嘎仙
洞只能是拓跋部落一時的居地而已。

據《魏書・序紀》記載，拓跋部落的重要先世酋長有：毛、推寅、
詰汾、力微等人。毛「統國三十六，大姓九十九」。推寅領導部眾「南

遷大澤，方千餘里，厥土昏冥沮洳」。詰汾的父親「獻帝命南移，山谷高深，九難八阻，於是欲止。有神獸，其形似馬，其聲類牛，先行導引，歷年乃出。始居匈奴之地」。這都是拓拔部落的一段傳說歷史。

「推寅」是古鮮卑語詞不多的一例，〈序紀〉說是「俗云鑽研之意」。現代蒙古語辭典中未見此字，但不少蒙古酋汗以「達延／tayang」為尊號，有人以為是漢語的「太陽」，其實可能是古鮮卑語裏的「聰明」或「善於鑽研」一字。「大澤」乃是濕地環繞的「呼倫貝爾湖」；「神獸」則是耐寒的鹿。這個傳說的詮釋可以是：「拓拔鮮卑人在一些聰明人的帶領下，走出大興安嶺以後，使鹿作運載，南下水草豐盛的呼倫貝爾草原，然後進據當時的匈奴佔據的河套地方，成了入侵中原的帶頭部落。」

蒙古——鮮卑系民族的部落名

北方民族族名多以 gu 音結尾，如：蒙古、裕固、僕骨、汪古、紇骨、烏古、護骨、達妫、拔野古、多濫葛等。而 gu 的齶音作 ghu 或 ghur，或即「紇／兀／侯／吾爾／斡爾」等，相應的族名如：蒙兀、回紇、烏洛侯、維吾爾、達斡爾、莫臥兒等。這些以「古／紇」作部名尾綴的部落，可能多與蒙古——鮮卑系民族有淵緣，這也可能是中原民族，乃至藏民族以「胡」來稱呼北方諸族之原因。

西方歷史關於南俄地區遊牧民族的記載，除了 Sabir 外還有 Bulgar、Kurtrighur、Oghur、Saraghur、Utrighur、Urog 等，它們其實就是：僕骨、高車骨、紇骨、撒拉紇、兀的改、烏洛侯，其中必定有不少是蒙古——鮮卑系部落。

「紇骨／護骨／烏古／維吾爾」都是「回紇／回鶻」的異字。我曾經指出黃河流域的「夏后氏」即是「回紇氏」，許多證據表明夏后部落是說蒙古語的，譬如，夏曆的「午／申／亥」就是蒙古語的「馬／ морин ／ morin」、「猴／ сармж ／ sarmz」、「豬／ гахай ／ gahai」。後世漠北回紇成為突厥語民族，是因為漠北本是說突厥語的地方。

「達斡爾」有蒙古──鮮卑系族名特徵，而達斡爾語是典型的蒙古語。歷史上的「屠何／徒河／大賀／達姤」，乃至西域「大宛」，可能都是「達斡爾」的轉音。族名「東胡」的「東」去 ng 化後，「東胡」就是「達斡／大宛」。

《新唐書‧室韋傳》記載的「婆萵部」之名也有這種特徵，而《左傳》早有「及武王克商……肅慎、燕、亳吾，北土也」的記載，相隔兩千年的「亳吾」和「婆萵」其實都是「僕骨」的變音和變寫。

然而，名字以「古／紇」結尾的部落，未必一定屬於蒙古──鮮卑系。如「安車骨」和「兀的改／ Utrighur」都是女真系部落，但是「骨／改／ ghur」是蒙古語式的尾綴。

冀東及京津郊區多見地名「張各莊」、「李各莊」等，其意為「張家莊」、「李家莊」；著名者如薊縣「尤古莊」，唐山舊名「胥各莊」，寶坻「耶律各莊」等。其中「耶律」是契丹大姓，「尤古／胥各」即是「烏古／護骨」，歷史上這一帶先後是徒河、慕容、宇文、契丹等東胡──鮮卑系部落的聚居地，「各／古／骨／固」等字同為「家族／氏族／部落」一義，乃至漢字「家／國」也應該是承自蒙古原語的。

鮮卑民族的語言

根據拓跋鮮卑使用的語言不多的記載，中西學者都注意到它與後世的蒙古語相近，《南齊書‧魏虜傳》記有北魏官吏職稱，曰：

> 曹局文書吏為比德真……通事人為乞萬真……三公貴人，通謂之羊真……

這些字在蒙古語中都有大致的切應：「秘書／бичгийн／bichgiin」、「譯員／хэлмэрч／khelmerch」和「貴族／язгууртан／jiazguurtan」。這是拓跋鮮卑王室使用蒙古原語的證據。

《魏書‧序紀》在解釋氏名「拓跋」之由來時說：

> 北俗謂土為拓，謂后為跋，故以為氏。

當時漠北地區優勢語言是突厥語，所謂「北俗」即突厥語，其謂的「泥土／toprak」，「王侯／bek」，《魏書》是以漠北突厥語的toprak、bek 二字來附會鮮卑姓氏「拓跋」的。

在直接的語言信息非常缺乏的情況下，人名也是鮮卑民族血緣和語言的間接信息。「軻比能」是鮮卑大人「檀石槐」的後人，二世紀時檀石槐領袖鮮卑民族，取代了匈奴從滿洲到中亞的統治地位，建立了一個龐大的草原部落聯盟。檀石槐逝去，其草原帝國迅速瓦解，軻比能則保有河套一帶精華地方。《三國志‧魏志‧烏桓鮮卑列傳》記載：

> 後鮮卑大人軻比能復製禦群狄，盡收匈奴故地。自雲中、五原以東抵遼水，皆為鮮卑庭。數犯塞寇邊，幽、并苦之。

循 k-h 和 l-n 的語音轉換規律，「軻比能／ku-bi-na(n)」可轉為「忽必烈／khu-bi-la」。因此蒙古強人「忽必烈」的名號，早在一千多年前就被一個鮮卑強人用過了。

軻比能時代不少鮮卑、烏桓部落的酋長名字被記載下來，如：和連、魁頭、騫曼、扶羅韓、步度根、泄歸泥、無臣氐、成律歸……等。其中「成律歸」和「泄歸泥」的語義，還值得一番細緻的探討。

與「成律歸」相關的名號無處不在。如《後漢書‧烏桓傳》說「烏桓大人……遼西有丘力居者」；《晉書‧慕容廆傳》說「慕容廆字弈洛瑰（亦作：若洛瑰），昌黎棘城鮮卑人也」；《魏書‧蠕蠕傳》說「木骨閭死，子車鹿會雄健，始有部眾，自號柔然」和「［拓跋］稚敬、［拓跋］崇等破乞列歸於陰山之北」。《魏書》還記載「段部鮮卑」有酋長「就六眷」者，其伯祖則名「日陸眷」；而《新唐書》有安祿山「養同羅、降奚、契丹曳落河八千人為假子」的記載。

這些「成律歸／丘力居／若洛瑰／車鹿會／就六眷／日陸眷／曳落河／成律歸」，乃至北魏章、穆二帝之名「悉鹿／猗盧」，皆蒙古語詞 чийрэг／chiregh 或其變音 shiregh、rhiregh，其本義「勇猛／健壯」，古代還有「壯士／英雄」的意思。

《元史‧木華黎傳》說「木華黎與博爾朮、博爾忽、赤老溫……號掇里班曲律，猶華言四傑也」，其中「掇里班／dorban」是蒙古語的「四／дөрө в」的諧音，因此「曲律／чийрэг」也必為「英雄豪傑」無疑。

「英雄」應是尚武的遊牧民族語言中的重要辭彙，然而《蒙古秘史》和《元史》中的「英雄」一字「把阿禿兒／拔都」在《魏書》中是找不見的；它可能是來自通古斯語的「巴圖魯」。現代蒙古語 чийрэг 有「堅毅」的意思，其「英雄」一義卻被 баатар／baator 取代了。

　　這個字還被用來做族名，「高車」之另名「敕勒」即是。史載北齊皇帝高歡因戰事不利而抑鬱致疾，曾使斛律金唱一曲「敕勒歌」激勵士氣。這首永垂不朽的歌詞譯云：

> 敕勒川，陰山下，天似穹廬，籠蓋四野。天蒼蒼，野茫茫，風吹草低見牛羊。

它以北方草原的遼闊景象，來抒發壯士不屈的豪邁情懷。「敕勒歌」應當就是「壯士之歌」或「堅毅之歌」。

　　「泄歸泥」是檀石槐的曾孫。《三國志‧魏志‧鮮卑傳》載：

> 至青龍元（紀元 233）年軻比能誘步度根深結和親，於是步度根將泄歸泥及部眾悉保比能。

人名「泄歸泥」可能就是《金史‧國語解》的「什古乃，瘠人」，或匈牙利語的「窮人／szegeny」一字。這個男子名在北方民族中也用得很普遍。如北魏昭成帝之名「什翼犍」，慕容廆之父名「涉歸」，吐谷渾人名「拾歸」，乞伏部酋長「乾歸」等，乃至突厥「射匱可汗」之號，都是「泄歸泥」的變音或縮音。這個以女真語被記載下來的「什古乃」，未能在蒙古語中保有一席之地，卻奇跡般地被 Magyar 人帶去歐洲，成了匈牙利語言中的一個辭彙。

結束語——蒙古原語的由來和影響

　　鮮卑語是一兩千年前的蒙古語，它與後世的蒙古語有所不同，發生這種差異原因是不同地區的鮮卑語與不同語言相互作用，而產生了各種蒙古語方言。把早期蒙古語，如鮮卑語、契丹語稱為「蒙古原

語」，或許更為恰當。

　　突厥語、通古斯語和蒙古語不像是同源的，但是是互相滲透的語言。突厥語的「花」字大都作「古麗／gul」；土耳其語也是突厥語，但其「花／çiçek」卻同蒙古語「其其格／цэцэг」一致。匈牙利語、芬蘭語和愛沙尼亞語與女真語關係密切，但它們的「水」字us 或 vesi 與蒙古語的「烏蘇／yc」保持一致。隱藏在漢語中的蒙古原語成份就更多，夏曆的「午／申／亥」和歷史之為「檮杌」均為蒙古語，都表明蒙古原語是漢語的重要底層語言。

原載台灣《歷史月刊》2005 年二月號

2013 年十月十六日修改

十七、蒙古民族中的通古斯血緣

　　蒙古民族的名聲很大，在史書上卻出現得較晚，《舊唐書》才出現「蒙兀室韋」，《新唐書》將它記為「蒙瓦」，《遼史》稱其「盟古」或「萌骨子」。它本是鮮卑──室韋系民族的一個小部落，是成吉思汗將它推上了世界舞台。此前，匈奴、鮮卑、柔然、高車、突厥、回紇、轄嘎在蒙古高原上輪流坐莊，北方民族在這片苦旱的地方不斷地融合，蒙古民族當然不會是純之又純的人類集團。

　　專事「以書證事」的傳統學術，認為蒙古是唐代形成的民族。其實，一旦明白「以族名作人名」是北方民族和中原古族的共同習俗，那麼中原古人「孟軻」、「蒙鷲」、「蒙武」就都是以「蒙古」作的人名。因此「蒙古」部落必定古已有之，它的一部分從中原去了北方，在一鳴驚人之前，一直默默無聞，於是歷史將它忽略了。

　　追溯一個民族血緣成份，必然和它的語言成份交叉在一起。西方語言學家比較注意突厥語對蒙古語的影響，但契丹、轄嘎、篾里乞部落，以及成吉思汗的家世淵源，卻能揭示蒙古民族與通古斯民族的關係也很密切。

契丹民族中的通古斯成份

　　「契丹」的名氣很大，蒙古民族把中國叫契丹；西方也就把Khitai 或 Cathay 當做中國的代名詞。契丹在北魏、隋唐就興起了，

北宋時達到盛世。916年契丹民族的領袖耶律阿保機在遼河（潢水）流域建立了遼朝，它製備了文字，還留下一部正史，歷史語言學者分析《遼史·國語解》的結論是：契丹語是典型的蒙古語。

1125年遼朝滅於女真族建立的金朝；百多年後金朝又轉滅於蒙古之手。幾經周折，契丹的名義就消失了，族人大部融入蒙古、女真和漢族之中，也有一些走入中亞。然而，西伯利亞的「赤塔」，新疆的「奇台」，黑龍江的「七台河」，都是契丹部落遷徙的遺跡。《大唐西域記》又說于闐別名「屈丹」，《輟耕錄》還記載「蒙古七十二種」中有「乞要歹」，它當然更是契丹無疑了。因此，不必以為天下只有一家「契丹」，這個古老的部落可能很早就星散在歐亞大陸上了，而我們研究的只是一部成了氣候的契丹。

最早記載契丹的是《魏書·契丹傳》，它說：

> 顯祖時，使莫弗紇何辰奉獻，得班饗於諸國之末。歸而相謂，言國家之美，心皆忻慕，於是東北群狄聞之，莫不思服。悉萬丹部、何大何部、伏弗郁部、羽陵部、日連部、匹絜部、黎部、吐六于等，各以其名馬入獻天府，遂求為常。

這是說契丹酋長莫弗紇何辰往訪北魏王室後，「東北群狄」群起效法，後來《遼史》就將這幾個部落稱為契丹的「古八部」，這個說法並不一定準確，但對建立遼朝的契丹民族的形成，仍有參照價值。

「古八部」中以「悉萬丹」之於契丹最為重要，這個族名在《隋書·室韋傳》作「深末怛」，也是希羅多德時代東歐草原上的遊牧大族 Sarmatae，其中 tae 即是蒙古語族名尾綴「惕／歹／丹／怛」。眾所周知，遼朝后族為「蕭姓」，《金史》記載金滅遼後「蕭姓」還原為「石抹氏」，因此「蕭姓」的起源就是「悉萬／深末／石抹／Sarma」部落。

　　「古八部」的其他七部之名用字雖然怪癖，但與歷史上的北方民族常見部落名仍有可比性，在此我作一對照：

何大　　　「兀典」（蒙古語「星／од／одон」）
羽陵　　　「烏洛渾」（蒙古語「山裡人／уулын хүн」）
日連　　　「納蘭」（蒙古語「太陽／наран」）
匹絜　　　「白翟」
黎部　　　「陸和」
吐六于　　「吐如紇」，或匈牙利姓氏 Torok

以上比較是基於「何／郁／于」與「和／渾／煩」等字即是蒙古語部落名尾綴「古／紇」的別寫或展音。當時這些部落是遼河流域的一些遊牧大戶，「兀典／星」、「烏洛渾／山裡人／山戎」和「納蘭／太陽」是典型的蒙古字，「吐如紇／Torok」又是族名「突厥／Turk」的一種讀音；因此這八個部落可能以蒙古語民族為主，但也混有突厥語民族的血緣。

　　《新唐書‧契丹傳》把契丹的東胡──鮮卑源頭說得更清楚：

> 契丹，本東胡種，其先為匈奴所破，保鮮卑山……其君大賀氏，有勝兵四萬，析八部，臣於突厥，以為俟斤。

族名「大賀」即是「東胡／屠何」之異寫，現代民族歷史學者劉鳳翥、干志耿等認為它們都是「達斡爾」的縮音。今世說蒙古話的達斡爾民族的人丁不旺，但古代的東胡民族卻是一個巨大的群體，也是今世蒙古語民族的主要血祖。

　　但是，建立遼朝的契丹民族卻是由通古斯──女真血緣的「耶律氏」統治的，《遼史》記述了這個權力更替的過程：

> 至唐，大賀氏勝兵四萬三千人，分為八部。大賀氏中衰，僅存
> 五部。有耶律雅里者，分五部為八，立二府以總之，析三耶律
> 氏為七，二審密氏為五，凡二十部。刻木為契，政令大行。遜
> 不有國，乃立遙輦氏代大賀氏，兵力益振，即太祖六世祖也。

若「遼太祖」耶律阿保機的「六世祖」是出自「遙輦氏」的，那麼「遙輦氏」就是「耶律氏」；而《金史》記載契丹「耶律氏」作「移剌氏」。

姓氏「耶律／遙輦／移剌」實即女真族名「挹婁」，讀音亦為「阿魯／愛魯」，本義則是薩滿教崇拜的「白馬」。古代「白馬羌」，今世「白馬藏」，及北美「阿留申群島／Aleutian Islands」之根 Aleut，都是從這個族名而來。而「審密」又即是「悉萬／深末／石抹」或「蕭氏」。因此「耶律」和「蕭」兩姓通婚形成的契丹王室，也是女真系和東胡系血緣融合的果實。

契丹王族有通古斯血緣，《遼史·營衛志》還記載了契丹民族的許多具有通古斯血緣的基本部落：

窈爪	即「兀者」
楮特	即「拓特」
訛括	即「阿瓜」或滿語「天／阿巴嘎」
奧衍女直	即「兀顏·女直」
乙典女直	即「阿典·女直」
梅只、梅里急	即「靺羯／篾里乞」
蠻葛、梅古悉	即「靺鞨／靺鞨斯」
大篾孤、小篾孤	即「大靺鞨／小靺鞨」

而《隋書·北狄傳》就說契丹有通古斯習俗，它說：

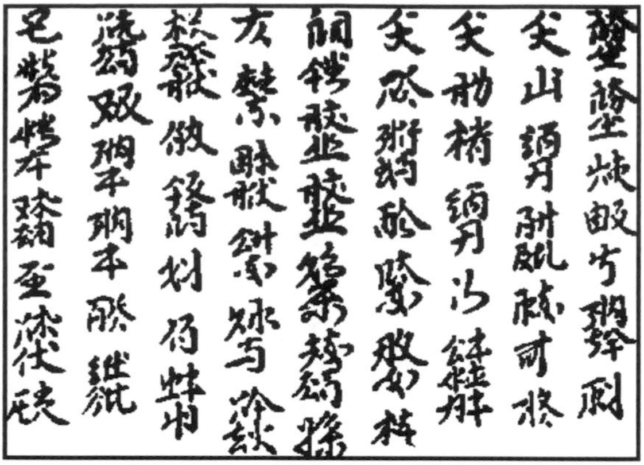

圖十七　契丹文字

> 契丹之先，與庫莫奚異種而同類，並為慕容氏所破……其俗與
> 靺鞨同。

由此看來，契丹民族融有通古斯血緣、語言乃至習俗。

韃靼民族的起源

族名「韃靼」是很晚出現的一種寫法，《蒙古秘史》將其記作「塔塔爾」，它似同蒙古又不同於蒙古。事實上，它也是一個很古老的中原部落或氏族，孔子有個弟子名「澹台滅明」，《百家姓》記載了這個中原複姓「澹台」。

其實，《金史》記載的女真姓氏「拓特」，漠北《闕特勤碑文》族名「地豆于」，《遼史》契丹部名「惕德」，匈牙利姓氏 Toth，蒙古人名「脫脫／土土哈」，今世維吾爾人名「托地／托合地」，都是「韃靼／塔塔爾」的變音或變寫。

　　值得注意，羅馬帝國在巴爾干半島中部設有「達達尼亞／Dardania」行省，巴爾干和小亞細亞兩半島則為「達達尼爾海峽／Dardanelles」所隔，其東側特洛伊地方有一片 Dardania 地方。希羅多德還記載了發源「兩河」的亞美尼亞山區有「達旦人／Dardanean／Δαρδανίων」居住（《歷史》第 1 卷 189 節），這些 Darda／Dardan 是否是上古就遷徙到中東和歐洲的韃靼部落？自然是很有價值的人類學問題。

　　中國人一直不明「韃靼」的源頭真相，時將北亞諸族混稱「韃靼」；繼之又引申出「蒙韃」和「滿韃」等帶歧視性的政治名詞，孫中山還提出過「驅除韃虜」的口號。但是，究竟蒙古是韃靼，還是女真是韃靼？卻很少有人探討過。其實，歐陽修撰修於《新五代史·四夷附錄三》中早有「韃靼」源於女真大族「靺鞨」的記載，其云：

　　達靼，靺鞨之遺種，本在奚、契丹之東北，後為契丹所攻，而部族分散，或屬契丹，或屬渤海，別部散居陰山者，自號達靼。

　　然而，歐陽修關於「韃靼」之初是「靺鞨之遺種」，或即女真屬族的說法，未被中外學界采信。

　　《蒙古秘史》和《史集》等關於蒙古民族的重要著作，將蒙古與韃靼（或「塔塔爾」）在種屬上區分得很清楚。西方傳教士魯布魯克，於 1253 年八月到達伏爾加河，他記述去見成吉思汗之孫拔都之前：

> 一些宮廷裏的書記官對我們說：「你們不許說我們的主人是基督徒。他不是基督徒，而是一個蒙古人。」……他們也不願被稱作韃靼人。韃靼人是另一支……民族。
>
> （《柏朗嘉賓蒙古行紀·魯布魯克東行紀》，
> 中華書局，1985，頁 234）

　　我們還注意到，元朝政府是以「水達達」來稱呼黑龍江流域的女

真部落的。烏蘇里江上捕魚為生的「赫哲族」，穿魚皮衣服，也被叫做「魚皮達子」。無疑「韃靼／達達／塔塔爾」是蒙古人對一類通古斯民族的特稱。

十三世紀蒙古部興起，最初塔塔爾部是它的勁敵，後來它追隨成吉思汗家族而最有武功。波斯著作《史集》說：聲譽昭著，各有軍隊和君長的塔塔爾部落，有下列六個：

> 禿禿黑里兀惕塔塔爾、阿勒赤塔塔爾、察罕塔塔爾、奎因塔塔爾、帖烈惕塔塔爾、不魯恢塔塔爾。禿禿黑里兀惕部是 [所有] 塔塔爾部落中最受尊敬者。
>
> （余大鈞等譯《史集》，商務印書館，1986，
> 第一卷第一分冊，頁 167）

其中，「禿禿黑／Tutuha」或可譯「土土哈」，實即「韃靼／塔塔爾」本身，它是這六個部落首領；「阿勒赤」是女真字「按出」的變音；「察罕」是滿蒙二語兼用的「白色」；「奎因／呼延」則是突厥語的「白羊」。因此，從族名來看，這個塔塔爾部落群體是由「本部韃靼」、「金姓韃靼」、「白部韃靼」、「白羊韃靼」、「鐵烈韃靼」、「不魯恢韃靼」組成，其中女真和突厥血緣一目了然。

《蒙古秘史》對若干塔塔爾部落的位置也有記載：

> 在捕魚兒海子、闊連子海中間相連的兀兒失溫河附近住著阿亦里兀惕氏和備魯兀惕氏塔塔爾部。
>
> （謝再善譯《蒙古秘史》，中華書局，1957，頁 37）

捕魚兒海子和闊連子海，即是貝爾湖和呼侖湖。「呼侖貝爾」是水草豐盛的濕地和牧場，史書說它是「蒙兀室韋」的領地，其實它是靺鞨和室韋兩大民族的熔爐，以女真血緣為主體的說蒙古話的韃靼部落聯

盟大概就是在那裡釀成的。

再說，拔都率領以「弘吉剌部」為骨幹的蒙古軍團西征，在俄羅斯歐洲部分留下了許多「韃靼」後裔，他們聚居在伏爾加河中下游。列寧的父親就長著一副很東方式的面孔，那是因為列寧的祖母就有韃靼血統。新疆也有從俄羅斯遷回來的塔塔爾族；由於血緣的融合，於東方人看來，他們倒更像是俄羅斯人了。

篾里乞的淵源

《蒙古秘史》記載「篾里乞」曾是蒙古部落的另一世仇，成吉思汗統一了蒙古高原，它也成了蒙古民族的骨幹。《輟耕錄》中名似「篾里乞」的部落有「滅里吉歹」、「木里乞」、「末里乞歹」、「滅里吉」四種。事實上，《遼史》記載的契丹部「梅里急」也是「篾里乞」。它們實質都是女真族名「靺鞨」的變音 Mu-ri-khi。

蒙古部落融入了「篾里乞」成份，成吉思汗家族就是一個證據。《秘史》記載成吉思汗的十一世祖「朵奔篾兒干」，曾經用一條鹿腿換來一個「馬阿里黑巴牙兀惕」窮漢的兒子，他作了朵奔篾兒干一家的僕人。（謝譯《秘史》，頁31）說：

> 朵奔篾兒干去世以後，他的妻子阿闌豁阿寡居，又生了三個兒子。於是阿闌豁阿的兩個大兒子在背後議論說：我們的母親沒有親近的男子，也沒有丈夫，生了這三個兒子，家裏只有馬阿里黑巴牙兀惕族的僕人，這三個兒子就是他的兒子吧？

據說，這三個非婚生子之最幼者「孛端察兒」，就是赤髮碧眼的「孛兒只斤」氏的第一人；又據說成吉思汗本人的眼瞳就是藍色的。孛端

察兒是成吉思汗的十世祖，推算起來他應該出生在 900 年前後，也正是點戛斯人入侵蒙古高原之後的時代。

蒙古語的《蒙古秘史》是用漢字拼寫的，「馬阿里黑／m-a-r-kh」是族名「靺鞨」，諧音則是「篾里乞／mi-ri-khi」；「巴牙兀」是族名「伯岳吾」。因此，成吉思汗的十一世祖是一個赤髮藍眼的「篾里乞伯岳吾部」流民，其祖先可能是進入葉尼塞河上游謙河流域的篾里乞部落，《新唐書·點戛斯傳》還說那裡「人皆長大，赤髮，皙面，綠瞳」，這些印歐人種體徵容貌究竟從何而來？尚待探究。

該傳還有通古斯民族盤踞在那裡的確載：

> 木馬突厥三部落，曰都播、彌列哥、餓支，其酋長皆為頡斤。
> 樺皮覆室，多善馬，俗乘木馬馳冰上，以板籍足，屈木支腋，
> 蹴輒百步，勢迅激。夜鈔盜，晝伏匿，堅昆之人得以役屬之。

「木馬」即是雪橇，「木馬突厥」應是擅長雪上活動的說突厥語的部落，而「彌列哥」和「餓支」是「篾里乞」和「兀者」，唐這些女真部落可能是說突厥語的。840 年，蒙古高原上的回紇汗國發生內亂，有人引點戛斯人南下參戰，他們中間可能大多是善戰的女真部落，成吉思汗的真祖也可能混跡其中。

結束語

人類血緣的融合是在遷徙中實現的。十六世紀俄羅斯的哥薩克人東來前的漫長歲月中，歐亞大陸的人類基本流向是自東向西的。印歐人種的居住空間呈現萎縮傾向，亞洲人種的語言和血緣則呈擴張態勢。苦瘠的蒙古高原無法容納人口的增長，水草茂盛的南俄草原則是

馬背上的人們的嚮往。蒙古高原上的遊牧民族是這一人類流動無盡的源泉。

　　然而，東西方的學者都沒有意識到，通古斯民族也是參與這一遷徙運動的重要人類成分。因為契丹民族中有「半族」是女真，韃靼是「靺鞨之遺種」，而篾里乞本身就女真民族，有它們的參與融合而成的蒙古民族的血緣和語言中，有濃重的通古斯成份也就可想而知了。

2006 年二月二十八日修改

2013 年十月三十一日再修改

圖十八　外蒙的牧民在遷徙

十八、「安息國」是「愛新國」

　　《史記·大宛列傳》是中國對外部世界第一部非傳說性的記載，它說出使西域的張騫「身所至者大宛、大月氏、大夏、康居，而傳聞其旁大國五六」，其中「月氏」就是元譯「月則別」的現代國名「烏茲別克／Uzbek」，而「月氏／烏茲／Uz」的讀音又正是女真族名「兀者」，這個族名是上古至秦漢有女真民族徙入西域的證據；「其旁大國五六」的「安息」、「奄蔡」、「條支」、「黎軒」，其中最重要的是「安息」，本文將舉證「安息」就是女真族名「愛新」。

安息國的地理位置

張騫得知的「安息」是：

> 安息在大月氏西可數千里。其俗土著，耕田，田稻麥，蒲陶酒。城邑如大宛。其屬小大數百城，地方數千里，最為大國。臨媯水，有市，民商賈用車及船，行旁國或數千里。以銀為錢，錢如其王面，王死輒更錢，效王面焉。畫革旁行以為書記。其西則條支，北有奄蔡、黎軒。

安息國最重要的位置特徵是「臨媯水」，而「媯水」就是中亞大河「阿姆河」，其上游「噴赤河」是阿富汗與塔吉克的界河，源發於帕米爾；噴赤行至「替而米茲」（今烏茲別克斯坦 Termiz）出山，更名「阿姆」

朝西北流向鹹海，並在卡拉庫姆沙漠中形成「花剌子模」綠洲，其地部落眾多，農商繁盛，今分屬烏茲別克和土庫曼兩國，仍是中亞最富庶的地方。

阿姆河流域是安息國的中心，裏海自然就是安息國的西界。五世紀史著《魏略・大秦國》說：「［大秦］在安息、條支西大海之西，從安息界安谷城乘船，直載海西，遇風利時二月到，風遲或一歲，無風或三歲。」然而，渡「西大海」須「一歲……三歲」的恐怖之說又困惑了許多人。

與秦、漢時代相合的波斯「帕提亞」王朝（前247年至後224年）的王族是出自裏海東側的帕提亞部落，其遺物（約兩千塊文字陶片）大部出土於今土庫曼斯坦。把亞洲遊牧民族叫做「烏古斯」是一種西方古代說法，希臘《地理志》作者斯屈波（Strabo，前63／64至後24）就說帕提亞是「烏古斯人」。因此，包括帕提亞在內的安息國是蒙古人種，應該是一個正確的出發點。

「烏弋山離」就是「呼羅珊」

《後漢書・西域傳》對安息國有進一步的說法：「安息國……南與烏弋山離接……其東界木鹿城。」地名「木鹿」公認即土庫曼東部之 Mary 地方；而「烏弋山離」被一些西方漢學家猜測為亞歷山大大帝東征時留下的以 Alexandria 命名的堡壘，其實「烏弋山」是波斯地名「呼羅珊／Khorosan」，今伊朗東北部仍名呼羅珊行省，此說進一步證明位於其正北的土庫曼斯坦上古是安息國的一部分。

「呼羅珊」是一個很有名的地方，中國人不能認識「烏弋山」是「呼羅珊」，原因是《說文》把「弋」誤訓成「與職切／yi」。「弋」

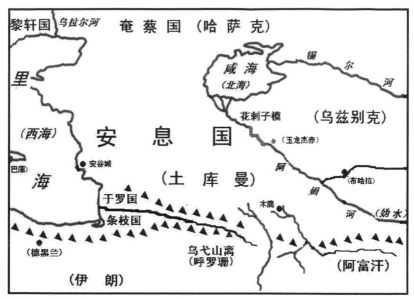

地圖五　安息國

本是系有細繩的射鳥短矢，有「射出去，收回來」的意思；而「巡弋」
又是「巡邏」的意思，所以我們首先必須設想「弋／邏」同音的可能
性。有人要說「烏弋山離」是 Alexandria，那就不僅要說出「弋」讀
lek 的原因，還要有地理的實證，中國文字——語音學也必須是實證
的科學。

　　我並不想改變已經成俗的讀音，但也不能聽任俗音誤導史地。事
實上，必須將「弋」讀成 lo，不僅「烏弋山」才能是「呼羅珊」，而
中國歷史中其他「弋」字也才能得以落實。譬如《後漢書·西羌傳》
有「羌無弋爰劍者」，如將「弋」讀成 yi，「無弋」就是「烏衣」，
西戎北狄沒有這個族名；若將「弋」讀 lo，「無弋」就是「烏洛」，
就能為真實族名「烏洛渾／山戎」。

「安息」是「姬姓」

突厥語民族泛稱女真系民族為「通古斯」，其義即為「九姓」。隋唐兩代中亞突厥語民族不僅自命「昭武九姓」，亦謂中國「桃花石」實即「通古斯」，在他們眼裏中國也是一個「九姓國」。《隋書‧西域傳》指諸多中亞族國「姓昭武」，《唐書‧西域傳》說「昭武九姓」來自河西走廊，即來自九姓民族的祖國——中國。

中國歷史說，黃帝「姓公孫」是為「姬姓」，商族自命「九有」是為「子姓」。實際上，「公孫」即是「烏孫／愛新」；「九有」就是「九姓」之別謂「九國」。「姬／子」二字本來就同音，中原民族是以「姬姓／子姓」來稱呼「女真／九姓」系祖先的。

關於「昭武九姓」的「安國」，《隋書‧西域傳》說「漢時安息國也」，《唐書‧宰相世系表》因其移民後裔當過唐朝宰相而有備載：

> 安氏，出自姬姓，黃帝生昌意，昌意次子安，居於西方，自號安息國，復入中國以安為姓。

黃帝之孫「安」一人「居於西方」而成安國，顯然是過於簡單的說法；但安氏為「姬姓」，安國是「九姓國」，又一次揭示「姬姓」與「九姓」關聯命題，因此就應該去尋找「安息」的女真民族的源頭了。

唯一的一個安息人名「滿屈」，出現在《後漢書‧西域傳》，它說：

> ［永元］十三年，安息王滿屈複獻師子及條支大鳥。

人名「滿屈／滿住／滿柱／曼殊」是族名「滿洲／ Man-chu 」轉變成的男子名。十七世紀女真領袖努爾哈赤曾號「滿住汗」，他還有一位先人名叫「李滿柱」。五世紀進犯歐洲的匈人阿梯拉的父親之名 Mundzuc 也是「滿屈」；而其妻之名 Ereka 又恰是女真語的「花／依爾加」，這些都是阿梯拉家族出自女真民族的證據。安息王名「滿屈」當然應該能夠推動安息國是女真部落的認識。

「安息」即「金」

女真語的「金」字「愛新」有許多變音，還有更多的寫法，譬如「阿什／阿鮮／烏新／烏孫／安車／按出／按春」；流入蒙古語和突厥語則成「阿爾泰／阿勒赤／阿勒坦／按台／按陳／安童」等；匈牙利語則為 arany （讀如「阿蘭尼」）。古籍中偶見的漠北族名「乙旃」和「阿崙」當然也是「愛新」。北方民族諸語有變不離宗的「金」，因此才得了「阿爾泰語系」之名。

古今中外許多族名、人名、地名是「金」的各種變音。譬如「嬴政／胤禎／ an-zen 」就是「按陳／按春／乙旃」；內蒙「烏審旗」就是「烏孫旗」；新疆地名「葉爾羌」和俄國人名「葉里欽」即是「阿勒赤 -n 」。黑龍江「阿城」舊名「阿勒楚／阿什河」，古代又作「按褫水／按出虎水」，《金史》稱之「金源」。

有了這些背景知識，流入西域的「金部落」就水落石出了。張騫報告的「安息國」和希臘《地理志》記載的 Aorsi ／ Asii 當是「阿什／ Asi 」；〈大宛列傳〉的「奄蔡／ An-cha 」，當然就是「按出／安車」；而《後漢書·西域傳》說「奄蔡」改成的「阿蘭聊國」，則一定是「阿崙／阿蘭尼」或 arany 的諧音了。

結束語——西方歷史記載的中亞通古斯民族

與「安息」相關的裏海東岸的遊牧部落，是被西方「歷史之父」希羅多德（前五世紀人）記為「瑪撒該惕／Μασσαγέται／Massagetae」的，而當時歐亞草原上遊牧民族被通稱為「斯結泰／Σκύθαι／Scythai」，希羅多德在《歷史》一書中說：

> 瑪撒該惕人的衣著和生活與斯結泰人相同……。他們在一切器物上都使用黃金和青銅，矛頭、箭頭、戰斧等都是用青銅製成的，頭盔、腰帶、胸甲上的飾物則是用黃金製成的。他們在馬的胸部配置青銅護甲；而馬勒、馬銜和頸甲則是用黃金做的。
>
> （第一卷，第 215 節）

這些曾經被認為是誇大之辭的說法，兩千年後被阿爾泰山地區發現的大量古代金器證實，這些精緻的考古發掘也就被稱為「斯結泰文化」了，如今大都保存在聖彼德堡博物館。《大英百科全書》斷言斯結泰人是伊朗人種，其實在歐亞草原上的遊牧的都是蒙古人種部落，而河套地區發現的「鄂爾多斯文化」與「斯結泰文化」完全相似，因此「斯結泰文化」無疑是亞洲人種創造的。

Σκύθαι／Scythai 通常譯作「斯基泰」，Σκύ／Scy 是其字根，θαι／thai 則是蒙古語族名尾綴「惕／台」。中國歷史上也有這個族名，如《後漢書·西羌傳》的「賜支」（上古「賜／錫」相通），《晉書·四夷傳》的「鮮支」，《魏書·官氏志》的「廆狄」，《隋書·鐵勒傳》的「斯結」，《唐書·回鶻傳》的「思結／奚結」，其中「斯結／思結／奚結」與Σκύ／Scy 對音最為準確，因此本作者建議選擇「斯

結泰」作為它的正式譯名。

關於「瑪撒該惕人」，與中國《史記》同時代的希臘《地理志》說：

> 瑪撒該惕人，有些住在山區，有些住在平原，有些住在沼澤地帶的島嶼上，他們說這片地區大多是被 Araxes 河浸沒的，這條河分流成許多枝流後，大多注入北方的另一個海，只有一條流入裏海海灣。

不難看出 Araxes 即是流入咸海的阿姆河，而那個「被 Araxes 河浸沒的……分流成許多枝流」的地區，正是安息國中心所在的花剌子模綠洲。《地理志》作者斯屈波比希羅多德晚了四百年，比司馬遷和張騫只晚了一百年，因此希羅多德和斯屈波的「瑪撒該惕人」一定是先秦和漢代的安息國，即裏海東方的女真——金姓民族。

四世紀歐洲史著《晚期羅馬帝國》也有「瑪撒該惕」是「金姓」的線索，它說在頓河草原抵抗匈人的 Alani 部落就是「瑪撒該惕」人，這與《後漢書》說的奄蔡「改名阿蘭聊國」就發生了聯繫，而「奄蔡／阿蘭聊」和 alani／arany 都是北方民族語言「金」字的變音，我們於是可以推論「瑪撒該惕」至少是「金姓」的同類。而略去尾綴 ται／tae 的族名 Μασσαγὲ／Massage 就像是變化了的通古斯氏族名「靺撒鞨／馬撒佳」。

《晚期羅馬帝國》作者 Ammianus Marcellinus（325-391）還說：

> 幾乎所有的阿蘭尼人男子都高大端莊，他們的頭髮略帶黃色，眼神凶煞；輕便的盔甲使他們行動迅捷；在各個方面他們都與匈人相似，只是在食物和生活方式上稍文明一些。他們劫獵於亞速海和奇米利安地峽一帶，有時則入侵亞美尼亞和美地亞。

圖十九　伊朗的土庫曼族商人

　　經過長期的融合，四世紀時的阿蘭尼人可能有點形似印歐種人了。但在說到阿蘭尼人無住屋、不農耕、食肉酪、以車為家時，Ammianus 說他們「將車子圍成一個圓圈」而聚居的生活，這恰是後來的蒙古人的用車紮營的「古列延」；Ammianus 說阿蘭尼人珍惜馬匹，自幼接受騎馬和嚴守紀律的戰士訓練；說他們視死如歸，戰死者享有榮光，終老病榻或死於非命者不齒於人間，也正是中國史籍記載的北方民族的戰鬥意志和生死觀。

　　370 年，一部分阿蘭尼人被新到的匈人征服，另外一部分與「汪達爾／ Vandal」人和「斯維比／ Suebi」人結伴西逃，406 年進入高盧，後一部分留居奧爾良和瓦倫斯等地，還有一部分與汪達爾人一起通過西班牙半島進入北非，後來又從今天的突尼斯渡海去顛覆當時的西羅馬帝國。據說，接受匈人統治的阿蘭尼人，也是高加索沃塞梯／ Ossete 人的祖先。與遠東「金」族有血緣聯繫的阿蘭尼人，最終融化湮滅在歐亞非三洲大陸上。

2005 年五月二十二日初稿

2013 年十一月十八日修改

十九、「條支國」是「女直國」

　　《史記・大宛列傳》記載的「條支」是安息的屬國，也是中國歷史的地理難題。因為各種誤導，至今人們還不知道它的準確方位。司馬遷根據使者張騫的報告說：

> [安息]其西則條支，北有奄蔡、黎軒……條支在安息西數千里，臨西海。暑濕。耕田，田稻。有大鳥，卵如甕。人眾甚多，往往有小君長，而安息役屬之，以為外國……安息長老傳聞條支有弱水、西王母，而未嘗見。

　　張騫自己沒有到過安息，當然更沒有到過條支，因此這些都是傳聞而已。《漢書・西域傳》略有添言說：

> [自烏弋山離]行可百餘日，乃至條支。……自條支乘水西行，可百餘日，近日所入雲。

《後漢書・西域傳》則說得仔細得多：

> 和帝永元九（紀元97）年，都護班超遣甘英使大秦，抵條支。臨大海欲度，而安息西界船人謂[甘]英曰：「海水廣大，往來者逢善風三月乃得度，若遇遲風，亦有二歲者，故入海人皆齎三歲糧。海中善使人思土戀慕，數有死亡者。」英聞之乃止。

該傳又云：

> 條支國城在山上，周回四十餘里。臨西海，海水曲環其南及東、
> 北，三面路絕，唯西北隅通陸道。

這似是甘英親睹的地理景象。該書還有「[永元]十三年，安息王滿
屈複獻師子及條支大鳥」的瑣事記載。

「條支國」位置的紛爭

安息國約含今土庫曼和烏茲別克西部之阿姆河流域，西臨裏海；
因此條支國最可能是在裏海邊的一個「南及東、北，三面路絕，唯西
北隅通陸道」的半島上。

然而，在缺乏地圖資料的情況下，條支的定位卻比安息難多了。
甘英關於「海水廣大，往來者逢善風三月乃得度」的說法，誤導人
們認為「西海」是波斯灣和地中海。法國人沙畹認為條支是兩河流
域南部古國 Mésène，白鳥庫吉以為 Mésène 都城地形與「條支國城
在山上」相符，小川琢治認為底格里斯河口古地名 Antioch 略去 An
之餘音 tioch 即是「條支」；岑仲勉則認為濱地中海古城「安條克」
（Antioch，今土耳其屬 Antiokia）才是「條支」。

現代中國學者孫毓棠認為「西海」是波斯灣，「條支」在兩河流
域南端。另一位中國學者余太山認同「西海」是地中海。關於這些爭
議，龔纓晏作有學質優良的〈二十世紀黎軒、條支和大秦研究述評〉
（《中國史研究動態》，2002 年，第八期）。中外學術先驅們在信
息缺乏的情況下，基本循了一條捨近求遠，顧此失彼的路，方法不足
取，結論也是站不住腳的。

條支半島在裏海東南角

　　班超本人沒有到過蔥嶺以西，而只是在塔里木盆地周邊從事軍政活動，他派甘英出使「海西」的「大秦國」（《三國志》附《魏略‧西戎傳》，頁860），實際是裏海以西的外高加索地方。希羅多德就說裏海可以航船，「它的長度（按，南北）如乘劃槳船要行十五日，在它最寬的地方（按，東西）則要走八日」（《歷史》，第一卷，第203節）。但西北人甘英善行旱路卻畏懼海水，走到可乘船去大秦的「條支」，卻沒敢再走下去，回去則謊報說「海水廣大」「自條支乘水西行，可百餘日」云云；沒有想到這些不實之詞竟成萬古學術訓條。

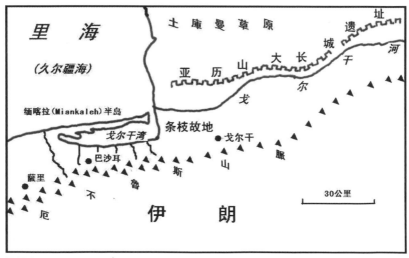

地圖六　條支國
http://en.wikipedia.org/wiki/Miankaleh_peninsula

　　甘英確實到了條支國，他說的「南及東、北，三面路絕，唯西北隅，通陸道」的地方，實際是德黑蘭東北兩百餘公里處，裏海東南角的「綿喀勒／Miankaleh」半島。這個長四十八公里的半島，將裏海隔勒出一個幾乎封閉的「戈爾干／Gorgan」灣，周邊富庶之地的今世居民是說突厥語的土庫曼人。他說「條支國城在山上」實即緬喀勒半島高於水面二十五米；他說「西北隅通陸道」實為西端有陸道，均足夠接近事實。現代校點本將「南及東、北，三面路絕」斷成「南及東北，三面路絕」才是錯誤。

　　伊朗絕大部分地區乾旱異常，但北部裏海海岸線長達七百餘公里，緬喀勒半島、戈爾干灣，以及土庫曼草原就在它的東端。其地年降水量達 600-700 毫米，為中近東所不多見；與海岸平行的厄爾布魯士（Alborz）山上流下無數涓流，給深度僅二至四米的戈爾干灣注入淡水，為鳥禽提供了越冬繁殖的濕地系統，因而是世界著名的鳥類生物保護區。近年有統計，仲冬有超過一百萬隻雁、鴨、鵝、天鵝、蒼鷺在那裡棲息。《史記正義》說「條支雀」是「鈴鷹身，蹄駱，色蒼，舉頭八九尺，張翅丈餘，食大麥，卵大如甕」的長腿大鳥，想必就是在那裡越冬的蒼鷺。〈大宛列傳〉關於條支「暑濕……有大鳥……有弱水」的描述，兼顧了今世緬喀勒──戈爾干地區的生態實情。

「條支」即是「久爾疆」

阿拉伯地理著作《道里邦國志》（中譯本頁 133）說到裏海：

> 可薩城……海姆利傑座落在一條河上，此河是從北方（Shaqalibah，中譯本誤作「斯拉夫國」）流過來的，注入久爾疆（Jurjan）海。

　　眾所周知，可薩都城臨伏爾加河，而伏爾加河流入裏海。說它「注入久爾疆海」，就是把裏海叫做「久爾疆海」。裏海是繁忙的海道，《道里邦國志》又有「羅斯商人的經商道路」一節（中譯本165頁）說：

> 他們將毛皮和黑狐狸皮、刀劍一類的物品從斯拉夫的邊遠地區帶到羅馬海（即黑海）……再[逆]行至斯拉夫河（即頓河）上的梯臌斯（Tinnis，頓河和伏爾加河最接近處），[經伏爾加河]到達可薩突厥城海姆利傑（Khamllj）……他們再行至久爾疆海，然後從他們喜歡的海岸登陸……將其商貨用駱駝從久爾疆馱到巴格達。

近年於緬喀勒半島海灘發現一艘羅斯商船殘骸，因此「久爾疆」不僅是裏海的別名，也是從裏海東南去巴格達的陸路起點，「條支國」就在那裡。

　　阿拉伯人稱黑海「羅馬海」，因為黑海沿岸有許多希臘殖民點，當時希臘是東羅馬帝國的一部分；而阿拉伯人命裏海「久爾疆海」，必因「久爾疆」部落盤踞其邊。中亞「安息國」是「愛新國」，「奄蔡國」是「按出虎」，都是「金姓國」；而「久爾疆」是「女真」的真音「朱里真」，這也為比定「條支」是「女直」提供了線索。

「條支」是「女直」

　　綿喀勒——戈爾干地區自古與波斯關係密切，其現代居民是蒙古人種，但不能由此推論兩千年前「條支」就一定不是伊朗人種部落。因此探知東方也有讀如「條支」的部落名，是辯證「條支」是「女直」

的變音或變字的有利條件。《逸周書・王會》有商王室能臣伊尹向四方索討方物的記載，其云：

> 臣請正東，符婁、仇州、伊慮、漚深、十蠻、越漚、剪髮、文身……。正南，甌鄧、桂國、損子、產里、百濮、九菌……。正西，昆侖、狗國、鬼親、枳巳、闒耳、貫胸、雕題、離卿、漆齒……。正北，空同、大夏、莎車、姑他、旦略、豹胡、代翟、匈奴、樓煩、月氏、截犁、其龍、東胡……

上述部落名中的正西族名「雕題」之音正是「條支」。

比定「條支」即「女直」，「支／直」兩字當然不是問題，而與「條」同音的「跳／挑／迢／笤」等字的聲母「兆／召」實讀「焦／喬」，因此「條支」實讀「喬支／jo-ji」也是「女直／ju-ji」的諧音。

「條支」作為人名也出現在波斯歷史中，希羅多德說是一名叫 Deioces ／ Δηιόκης 的酋長統一了「美地亞」，首先挑戰亞述帝國，從而開創了長期統治波斯地區的美地亞王朝（希羅多德《歷史》，第一卷，96-101 節）。美地亞就是「班超遣甘英使大秦，抵條支」說的海西「大秦國」，它是東方「秦部落」的同類，也是遠徙高加索地區的女真民族，因此美地亞人名 Deioces 即是族名「條支／女直」也就不奇怪了。

結束語

認識「條支」即是「女直」的關鍵在於認識「女真／女直」的正確讀音。因為裏海被條支、安息、奄蔡等女真部落包圍，阿拉伯人才

把裏海叫做「女真海」的。十一世紀成書的《新唐書·西域傳》在談及康藏高原的「東女國」時說：「西海亦有女自王，故稱東別之。」許多世紀以來沒有人理解「西海亦有女自王」的意思，今天有了答案：裏海邊的「女自王」就是「女直王／條支王」。

2005 年五月十八日初稿

2014 年二月八日修改

圖二十　條支雀
http://en.wikipedia.org/wiki/Miankaleh_peninsul

二十、「大秦國」是「美地亞」

　　明末的 1623 年，長安出土了一方唐代《大秦景教流行中國碑》，其為基督教聶斯脫利派來華教士所立。聶斯脫利者被羅馬教會斥為異端，其信徒東逃至波斯建立據點，唐貞觀年間該派教義傳入中國，譯稱「景教」。此碑刻於唐建中二年（紀元 781 年），記敘了景教流傳中國的經過。所謂「大秦景教」實際是「波斯景教」，唐代稱波斯為「大秦」也是承襲漢代「大秦國」之名。在北京活動的傳教士將這一消息報告羅馬教廷，一舉轟動歐洲。

　　漢代是中國人遠足的時代，張騫走進西域，商賈們也步入中近東，三世紀成書的《魏略》率先根據商賈們的傳言記載了一個「大秦國」，其云：

> 大秦國一號犁靬，在安息、條支西大海之西，從安息界安谷城乘船，直截海西，遇風利二月到，風遲或一歲，無風或三歲。其國在海西，故俗謂之海西。

大秦所臨的「西海」如此地遼闊和奇幻，就有許多學者說「大秦是羅馬」；其實「安息、條支西大海」就是裏海，因此大秦國應該是在南高加索一帶。

「大秦國」史說辯偽

《魏略》是一部失傳的私撰歷史，作者魚豢對於東漢、曹魏時期的各種傳言，能予兼收并蓄，因此有人責備它「巨細畢載，蕪累甚多」。例如，它說橫渡西海「遇風利二月到，風遲或一歲，無風或三歲」，又說「從安谷城陸道直北行之海北，復直西行之海西，復直南行經之烏（丹）遲散城……凡當渡大海六日乃到其國」。後世的人們自然要問：這兩種大相徑庭的說法，究竟那一種是「糟粕蕪累」呢？

基於安息、條支在裏海以東，便可確認「西海」即是裏海；而「六日乃到」的說法與希羅多德說裏海「最寬處要走八日」大致謀合。如果再循了「陸道直北行之海北，復直西行之海西，復直南行」的方向，不難推定「海西」的「大秦」是在高加索地區。所以橫渡西海「遇風利二月到，風遲或一歲，無風或三歲」一定是胡說。

五世紀成書的《後漢書·西域傳》記載了這些謠言的由來：

> 班超遣甘英使大秦，抵條支。臨大海欲度，而安息西界船人謂[甘]英曰：「海水廣大，往來者逢善風三月乃得度，若遇遲風，亦有二歲者，故入海人皆齎三歲糧。海中善使人思土戀慕，數有死亡者。」[甘]英聞之乃止。

甘英到了條支就「思土戀慕」想回家了，於是編造了一套說法來矇騙上司，而《後漢書》拿謊言當真，就只能怪這部「正史」的作者沒有眼光了。但是，《後漢書·西域傳》也有五、六百字關於大秦國的真確記載，如：

> 大秦國，一名犁鞬，以在海西，亦云海西國……人俗力田作，
> 多種樹蠶桑……其人民皆長大平正，有類中國，故謂之大
> 秦……大秦王安敦遣使自日南（郡）徼外獻象牙、犀角、玳瑁，
> 始乃一通焉……從安息陸道繞海北行出海西至大秦……有飛橋
> 數百里可度海北諸國。

此中除「大秦王安敦」是新說，其餘皆《魏略》的節抄。有精通西史者說「大秦王安敦」是紀元 161 至 180 年間在位的羅馬皇帝安東尼烏斯（Marcus Aurelius Antoninus）。其實，元朝也有皇帝名「安童」者，它是蒙古語「金」字「阿勒壇／алтан／altan」的轉寫，大秦王名「安敦」也可以是蒙古人名。

「大秦」就是美地亞

《新唐書·西域傳》揭示了「大秦」的位置：

> 拂菻，古大秦也，居西海上，一曰海西國。去京師四萬里，在
> 苫西，北直突厥可薩部，西瀕海，有遲散城，東南接波斯。地
> 方萬里，城四百，勝兵百萬。十里一亭，三亭一置。臣役小國
> 數十，以名通者曰澤散，曰驢分。澤散直東北，不得其道里。
> 東度海二千里至驢分國。

其云「拂菻，古大秦也……東南接波斯」是明指大秦在波斯的西北；「可薩汗國」的都城在伏爾加河河口，高加索山脈以北都是它的疆土，因此「北直突厥可薩部」的「拂菻」必在高加索山以南；也因此「古大秦」一定是在今世伊朗的阿塞拜疆、吉蘭、贊章等省，和

被沙皇俄國分裂出去的外阿塞拜疆，那裡正是希羅多德筆下的「美地亞」。

「秦」是「通古斯──女真」民族的一種稱呼

《魏略》說當地民眾「似中國人而胡服。自云本中國一別也」，《後漢書》說「有類中國，故謂之大秦」，均非虛言。事實上，伊朗西北諸省使用的阿塞拜疆語是正宗的突厥語，近世巴列維王朝王族就是來自那方的一個突厥部落（今可能在俄羅斯或外阿塞拜疆境內）；而希羅多德記載的少量美地亞語詞是蒙古語，這表明美地亞人的確是蒙古人種，蒙古人種統治波斯的歷史至少可以追溯到「美地亞──波斯王朝」。

漢代對「秦」有最近確的認識，漢史稱波斯的蒙古人種為「大秦」，必是視他們為秦人的同類。我曾經指出人名「嬴政／胤禎」即女真語「金曰按春」之「按春／按陳」；因此秦為「嬴姓」實為「金姓」。我又曾指出《逸周書・王會》族名「鬼親」與「女真」同音；至於「秦」是否是「親／真／ chin」之音？只能是許多可能性中的一種。

但是，歷史上有以「秦」稱「九姓／女真」的例子很多。齊魯居民「東夷」是女真系民族，《漢書・高帝本紀》說：「夫齊，東有琅邪、即墨之饒，南有泰山之固，西有濁河之限，北有勃海之利，地方二千里，持戟百萬，縣隔千里之外，齊得十二焉，此東西秦也。」可見漢代是把「東齊」視為「西秦」的同類。

「月氏」是「昭武九姓」之首，「五胡亂華」之「氐」是其直系後裔，《魏書・氐傳》說：「氐者，西夷之別種，號曰白馬。」東北

薩滿神歌之「白馬」適為女真族名「挹婁」。其時「臨渭氐苻健」在關中「僭稱天王，號年皇始，國號大秦，置百官」（《魏書》，頁 2074），因此「九姓／女真／氐姓」自稱「秦」也不是一次性的事件。

「大秦」為羅馬或埃及之謬見

西方傳教士將發現《大秦景教碑》的消息報告羅馬教廷後，引起了歐洲研究「大秦」的學術興奮。然而，出於宗教熱情的誤導，「大秦即波斯」的真相沒有弘揚，「大秦即羅馬」的觀點反倒流行一時。1885 年，德國學者夏德 Hirth 發表名著《大秦國全錄》，以為以甘英所說「西海」的遼闊，就不可能是裏海和地中海，而必是印度洋之波斯灣；故爾大秦應在中東敘利亞一帶。

二十世紀初，白鳥庫吉認為「西海」泛指波斯灣及紅海，大秦應為埃及，他的理由是「亞歷山大／ Alexandria」略去 a 字和 s 音便成 Lekan，即大秦別名「犁軒／犁鞬」。伯希和則根據漢譯佛經《那先比丘經》（又名《彌蘭王問經》）有「王言我本生大秦國，國名阿荔散」之句，巴厘文本則說該王生在 Alassanda 的 Kalasi 村，他認為 Alassanda 是埃及的亞歷山大，因此「大秦」必指埃及。

其實，「彌蘭王」是被波斯帝國流放到中亞的希臘人的巴克特利亞（Bactria）國的國王，其地在今阿富汗巴里黑（Balkh）的周邊，古代是波斯「呼羅珊／Khorasan」的一部分，所以「阿荔散」應是「呼羅珊」。而《那先比丘經》原文也只是「我本生阿荔散地方」而已，是漢代譯本將其添寫作「本生大秦國，國名阿荔散」，可見漢代中國人是把波斯一方統統視為「大秦」的。

西方人所見到的「大秦國」

　　《魏略‧大秦國》（見本文附錄）記載的「大秦國」並非波斯全境，而是內外阿塞拜疆及周邊蒙古人種佔據的地方。我們只須識得其中「西海」是裏海，「海西」是巴庫，「飛橋」是巴庫半島，「阿蠻」是亞美尼亞，南高加索的地理、風土和人情，就一一盡現；而古代中國人冒險遠行，波斯與近東皆在足下的輝煌，也都可及見了。

　　《魏略》將大秦國物產詳盡地記載了下來，大秦「毾㲪」於今看來即是一類「波斯地毯」。希羅多德數次言及享用美地亞衣料是波斯貴族的特權（《歷史》，第一卷 135 節，第三卷 84 節），我以為此種華麗之物就是《魏略》說到的大秦絲綢，或魏晉南北朝歷史述及的「波斯錦」（《梁書‧西北諸戎‧滑國傳》）。南高加索地區有人從事東亞人類的專長蠶桑和織綢業，是蒙古人種民族遷徙到那裡去的一個證據。

　　十五世紀西班牙使者克拉維約去撒馬爾罕的途中，路過大不里士和贊章（Zanjan）後，抵達贊章東南三十公里的蘇丹尼葉（Soltaniyeh）城，目睹了當地物產的豐富和商事的繁盛。他在《克拉維約東使記》中說：

> 裏海南岸之吉蘭省所出產之絲，亦先運来本城，再經商販，運往大馬士革、敘利亞境、及其它各大城市，如土耳其，迦法等處。至於舍里旺所產之絲，亦運来此城。沙瑪黑之絲產量甚巨；除伊朗商人為之銷售外，即熱那亞、威尼斯商人，亦赴該處採購。

舍里旺（Shirvan）和沙瑪黑都（Shmakhy）都在今外阿塞拜疆。他
又說：

> 失剌思（Shiraz，今譯設拉子）及其附近所產之各種布、帛、
> 絲、綢緞帶、紈綺等貨，皆送來蘇丹尼葉城推銷。呼羅珊境內
> 之葉森（Yesen）及塞洛拜（Serb）城一帶，所產布匹，亦在
> 市場上出售。……自忽魯謨思（Hormoz）運來蘇丹尼葉之商
> 貨，為珍珠、寶石等。珠寶商，又自海路採購大蚌珍珠之類。
> 大蚌軀殼甚大，所剖出之珍珠，顏色純白，經送來蘇丹尼葉及
> 大不里士城，由工匠將其鑲成戒指、耳墜等裝飾品。……自蘇
> 丹尼葉至裏海（按，即吉蘭省沿岸），計六日程。裏海附近，
> 亦產寶石。

這些見聞與《魏略》關於大秦產絲布珍寶的說法比較，即可發現漢代
中國商賈所言不虛。

美地亞是蒙古人種的證據

美地亞人在世界歷史上有非常重要的地位，紀元前八、七世紀間
美地亞人的起義，導致亞述王朝的衰滅。後來，美地亞——波斯帝國
征服了小亞細亞西部、巴比倫、敘利亞、埃及阿富汗，而成為了與希
臘城邦對峙的近東強權。然而，要說美地亞就是大秦，就必須拿出美
地亞人有東方人類血緣的證據來。

在長達三、四千年的「前斯拉夫」時期，東歐草原是亞洲遊牧民
族的領地，他們持續通過高加索山脈各孔道進入近東地區，在裏海西
南地區，即今之阿塞拜疆，或古之美地亞形成一片聚居地。西方學者

認為與美地亞人同時代的 Scythian 人和 Cimmerian 人都是伊朗人種，事實相反他們全部都是蒙古人種。

希羅多德說開創美地亞王朝的是一名叫（Δηιόκης ／ Deioces）的酋長；希臘史家泰西亞斯（Ctesias）說該人是叫 Arbaces。無論是誰立此偉業，這兩個美地亞人名都是中國北方民族的族名和人名，Deioces 是「條支／雕題／女直」，Arbaces 是「阿巴契」。

希羅多德還記載：

> Scythian 王 Madyas 率一枝大軍，追趕被逐出歐羅巴的 Cimmerian 人，而侵入了亞細亞，來到了美地亞人的領地。從亞速海到法思河和 Colchi 人住的地方，輕裝要走三十天。從 Colchi 人那裡再走不遠，便可進入美地亞，因為中間只隔著 Saspire 人的地方……

圖二十一　伊朗阿塞拜疆族牧女

此中的 Scythian、Cimmerian、Colchi、Saspire 恰恰就是東方族名：斯結、且末、高車、鮮卑。《魏略》關於南北高加索地區「其俗人長大平正，似中國人而胡服。自云本中國一別也」的見識，可能便是基於這些事實。

波斯帝國是美地亞王朝的延續，其開國君主居魯士（Κῦρος／Cyrus）大帝，是美地亞王阿濟格（Ἀστυάγης／Astyages）的外孫，阿濟格認為他的女兒（Μανδάνη／Mandane）是個不吉利的女子，因此將她外嫁給了一個波斯貴家子弟（Καμβύσης／Cambyses）。居魯士出生時阿濟格認為他要帶來厄運，於是命令家臣阿巴嘎（Ἅρπαγος／Harpagus）將嬰兒殺死，但阿巴嘎將他託付給了一家山間牧人，牧人之妻（Κυνώ／Cyno）把他扶養成人。居魯士很小就表現出領袖才能，在處理一樁孩童糾紛時，阿濟格從小孩王居魯士的身上察覺到了自己的霸氣。於是他召來阿巴嘎和牧人，兩人招出了實情。阿濟格把外孫還給了他的父母；但誘殺了阿巴嘎的兒子，還騙他食用親子的骨肉。若干年後，懷恨在心的阿巴嘎幫助居魯士推翻了他的外祖父，他和另一個美地亞人（Μαζάρης／Mazares）是幫助居魯士征服希臘城邦的頭號功臣。

希羅多德多次記載斯結泰人和美地亞人謀殺孩童並誘其親人食用的洩恨手段，〈殷本紀〉記載紂王也有相同的惡行：「九侯有好女，入之紂。九侯女不憙淫，紂怒，殺之，而醢九侯。」（《史記》，頁106）；宋代註書《史記正義》說紂王還用同樣的手段處罰有不滿議論的文王西伯昌：「囚文王，文王之長子曰伯邑考質於殷，為紂御，紂烹為羹，賜文王。」（《史記》，頁107，註五）斯結泰人和美地亞人也有此惡俗，是他們有東方背景的證據。

居魯士回到父母身邊的，但不忘 Cyno 養育之恩，希羅多德說：「父母為了使波斯人相信居魯士的得救是出於天意，便把一個說法散

播出去，說他在被遺棄後，曾受到一隻母獸的撫養。」（《歷史》，第一卷 122 節）而母狼育嬰終成偉人，是中國北方民族屢見不鮮的傳說；cyno 又正是蒙古語的「狼」字「叱奴／чоно／chino」。

居魯士本人的血緣複雜，但他是在美地亞人的環境中長大的，他的親信也多美地亞人；他統治波斯近三十年，最後與中亞 Massagetae 人惡戰而死，Massagetae 女王的使者稱他「美地亞王」。希羅多德所記載的幾個美地亞人，都有著遠東民族常用的名字。如：

希臘文／英文轉寫	漢譯
Ἀστυάγης ／ Astyages	阿濟格（滿語「小」）
Ἄρπαγος ／ Harpagus	阿巴嘎（滿語「天」）
Κυνώ ／ Cyno	叱奴（蒙語「狼」）
Μαζάρης ／ Mazares	麻察、馬佳、馬扎兒

其中「叱奴」是蒙古字；「阿濟格」和「阿巴嘎」是女真字、「麻察／馬佳／馬扎兒」不僅是滿、蒙兩族常見的男子名，而且也是匈牙利的國名 Magyar。

結束語

波斯帝國和中華帝國一樣，長期受到遊牧民族的入侵和統治，在波斯則可以追溯到美地亞。希羅多德的時代，美地亞已是近東強權波斯帝國的一部分，從希羅多德的各類記載可以察覺美地亞是一個說蒙古話的女真部落，或是漢代歷史記載的「大秦國」，「班超遣甘英使大秦」是官方使者去異域尋找華夏的同類，然而民間使者達成了甘英

沒有完成的使命，他們的見聞即是《魏略·大秦國》。「美地亞／大
秦國」是東西方歷史的碰撞，東西方學者都對此表現了巨大興趣，但
又都缺乏對蒙古人種遊牧民族進入中近東地區的基本認識。本文通過
美地亞是大秦國的事實，來揭示東方人類的遷徙活動對世界產生的巨
大影響。

原載台灣《歷史月刊》2005 年十一月號

2014 年四月十二日修改

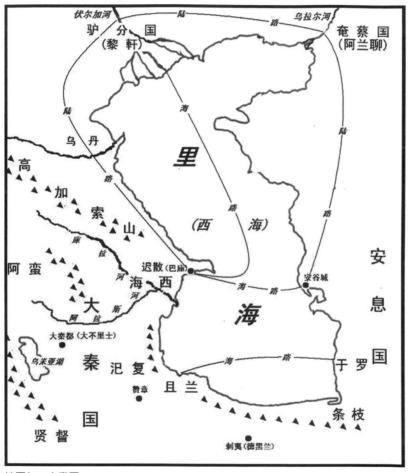

地圖七　大秦國

附錄：《魏略·大秦國》疏註

按，本篇顯然出自多人之回憶，因此文字並不順通，內容可能不相一致，甚至矛盾。

大秦國一號犂靬（黎軒），在安息、條支西大海（裏海）之西，從安息界安谷城（今克拉斯諾伏斯克）乘船，直截海西（今巴庫，僅約二百五十公里。甘英說的）遇風利二月到，風遲或一歲，無風或三歲（是謊情）。其國在海西，故俗謂之海西。有（阿拉斯、庫拉等）河出其國，西又有大海（黑海）。海西有遲散（同澤散，今巴庫）城，從國下直北至烏丹（與「和田」同名）城，西南又渡一（庫拉）河，乘船一日（當日）乃過。西南又渡一（阿拉斯）河，一日（當日）乃過。

凡有大都三，卻從安谷城陸道直北行之（至）海北，復直西行（渡烏拉爾、伏爾加河）之（至）海西，復直南行經烏（丹）之（至）遲散城，渡一河（打耳班南薩莫爾河），乘船一日（當日）乃過，（遲散國在）周回繞海（的半島上），凡當（從安谷城）渡大海六日乃到其國（近同希羅多德「八日」之說）。

國有小城邑（聚落）合四百餘，東西南北數千里。其王治濱側河海，以石為城郭。其土地有松、柏、槐、梓、竹、葦、楊柳、梧桐、百草。民俗，田種五穀，畜乘有馬、騾、驢、駱駝。桑蠶（而善織絲）。俗多奇幻，口中出火，自縛自解，跳十二丸（等雜術），巧妙。

其國無常主，國中有災異，輒更立賢人以為王，而生放其故王，王亦不敢怨（同可薩突厥汗國俗）。其俗人長大平正，似中國人（是

圖二十二　伊朗阿塞拜疆族婦女

蒙古種）而（著小袖）胡服。自云本中國一別也，常欲通使於中國，而安息圖其利，不能得過。其俗（有文字）能胡書。其制度，公私宮室為重屋，旌旗擊鼓，白蓋小車，郵驛亭置如中國。從安息繞海北到其國，人民相屬，十里一亭，三十里一置，終無盜賊。但有猛虎、獅子為害，行道不群則不得過。

其國置小王數十，其王所治城周回百餘里，有官曹文書。王有五宮，一宮間相去十里，其王平旦之（至）一宮聽事，至日暮一宿，明日復至一宮，五日一周。置三十六將，每議事，一將不至則不議也。王出行，常使從人持一韋囊自隨，有白言者，受其辭投囊中，還宮乃省（審）為決理。以水晶（玻璃）作宮柱及器物。作弓矢。

其（蒙古人種部落）別枝封小國，曰澤散（羯三）王，曰驢分（陸渾）王，曰且蘭（其連）王，曰賢督（薛延陀）王，曰氾復（素和）王，曰于羅（烏洛渾）王，其餘小王國甚多，不能一一詳之也（《隋

書‧鐵勒傳》載「得嶷海東西有蘇路、羯三、索咽、蔑促、隆忽等諸姓」）。

國出細絺（絲）。作金銀錢（應為「線」），金錢（線）一當銀錢（線）十。有織成細布，言用水羊毳，名曰海西布。此國六畜皆出水（應為「毛」），或云非獨用羊毛也，亦用木皮或野繭絲作，織成氍毹、毾㲪、罽帳之屬（類，質地）皆好，其色又鮮於海東諸國所作也。又常利得中國絲，解以（混紡）為胡綾，故數（素）與（海東）安息諸國交市於海中。海水苦不可食，故往來者希（稀少）到其國中。

山出九色次玉石，一曰青，二曰赤，三曰黃，四曰白，五曰黑，六曰綠，七曰紫，八曰紅，九曰紺。今伊吾山（近哈密）中有九色石，即其類。（東漢順帝）陽嘉三（紀元 132）年時，疏勒王臣盤獻海西青石、金帶各一。又今《西域舊圖》云罽賓、條支諸國出琦石，即次玉石也。

大秦多金、銀、銅、鐵、鉛、錫、神龜、白馬、朱髦、駁雞犀、瑇（玳）瑁、玄熊、赤螭、辟毒鼠、大貝、車渠、瑪瑙、南金、翠爵、羽翮、象牙符、采玉明月珠、夜光珠、真白珠、虎珀、珊瑚、赤白黑綠黃青紺縹紅紫十種流離、璆琳、琅玕、水精、玫瑰、雄黃、雌黃、碧、五色玉、黃白黑綠紫紅絳紺金黃縹留黃十種氍毹、五色毾㲪、五色九色首下毾㲪、金縷繡、雜色綾、金塗布、緋持布、發陸（拂菻）布、緋持渠布、火浣（回紇）布、阿羅得布、巴則（白狄）布、度代（拓特）布、溫宿（紇奚）布、五色桃布（西域產棉布，布類多以族國名命）、絳地金織帳、五色鬥帳、一微木、二蘇合（可制「冠心蘇合丸」）、狄提、迷迷、兜納、白附子、熏陸、郁金、芸膠、熏草木十二種香。

大秦道既從（裏）海北陸（路）通，又循海（出波斯灣）而南，

與交趾七郡外夷比（連），又有水道（至緬甸登陸）通（西南郡置）
益州（四川成都）、永昌（雲南保山）、故永昌出異物。前世但論有
水道，不知有陸道（去大秦），今其略如此，其民人戶數不能備詳
也。自蔥嶺西，此國最大，置諸小王甚多，故錄其屬大者矣。

澤散（遲散）王屬大秦，其治（巴庫）在海中央（的半島上），
北至驢分（黎軒或陸渾），水行半歲，風疾時一月到（巴庫至伏爾加
河河口約半月海程）；（澤散）最與安息安谷城相近，西南詣大秦都
（應近大不里士）不知里數（截距四百公里）。驢分王屬大秦，其治
（可能在伏爾加河河口）去大秦都二千里（陸路曲行約一千公里）。
從驢分城西之（應為「南至」）大秦渡海，飛橋（巴庫半島）長二百
三十里（實長七十公里）。渡海道西南行（應為「南行」），繞海（過
半島頂端後）直西行（至巴庫）。

且蘭王（部落，德黑蘭西 Gilan 省地）屬大秦。從思陶國（烏茲
別克替而米茲渡口）直南渡（阿姆）河，乃直西行（經巴里黑、尼沙
卜兒、德黑蘭一線）之（至）且蘭三千里（直線距離兩千公里）。道
出（阿姆）河南，乃西行（贅語），從且蘭復直西行之（至）氾復國
六百里。（西域）南道（贊章至大不里士段）會氾復，乃西南（至）
賢督國（薛延陀部）。且蘭、氾復直南，乃有積石（伊朗 Zagros 山
脈無草木之石山），積石南乃有大海（波斯灣），出珊瑚，真珠。且蘭、
氾復、斯賓、阿蠻（「亞美尼亞」之字根 Armen）北有一（高加索）
山，東西行。大秦、海西東各有一山，皆（沿裏海海岸）南北行。

賢督王屬大秦，其治東北去氾復六百里。氾復王屬大秦，其治東
北去（東去）于羅（今土庫曼斯坦，古帕提亞地）三百四十里（實
距四百公里），渡海也。于羅（《史記》曰屬安息，《魏略》說）
屬大秦，其治在氾復東北（東），渡河。從于羅東北（木鹿，今
Mary）又渡（木爾加）河，斯羅（約今布哈拉西南之查爾朱附近）

東北又渡（阿姆）河（可至布哈拉，唐之安國，見安息國地圖）。斯
羅國屬安息，與大秦接也（木鹿、查爾朱間隔有大漠）。

大秦西有海水（烏米亞鹹水湖），海水西（今土耳其庫爾德斯坦）
有河水（底格里斯河源），河水西、南、北（三方）行有大山，（再）
西有赤水（幼發拉底河源），赤水西有白玉山（小亞細亞「托羅斯／
Taurus」山脈）。

圖二十三　伊朗法斯附近 Zagros 山脈之石山（積石）

二十一、《後漢書・遠夷歌》的
　　　語言信息

　　《後漢書・南蠻西南夷列傳》記載的〈遠夷歌〉三章，是東漢永平（紀元 58 至 75）年間益州刺史朱輔懷柔遠夷，白狼王唐菆去洛陽朝覲歸來後誦成的，故爾亦稱〈白狼王歌〉，後由通習夷語的犍為郡吏田恭譯成漢語，四字一句，句後用四字註記源音，形似古風。因此，這是非常難得的古代夷狄語言的語音記載。

　　〈南蠻西南夷列傳〉記曰：

> 永平中，益州刺史梁國朱輔，好立功名，慷慨有大略。在州數歲，宣示漢德，威懷遠夷。自汶山以西，前世所不至，正朔所未加。白狼、盤木、唐菆等百余國，戶百三十余萬，口六百萬以上，舉種奉貢，稱為臣僕，輔上疏曰：「臣聞詩云：彼徂者岐，有夷之化。傳曰：岐道雖僻，而人不遠。詩人誦詠，以為符驗。今白狼王唐菆等慕化歸義，作詩三章。路經邛來大山零高臈，峭危峻險，百倍岐道。繦負老幼，若歸慈母。遠夷之語，辭意難正。草木異種，鳥獸殊類。有犍為郡掾田恭與之習狎，頗曉其言，臣輒令訊其風俗，譯其辭語。今遣從事史李陵與恭護送詣闕，並上其樂詩。昔在聖帝，舞四夷之樂；今之所上，庶備其一。」帝嘉之，事下史官，錄其歌焉。

　　遠夷諸部所在之地，應以「汶山以西」判定，但何為「汶山」？漢置「汶江道」就在岷江邊上（《中國歷史地圖集》，第二冊，頁

53），因此「汶江」就是「岷江」，而「汶山」當然也就是「岷山」了。今天岷山以西是阿壩藏族羌族自治州、甘南藏族自治州，再遠一點是甘孜藏族自治州，那裡都是漢代「西羌」或隋唐「女國」之地。

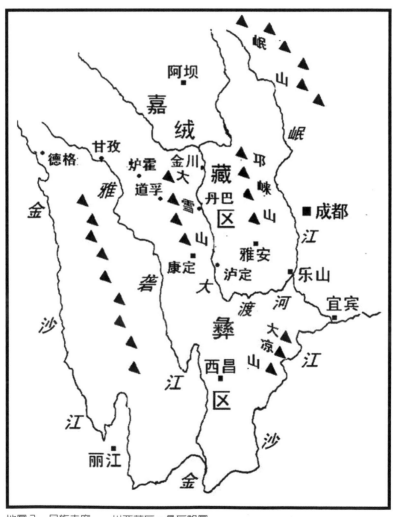

地圖八　民族走廊──川西藏區、彞區略圖

圖二十四　四川羌村兒童

　　益州即是四川，州治成都。邛崍山在成都平原正西，是橫斷山脈的東緣。白狼王去益州要「路經邛來大山零高膠」，可能就是川藏公路的第一個高山路段。邛崍山西側，是大渡河中游的「大小金川」，其中馬爾康、金川、小金等縣今屬阿壩州。以美女和碉樓著名的丹巴縣屬甘孜州，土著居民是「嘉絨藏族」；以西的甘孜州的道孚、爐霍、甘孜、德格一帶「康巴藏族」占居主體。因此「白狼」部落可能是今世嘉絨藏族或康巴藏族的祖先，本文謹實證其語言是蒙古語。

　　橫斷山脈地區人類現象極為複雜，有西方學者把它稱為「民族走廊」，先秦和漢代把那裡的民族歸為「西羌」，隋唐兩代又稱該地為「女國」。《新唐書‧西域傳》云：

東女，亦曰蘇伐剌挐瞿呾羅（玄奘之言，按），羌別種也，西海亦有女自王，故稱「東」別之。東與吐蕃、黨項、茂州接，西屬三波訶，北距于闐，東南屬雅州羅女蠻、白狼夷。東西行盡九日，南北行盡二十日。有八十城。以女為君，居康延川，岩險四繚，有弱水南流，縫革為船。

所謂「女自」實為「女直」，「西海」實為「裏海」；「西海亦有女自王」應解「裏海邊有女直國」，它很可能就是裏海周邊的「條支」、「安息」、「大秦」等女真族國；故康藏高原之「東女國」實為「東女直國」，也是女真民族的支庶。

吐蕃民族興起後，勢力擴張至橫斷山脈東部地區，當地民族部分「蕃化」為四川「康巴」、「木雅」、「嘉絨」，或雲南「迪慶」藏族，其餘則轉化為「非蕃」的「倮倮／彝」、「納西／摩些」、「哈尼」、「拉祜」、「獨龍」、「景頗」等族。

圖二十五　嘉絨藏族女子

四川「大小金川」，邛崍山在其東，大雪山在其西，大渡河在中間南北流過，川藏公路橫貫東西。嘉絨男子英俊高大，女子嫵媚秀麗，確顯女真民族體貌特徵。《後漢書》說的「白狼王唐菆」也不是一個女王，白狼部落當然不是「以女為君」的。

今世該地「嘉絨語」與拉薩、日喀則的「衛藏方言」根本不能互懂。產生這些差異的根本原因，是他們的祖先是北方民族的同類。因此，與其說嘉絨藏族是藏族，倒不如說是羌族，其血緣背景則是女真；把大小金川的土著居民歸為藏族，是把羌系民族的「蕃化」，誤解成「羌蕃同源」了。

顯然，〈遠夷歌〉或〈白狼歌〉是橫斷山脈地區羌系民族語言的一部遺存。但也因為昧於「羌蕃同源」或「羌藏同源」的誤解，學界大都從藏緬語的方面去尋找答案，甚至還有人將之與廣西壯語進行對音比較，既然方向就瞄錯了，自然都沒有得到可信的結論。而我以蒙古語對其進行解讀，許多疑難迎刃而解。

《後漢書》中〈遠夷歌〉的原文如下：

遠夷樂德歌詩曰：
大漢是治（堤官隗構），與天合意（魏冒踰糟）。
吏譯平端（罔驛劉脾），不從我來（旁莫支留）。
聞風向化（微衣隨旅），所見奇異（知唐桑艾）。
多賜贈［繒］布（邪毗□□），甘美酒食（推潭僕遠）。
昌樂肉飛（拓拒蘇使［便］），屈申悉備（局後仍離）。
蠻夷貧薄（僂讓龍洞），無所報嗣（莫支度由）。
願主長壽（陽雒僧鱗），子孫昌熾（莫機角存）。

遠夷慕德歌詩曰：
蠻夷所處（僂讓皮尼），日入之部（且交陵悟）。

慕義向化（繩動隨旅），歸日出主（路旦揀雛）。
聖德深恩（聖德渡諾），與人富厚（魏菌度洗）。
冬多霜雪（綜邪流藩），夏多和雨（莋邪尋螺）。
寒溫時適（巍潯瀘漓），部人多有（菌補邪推）。
涉危歷險（辟危歸險），不遠萬里（莫受萬柳）。
去俗歸德（術疊附德），心歸慈母（仍路犖撲）。

遠夷懷德歌曰：

荒服之外（荒服之儀），土地磽埆（儨籍憐憐）。
食肉衣皮（阻蘇邪犁），不見鹽谷（莫碭麤沐）。
吏譯傳風（罔譯傳微），大漢安樂（是漢夜拒）。
攜負歸仁（蹤優路仁），觸冒險陝（雷折險龍）。
高山岐峻（倫狼藏幢），緣崖磻石（扶路側祿）。
木薄發家（息落服淫），百宿到洛（理曆髭雛）。
父子同賜（捕穎菌毗），懷抱四帛（懷炻四漏）。
傳告種人（傳室呼敕），長願臣僕（陵陽臣僕）。

- 「隨旅」之為「受教」

「隨旅」出自「聞風向化（微衣隨旅）」和「慕義向化（繩動隨旅）」，「向化」與現代漢語「受教」或英語 learn 對應，《韃靼譯語》和《華夷譯語》作「速兒合」，現代蒙古語為 cypax ／ surakh，其與「隨旅」之音再近不過。

- 「僕遠」即為「伯顏」

出自「甘美酒食（推潭僕遠）」，疑為「食物豐盛」的變譯，蒙古語「豐盛／豐富」為「伯顏／баян ／ bayan」，異寫即為「僕遠」。

- 「阻蘇／拒蘇」為「肉食」

　　「食肉衣皮（阻蘇邪犂）」和「昌樂肉飛（拓拒蘇使［便］）」兩句中的「肉」字，疑即「阻蘇／拒蘇」，擬音 kus。該字未見於後世北方民族語言，但在匈牙利語中恰為 hús。

- 「邪」是「多／大」

　　「冬多霜雪（綜邪流藩），夏多和雨（莋邪尋螺）」兩句中的「邪」，是蒙古語「多／大」的兼字 их／ikh，漢代譯「邪」。

- 「菌」為「人」

　　出自「部人多有（菌補邪推）」和「與人富厚（魏菌度洗）」。「菌」之同源字「困」音「胡困切」（《說文》），是蒙古語「人」字「渾／昆／苦溫／хүн／khun」。（《華夷譯語》第 396 字）。

- 「邪推」為「部落」

　　「部人多有（菌補邪推）」是「部落中人丁興旺」的意思，蒙古語「營地／отог／otog」兼意「部落」，《史記・匈奴列傳》譯「甌脫」，此譯「邪推」。

- 「邪犂」就是「皮革」

　　此譯「邪犂」，出自「食肉衣皮（阻蘇邪犂）」，即蒙古語「皮革／арьс／aris」，《華夷譯語》作「阿剌孫」（第 219 字）。

- 「側祿」是「石頭」

　　出自聯句「高山岐峻（倫狼藏幢），緣崖磻石（扶路側祿）」。

是蒙古語「石頭／чулуу／chuluu」，舊譯「叱羅」，此譯「側祿」，尾綴 -n 成人名「赤剌溫」（《華夷譯語》第 44 字））

- 「髭」即「百」

　　出自「百宿到洛（理曆髭雒）」，即蒙古語數詞「百」字 зуу／zuu 的近音，《遼史・國語解》曰：「爪，百數也。」

- 「匹漏」是「布匹」

　　出自「懷抱匹帛（懷焙匹漏）」，是「懷抱布匹」的意思。「匹漏」是蒙古語「布／бараа／baraa」之譯。

- 「呼敕」是「百姓」

　　「呼敕」出自「傳告種人（傳室呼敕）」一句，「種人」是「國中百姓」的意思，蒙古語「國／民」二字又同為 улс／uls，《華夷譯語》作「兀露絲」（第 52 字），「呼敕」應是其縮音「兀絲」的呼口音。

- 「僂讓」即「柔然」

　　遠夷部落自稱「僂讓」，出自「蠻夷所處（僂讓皮尼）」和「蠻夷貧薄（僂讓龍洞）」兩句，有人類學者認為「僂讓」即是彝族的真稱「倮倮」。四川彝地的北緣在大渡河下游之石棉、峨邊、馬邊諸縣，距大小金川僅二百餘公里，彝族的羌系祖先可能與大小金川的「僂讓／倮倮」民族同祖。

　　「僂讓／倮倮」即「柔然／蠕蠕／茹茹」，西域地名「樓蘭／鄯善」是其諧音。今甘南卓尼藏族「如蘭／朮然／拉路／拉龍／肉路／肉龍／老拉哈／錄力茶」等氏族（陳慶英《中國藏族部落》）當是西羌「柔然」之裔。

* 「堤官隗構」即是「君臨華夏」

出自〈遠夷歌〉首句「堤官隗構」,「堤官」即蒙古語「酋長/дарга / darga」,此作「大漢天子」。「隗構/ghui-ghu」即是「夏后/回紇」或是「華夏」,這也是「華夏即回紇」的一個證明。「堤官隗構」可譯「君臨華夏」。

結束語

「氐羌」民族是橫斷山脈間人類的源頭,但不知道他們是北方民族的分支,還認為他們是吐蕃民族的同類。這番〈遠夷歌〉是蒙古語的研究,以實據把我們從「羌蕃同源」的誤解中解脫出來,藏系民族是通過「蕃羌合流」,即吐蕃和西羌兩族融合而成的。〈遠夷歌〉的家鄉,最合理是在今川西大小金川,稍北便是阿壩草地藏區,再北就是甘南藏族的家園,古代則是匈奴、月氏盤踞的地方。〈遠夷歌〉的語言於今看來是蒙古語,如果說它是當年的匈奴語、月氏語,或許是更歷史地看問題了。

2007 年十一月二十九日
2017 年八月二十日修改

圖二十六　四川涼山地區彝族兒童

二十二、藏民族中的北方民族成份
──兼論康巴是女真

　　藏人自稱「蕃／bod」（讀如上海話「盤」）。中國歷史上藏族又名「吐蕃」，該名流入西方後譯作 Tibet。今世藏族分佈在西藏、青海、甘肅、四川、雲南等省區，但除雅魯藏布江流域外，其他藏區都是古代的「羌地」。因此，藏民族必是「蕃」「羌」兩系民族的融合，本文力圖證明羌系部落是中國北方民族的同類。

地圖九　藏語方言區

拉薩和日喀則古代就是吐蕃本土的兩個中心，它們的周邊地區分別稱「衛／dbus」和「藏／gtsang」，合稱「衛藏／dbus gtsang」（讀作 yu-zang，別譯「烏斯藏」）。六世紀時，興起於今山南澤當地方的雅隆部落統一衛藏，繼而擴張兼併羌系蘇毗（藏文作 Sun-pa，又譯「孫波」）和象雄（漢籍又作「羊同」）部落建立吐蕃王朝。這一事件是西藏歷史的界碑，之前稱象雄時代，之後稱吐蕃時代。

藏語與緬甸語、漢語和中國南方諸族語言有著親緣關係，因此藏語被歸屬為「漢藏語系──藏緬語族──藏語枝」。漢藏麵語系語言的一般特徵是：基本語彙多為單音節且有聲調。現代藏語分「衛藏」、「康」、「安多」三種方言，衛藏方言是藏語之源頭，它與南方漢語更為接近；康方言和安多方言則是吐蕃民族擴張中，漸次蕃化的諸羌語言。藏北黑河（那曲）、藏東昌都、林芝東部，青海玉樹、四川甘孜和雲南迪慶等地區，構成康方言區。青海果洛、黃南、甘肅甘南，四川阿壩諸州大部，及青海湖周邊和河西走廊構成安多方言區（安多藏語無聲調）。這兩個方言區大致以巴顏喀拉山和大渡河上游諸枝流分界。

上古西羌民族的血緣和語言

要認識藏民族，還必須從頭認識「羌」。西羌民族很古老，甲骨就有「羌」的記載。傳統學術說西羌是「西戎牧羊人」（《說文解字》，香港，中華書局，頁 78 下），即泛指中國西部的遊牧民族，而並不指特定血緣或語言的群體。隨著農耕文明的擴張，西部遊牧民族逐漸萎縮或出走，因此西羌也是一個變化著的觀念。譬如《史記·六國年表》說：

禹興於西羌，周之王也以豐鎬伐殷，秦之帝用雍州興。

禹夏的中心可能是在今天河南省西部，那是後世的中原地方；周興起之地「豐鎬」即是今天陝西關中；秦的祖地「雍州」可泛指陝甘寧青大片地方。如果四千年前禹夏「興於西羌」或曾為遊牧民族的話，那時陝甘寧青的古代人類就更非西羌莫屬了。

事實上，夏、商、周、秦都是北方民族的同類，族名「夏后」即是「回紇」；商則是自命「九有」的「九姓／女真」民族；周的江南分庶「吳」初號「句吳」實即「九國」，「周／句／ju」與「九／女」的諧音；秦之為「嬴姓」實以「嬴政／按陳」為姓，或即女真系「安姓／金姓」部落。

夏、商、周、秦四代綿延兩千多年，那是中原人類由遊牧轉型農耕，也是漢語在中原形成並取代戎狄語言的過程。秦、漢兩代，西羌民族的代表是「月氏」和「烏孫」，它們實質與東北女真民族名「兀者」和「愛新」同名，出走中亞的月氏又號稱「昭武九姓」，因此西羌民族的血緣含有濃重的九姓／女真成份。

七、八世紀間，蕃羌兩系部落先期融合而成的吐蕃民族走出西藏高原，黃河上游黨項、白蘭、多彌、吐谷渾等部為其征服，部分蕃化為今世安多藏族的祖先。「黨項」或作「唐兀／唐古特」即是蒙古語民族「東胡」；未被蕃化的「吐谷渾」後裔──今世「土族」仍然使用蒙古語；「白蘭」應是《後漢書·南蠻西南夷列傳》記載的〈遠夷歌／白狼王歌〉之載體部落，本書已有專篇證明〈遠夷歌〉是用蒙古語頌成。因此，西羌民族祖先的主流語言很可能是後世的蒙古語。

元明之際湮滅的西夏民族的大部分是西羌的後裔，又是今世使用漢語而信奉伊斯蘭教的西北回族的祖先。因此，今世陝甘寧青地區

漢、回、蒙、藏諸族並存的局面，是與北狄同源的西羌民族的語言轉化，血緣融合和宗教分離的結果。

康巴藏族的祖先是「女國」

藏語的「人」為「巴／娃」，康方言區居民就叫「康巴」，安多方音區居民稱「安多娃」。康巴男女以人材俊美著稱。康方言區地域廣大，西起於藏北高原，東方止於大渡河流域，覆蓋整個橫斷山脈，其範圍恰恰與《新唐書・西域傳》記載的「東女國」相合。

離拉薩不遠就是衛藏地區之北界──念青唐古喇山，山北的藏北北黑河地區，及至巴顏喀喇山南麓之青海省玉樹州，俱為古代蘇毗的地方。越巴顏喀喇山便入青海省果洛州，那是古代黨項羌的地方，果洛州與玉樹州僅為一山所隔，卻分屬安多方言和康方言區，這種語言差異顯然與黨項、蘇毗兩部的血緣、語言和蕃化遲早有關。

因此，認識「蘇毗」和「女國」是認識康巴藏族的的根本。七世紀成書的《隋書》說當時帕米爾以南有一個尊奉女權的「蘇毗國」。

在蔥嶺之南，其國代以女為王。王姓蘇毗，字末羯。

這個蘇毗國的祖先可能與《漢書・西域傳》說的「塞種」有關，其云「昔匈奴破大月氏，大月氏西君大夏，而塞王南君罽賓。塞種分散，往往為數國」。今世南亞喀什米爾即是「罽賓」，其巴控「巴爾蒂斯坦／Baltistan」和印控「拉達克／Ladakh」地區因為藏族聚居而通用藏語，故合稱「小西藏」。

然而，人類並沒有發生過世襲而穩定的女權社會，這個蘇毗國是否真是一個女權國？也就成為了懸案。而「王姓蘇毗，字末羯」又說

它的統治氏族名「未羯」，因此我猜測它很可能是以「勿吉」部落為首的「女真國」，但被誤解成「女王國」。

「羅女蠻」竟是「柔然國」

　　十一世紀成書的《新唐書》對西域和吐蕃又有了許多新的認識，其〈西域傳〉記載的「東女國」，究竟是一個「女權」王國，還是康藏高原上諸多的「女真」部落？該傳的〈東女〉篇如是說：

> 東女，亦曰蘇伐剌拏瞿呾羅，羌別種也，西海亦有女自王，故稱「東」別之。東與吐蕃、黨項、茂州接，西屬三波訶，北距于闐，東南屬雅州羅女蠻、白狼夷。東西行盡九日，南北行盡二十日。有八十城。以女為君，居康延川，岩險四繚，有弱水南流，縫革為船。

擇名「東女國」是因為「西海亦有女自王」，即裏海周邊已經有許多女真部落國；「三波訶」即是吐蕃文獻裡的「孫波國」，或《隋書》貼近于闐的「蘇毗國」。「東與吐蕃、黨項、茂州接」是念青唐古喇山和巴顏喀拉山之間，遠及川西滇北的今世黑河、昌都、玉樹、甘孜、迪慶地區；「岩險四繚，有弱水南流，縫革為船」又是橫斷山脈的風光。這就是現代藏語康方言區的準確範圍和真實景觀。

　　「東女……羌別種也」，其中的「東南屬雅州羅女蠻、白狼夷」，還特別能顯示這些西羌部落是北狄的同類。「羅女蠻」是四川雅安涼山地區實名「倮倮」的彝族祖先，其為「女蠻」實為「女真／女直／女國」。《元史‧地理志十三》有涼山彝族自治州首府西昌市（元建昌路置）北郊瀘沽鎮的彝族祖先的信息，其云：

> 瀘沽。縣在州北。昔羅落蠻所居，至〔唐代南詔國國主〕蒙
> 氏霸諸部，以烏蠻酋守此城，後漸盛，自號曰落蘭部，或稱
> 羅落。

所謂「烏蠻」即今世彝族上層「黑彝」的祖先；而「羅落／俫俅」之別稱「落蘭」或說蒙古話的白狼夷之自稱「傻讓」，實際是北狄「茹茹／蠕蠕」之正名「柔然 -n」或西域地名「樓蘭」。這部沒有蕃化的「女蠻／女國／女真／女直」的北方民族屬性，或許能為康巴藏族是女真之裔展現線索。

西海曾有「女直國」，東女必為「女真國」

有了「王姓蘇毗，字末羯」和「羅女蠻」是「羅落蠻……自號曰落蘭部」的北方民族人名和族名線索，「東女」是「女真國／女直國」就益見「西海亦有女自王」確是「女直王／女真國」。那裡的「安息」、「奄蔡」、「條支」實為「愛新」、「按出」、「女直」等女真氏族；而以「月氏」為主體的「昭武九姓」，實為以「兀者」為主體的西域「九姓／女真」群體。

因此，康藏高原和橫斷山脈曾是「女真」世界，而不是「女權」社會，便得以澄清。《新唐書》關於那裡女權的描述皆屬虛構。有人將部分藏族社會的「一妻多夫」現象和橫斷山脈地區的「走婚」習俗附會為女權社會之遺存，更是史學敗筆。

康區的語言和宗教

「女真/九姓」是康巴藏族的重要血緣。但是西羌民族的主流語言可能更接近於後世蒙古語，康方言區還保有大量蒙古語地名，譬如：「喀拉烏蘇」（黑河），「巴顏喀拉」（富饒而黑色的）等。但是康方言也有女真語現象，黑河方言「謝謝/kho-zu」與匈牙利語的「謝謝/Köszönet」，也與滿語之「鞠躬」曰「忽入」（賈敬顏等《蒙古譯語‧女真譯語彙編》，天津古籍，1990，頁 290）一致。

藏語的「牛」字康方言為 so，安多方言為 sok，衛藏方言則轉義為「牲畜」；而藏人又謂蒙古人為 Sog，疑即漢籍之「犛牛羌/黃牛羌」，實義「牧牛族」。今世康巴三十九族所在「索縣/Sog」和中亞「九姓地」之別稱「索格地亞/Sogdia」都應是「牧牛族的地方」；南北朝時南人又稱遊牧之北朝鮮卑人為「索虜」。因此。某種上古部落語言之「牛」可能曾為「索」，後來被西羌民族帶到中亞和康藏高原去了。

「苯教」是先於藏傳佛教的西藏本土宗教，它的多自然神崇拜和驅邪意識，都與佛教意識相左；其殺牲祭祀和擊鼓跳神的儀軌，顯示它是源自通古斯民族的薩滿教。通古斯民族的遷徙，使薩滿教遍佈歐亞大陸和美洲極北地區。而西藏苯教則極盛於古代象雄，當今依然流行於康方言牧區，現代藏族舞蹈則仍然寓有薩滿跳神的形態，這都顯示象雄和蘇毗有通古斯民族的背景。

康巴又為「霍爾」

康巴既為女真，又稱「霍爾」。上世紀著名藏學家任乃強說：

藏人之云「霍爾」猶中國之曰「胡」也。舉凡北方之異民族皆可以此稱之。如今西康之甘孜、爐霍人，青、甘之羌戎，新疆之回人，皆用此稱，又曾以之稱呼成吉思汗之祖先。卻未以之稱呼漢族。……查此地帶（按：昌都地區），古為羊同蘇毗之國，實為羌族，[故]藏人呼羌亦為「霍爾」也。

因此，霍爾即是「胡兒」，它既是康巴，又是西羌和北狄之通稱。這貌似糊塗觀念，卻是藏民族對羌狄同源的清醒認識。

近世黑河、昌都地區的霍爾三十九族和甘孜地區的霍爾部落，構成康方言區人口主體，他們不僅被認為是亦自認是北方民族的後裔。不難發現三十九族的族名與北方民族的族名諸多相關，如：

巴吳	即「僕和」
比如	即「撥略」
赤如	即「叱羅」
竹居	即「女直」
雜瑪爾	即「且末」
達珠	即「達稽」
那如／納若	即「納喇」（蒙古語「太陽」）
奈木擦	即「乃蠻／奈曼」（女真語「魚」）

在有清一代的很長時期裏，滿清政府的駐藏大臣直接管轄三十九族，而三十九族的親中央的政治心理，至今如是。

衛藏「四茹」中的北方民族部落

「衛藏」是吐蕃本土，古代設「四茹」：拉薩附近的「伍茹」和「約茹」，日喀則附近的「葉茹」和「茹拉」。上下伍茹分執花邊紅旗和紅色吉祥旗；上下約茹分執紅色獅子旗和白色黑心旗；上下葉茹分執繪鵬鳥和黃色花斑之黑色白心旗；上下茹拉分執白獅懸天旗和黑色吉祥旗，適為「八旗」。

藏籍《賢者喜宴》記載，伍茹十千戶是：島岱、岱界、曲界、章村、覺巴、支界、畿堆、畿麥、葉若布小千戶、東部近衛千戶；約茹十千戶是：雅隆、秦隆、雅界、玉邦、達保、尼雅涅、聶巴、洛扎、洛若小千戶、北部近衛千戶；葉茹十千戶是：東欽、象欽、朗迷、波

圖二十七　四川甘孜州的康巴面容

噶、年噶、章村、波熱、松岱、象小千戶、西部近衛千戶；茹拉十千
戶是：芒噶、赤松、墀邦、拉孜、娘若、乞塘、康薩、開扎木、錯俄
小千戶、南部近衛千戶。這些千戶名中，若干與北方民族的族名有明
顯的對應，擇要如：

島岱 dor-sde	即「拓特」
葉若布 yel-rab	即「挹婁」
洛扎 lho-brag	即「如甲」
波噶 phod dkar	即「僕骨」
年噶 nyen-kar	即「粘割」
芒噶 mang-kar	即「蒙古」
乞塘 khri-vthang	即「契丹」

　　衛藏四茹是吐蕃民族最基本的成份。然而，即便衛藏四茹也包容
了北狄部落。因此，北方民族進入雅魯藏布江流域的時代，就應該大
大地早於吐蕃時代了。

從西藏轉進尼泊爾的女真民族

　　尼泊爾與西藏一山之隔，近一半人口不同程度地混有來自西藏
的蒙古人種血緣，其主要的部落是 Magar、Tamang、Rai、Limbu、
Bhote、Sunwar、Gurung 等。其中 Magar 部落聚居在加德滿都以西的
丘陵地帶，與喜馬拉雅山南麓的 Gurung 部落有親緣關係。而信仰薩
滿教的 Gurung 部落又名 Gurkha，即是著名的善戰民族「廓爾喀」。
　　廓爾喀也是加德滿都正西數十公里處的城名，十八世紀時它是一
個強大而好戰的城邦。1791 年，廓爾喀部入侵西藏，激起了滿清政

府的強烈反彈；1814-1816 年間，廓爾喀部又侵入印度，與英國東印度軍隊激戰，卻因其優良戰力受英印當局青睞，化敵為友後收編為「廓爾喀軍團」，從此成為世界著名的雇傭軍。一次世界大戰時，二十萬廓爾喀精壯赴歐參戰；香港回歸前，駐港英軍亦含廓爾喀軍團。長期以來 Magar 和 Gurung 部落是廓爾喀軍團的主要兵源。

女真民族向以善戰和信奉薩滿教著稱，尼泊爾族名 Magar 當即女真族名「靺鞨／馬佳」，或匈牙利國名 Magyar；族名「廓爾喀／Gurkha」同唐代北方族名「骨力干」，或金代女真「古里甲」，或清代滿族「瓜爾佳」。「馬佳」和「瓜爾佳」均入「滿州八大姓」（餘六姓為伊勒根、鈕祜祿、董鄂、輝發、烏拉、舒穆祿），辛亥後「瓜爾佳氏」大多改「關姓」，出有中國共產黨早期名人關向應。

象雄民族曾經非常興旺，在阿里地區有大量遺跡，但不知不覺地消失了，那是人類學的一個謎。我以為，尼泊爾的 Magar 和 Gurkha

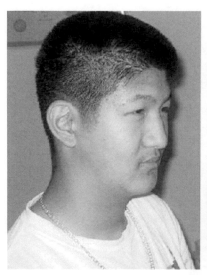

圖二十八　美國華人少年郭凱文（父母來自東北，祖籍山東）和一名廓爾喀雇傭軍士兵

部落的祖先就是象雄民族，喜馬拉雅山南北兩側氣候生態差別巨大，許多山口象漏斗一樣把有「女真／九姓」背景的象雄民族泄到溫暖的南亞世界去了。

結束語

藏民族祖先形成的大概圖景是，使用「藏緬語」的人類群體沿伊洛瓦底江上游諸枝流和薩爾溫江——怒江河谷上溯來到雅魯藏布江流域；與北方民族同類的「西羌」部落則從多個不同的方向走進西藏高原，這兩枝人流先在「衛藏地區」融合成了吐蕃先民的基本部落；然後他們又從那裡出發，再與周邊的西羌民族逐次融合成血緣和語言都相當複雜的吐蕃民族，而西羌民族中的「女國／女蠻」即是「女真／九姓」。事實上，不僅西藏民族和華夏、蒙古、突厥等亞洲民族，匈牙利、芬蘭、愛沙尼亞等歐洲民族，乃至美洲土著居民都不同程度有「女真／九姓」民族的血緣成份。

2005 年三月九日原稿

2014 年一月十四日再修改

圖二十九　尼泊爾 Magar 族婦女

二十三、若干歐洲族名、國名之東方 由來

地中海文明長期受到來自蠻族（Barbarians）的入侵，他們有的是來自北歐的諾曼第人，還有來自亞洲的遊牧民。後者中，五世紀阿梯拉的「匈人／Huns」是一枝；九世紀末「馬扎爾人／Magyars」人是另一枝，他們的後裔與當地的民族融合了不說，Magyar 人還建立了自己的國家匈牙利。十三世紀的成吉思汗蒙古騎兵，則是很後來的事情了。十七世紀以前，歐亞草原一直是亞洲民族耀武揚威的地方。

圖三十　挪威北部的拉普人（Lapps）家庭，男子呈歐洲人種，中女呈蒙古人種，左女呈混合形態

愛沙尼亞人和芬蘭人來得更早，紀元初的《日爾曼尼亞志》才記載了他們的事蹟。挪威、瑞典、芬蘭的北部和俄羅斯的可拉半島，至今還生活著少量蒙古人種的居民，他們無疑是一些從東方遷徙去的，善於在寒帶生存的亞洲民族。

還有一些民族，如「保加利亞人／Bulgarian」是使用斯拉夫語言的，但他們的祖先卻是匈人中的「保加爾人／Bulgars」。最有趣的還算是國名「日爾曼／German」的由來，德國人自己說不清，我們中國歷史倒可以為它正本清源。

「保加利亞」與「僕骨」

保加利亞在巴爾干半島上，是我們很熟悉國家，它東面臨黑海，南面是希臘，北面與羅馬尼亞以多瑙河相隔。現在的保加利亞人是斯拉夫民族的成員，他們與俄羅斯、烏克蘭、波蘭、捷克、斯洛伐克、塞爾維亞、克羅地亞等民族使用非常相似的語言。保加利亞很早就是一個獨立的國家，上一世紀，它產生過一個著名的共產主義者季米特洛夫。

西方語言中的「利亞／尼亞／維亞」等常常是構成地名的族名尾綴，眾所周知西伯利亞是「鮮卑人的地方」，羅馬尼亞是「羅馬人的地方」；因此保加利亞當然就是「保加爾人的國家」了。

保加爾本是匈人的一個部落，（阿梯拉以後「匈人」是東歐地區亞洲遊牧民族的統稱）。七世紀時，它與另一個匈人部落「高車骨／Kurtrighur」長期滯留在黑海東北角的亞速海和庫班河周邊地區。一個叫 Kubrat（死於 642 年）的可汗統一了那裡的遊牧部落，Kubrat 有五個兒子，其中名叫 Bayan 的，繼承了父親的汗位和領地。後來

Bayan 的後人舉族遷往伏爾加河中游地區，成為著名的保加爾汗國的主體居民。他們就是今世「楚瓦什／Chuwash」人的一部先祖。Kubrat 的另一個兒子率眾西去，定居在「梅西亞／Moesia」（今保加利亞）地方，他們在那裡轉化成了說斯拉夫語的保加利亞人。Kubrat 還有一個兒子是高車骨的酋長，這個部落一直定居在頓河西岸。（見《草原帝國》）

若將 Kubrat 和 Bayan 譯做「忽必烈」和「伯顏」，大家就會明白他們是蒙古人了，成吉思汗之孫元世祖叫「忽必烈」，而「伯顏」在蒙古語裏是「富貴」的意思，蒙古人叫「伯顏」的就象漢族叫「張富貴／李富貴」的一樣多。保加利亞歷史說，他們的祖先稱「酋長」為 Khan（可汗），「蒼穹之神」為 Tengra（騰格里），這都是和蒙古語一樣。這些語言信息雖然並不很充分，但也可以看出古保加爾人最初是說蒙古語的。保加利亞人與楚瓦什人同源，更是公認的事實，而今世楚瓦什語中的蒙古語、通古斯語成份比比皆是。

族名「保加爾／Bulgar」，應是《唐書》漠北部名「僕骨」，或《魏書》室韋部名「婆萵」。唐朝平定安史之亂的將領「僕固懷恩」的姓氏也是這個族名。族名「僕骨／婆萵／Bulgar」的字根是「僕／婆／Bul」，因此《北史》將它記為「鉢·室韋」。事實上，「僕骨／婆萵」民族的祖先又是從中原出走的，《左傳·昭公九年》就記載：「蒲姑商奄，吾東土也。」《水經註·濟水》則說：「蒲姑故城，在臨淄縣西北五十里，近濟水。」然而，這只能是「蒲姑／僕骨／婆萵」的一部祖先的形跡，春秋時代這個民族早已在中國北方乃至歐亞草原立足了。

天長日久，北方民族語言的音韻也發生了一些變化，Bul 被讀成Buli 或 Bula，而 gar 軟化成了 ar，於是 Bulgar 成了 Buli-ar 或 Bula-ar，也就是《蒙古秘史》說的蒙古大軍征服了的「不里阿耳」或「孛

圖三十一　舊俄時代的布里雅惕人

刺兒」；有人說那是波蘭，但從蒙古軍先後經過的地序來看，那更可能是伏爾加河中游的保加爾汗國，或今天的楚瓦什地方。而聚居於貝加爾湖東側的現代「布里雅惕／Buryat」蒙古部，其名顯然是「不里／Buli」和蒙古部落名尾綴「雅惕／at」之拼合。

　　唐代漠北的僕骨部落可能是說突厥語的，布里雅惕語則是典型的蒙古語。血緣與語言未必一致；有人說「蒲姑國」是嬴姓部落，要確認僕骨民族的血緣和語言並不是很容易的。五十年代匈牙利考古學者報告，該國出土的四、五世紀匈人頭骨，大量與現代布里雅惕人的頭骨極為近似，這或許表明阿梯拉的一枝主力是保加爾人的同類。應該說，僕骨是走向西方的保加爾民族之源；布里雅惕是他們在遠東的宗親。

「愛沙尼亞」即「兀者」

波羅的海東岸有愛沙尼亞、拉脫維亞和立陶宛三個小國，其中愛沙尼亞是一個語言特異的民族，Estonia 是別的民族對它的稱呼，他們管自己叫 Eesti，讀音與「愛斯基摩／Eskimo」很相近。而舊俄時代他們又稱 Чудь，也就是「女直／Chuchi」。這些關係使我們不難看出，Eesti 可能是衍生於女真族名「訛斥／斡拙／兀者」的。

紀元前 56 年出生的羅馬史家塔西陀，他的《日爾曼尼亞志》（馬雍、傅正元譯《阿古利可拉傳・日爾曼尼亞志》，北京，商務印書館，1997，頁 78）記載：

> 在斯維比海（波羅的海）東岸住著 Aestii 人……他們崇拜諸神之母，這種迷信的標幟為一隻牝野豬的形象。

Aestii 當然就是 Eesti，他們是愛沙尼亞民族的祖先；而他們崇拜「野豬神」的習俗，卻與通古斯民族非常相似。《滿族風俗志》（王宏剛、富有光編著，北京中央民族學院出版社，1991，頁 21）說：

> 滿族素有「一豬二熊三老虎」的獵諺，野豬的兇殘更顯出獵人的勇敢。野豬不僅是狩獵的物件，也是薩滿教神驗的主角。鬥士如能刺殺野豬，拔掉獠牙，被視為「神助」，是闔族大喜的日子，薩滿會把野豬雙牙穿孔授於鬥士，族人也會將搶得的余骨磨成飾物，系在腰間。

《後漢書・東夷列傳》也記載：「挹婁……好養豕，食其肉，衣其皮。冬以豕膏塗身，厚數分，以禦風寒。」《舊唐書・北狄傳》還說：「靺

鞨……其畜宜豬，富人至數百口，食其肉而衣其皮。」古代通古斯民族從事狩獵和馴養野豬，從而產生的崇拜野豬圖騰的風俗，也被遠走的愛沙尼亞人的祖先帶到歐洲去了。

愛沙尼亞語、芬蘭語、匈牙利語，與若干西西伯利亞地區的純蒙古人種的部落語言有著近緣聯繫，西方語言學界將它們歸屬為烏拉爾語系。儘管，愛沙亞語和芬蘭語比匈牙利語更早脫離了東方，而且東方語言本身也曾發生過重要的變化；然而，在愛沙尼亞語和通古斯、蒙古、突厥諸語言間，仍然保持了相當數量的可比語素，如

	滿語	蒙古語	突厥語	愛沙尼亞語
大	按巴			avar
土／地	那／na			maa
手／臂	喀拉			kasi
冰	朱合			jaa
箭	牛錄			nool
水		烏蘇／yc		vesi
駕馭			getmek	juhtima

愛沙尼亞語的「駕馭」一字 juhtima 與突厥語的 getmek 非常接近，然而與古代柔然部落語言的「丘豆伐」還更接近，《魏書・蠕蠕傳》有說：「社崘……於是自號丘豆伐可汗。丘豆伐猶魏言駕馭開張也」；這個字還落入鮮卑語，《魏書・失韋傳》說：「武定二年四月，始遣使張焉豆伐等獻其方物」；《北史・室韋傳》更「張焉豆伐」作「張烏豆伐」，急讀即是「丘豆伐」。北方民族語言互相滲透，其究因還待細析。

愛沙尼亞語的亞洲語言屬性和古 Aestii 人的通古斯民族習俗，是推定愛沙尼亞人的祖先是來自遠東的依據。而從滿語、愛沙尼亞語、

芬蘭語、匈牙利語的「箭」字「牛錄／nool ／ nuoli ／ nyíl」完全
同音的現象，使我們可以推測，愛沙尼亞和芬蘭民族的遠東祖先，是
在發明了弓箭術後才離開通古斯部落群體的。

「日爾曼」即「吉里迷」

日爾曼民族的族名是多樣的，這反映了它的歷史流長和血緣複雜；
其中最廣為人知的是「德意志／Dutch」、「普魯士／Prussia」、「哥
特／Goths」、「條頓／Teutones」等；法國人和西班牙人又叫它
Allemand 或 Alemán；斯拉夫人和匈牙利人則稱之為 Német(s)；
芬蘭和愛沙尼亞語則謂之 Saksan。它們大都可以追溯到一些古代部
落名。

然而，「日爾曼／German」一字始於羅馬歷史地理著作《日
爾曼尼亞志》，羅馬人稱阿爾卑斯山以北地區為「日爾曼尼亞／
Germania」，但做「蠻族地方」理解。德國歷史、語言、考古學家
對 German 一字作了往復的研究，也只能證明它不是一個德意志民
族的部落名。或許正因為它沒有部落名偏向，德國人才接受它作為對
外的國名。

古代東歐廣大地區曾經記為 Scythia，後來又改稱 Sarmatia，
羅馬尼亞則被稱為 Dacia，它們都是從遊牧民族族名 Scythian、
Sarmatae、Daci 變來。希羅多德的許多記載表明 Sarmatae 是一個
亞洲遊牧部落，熟悉中國歷史的人很容易看出契丹部名「悉萬丹」或
室韋部名「深末怛」就是 Sarmatae，而 Scythian 和 Daci 的源名又
分別是「斯結」和「達稽」。因此地名 Germania 的生成，也須從亞
洲民族的遷徙來認識。

German 是自蠻族族名 Κιμμέριοι／Cimmerian 轉來的。希羅多德記載這個民族很早就在黑海北岸遊牧，頓河──亞速海海口的地峽名「且末里安／Cimmerian」就是他們的遺跡。後繼而來的「斯結泰／Scythian」人將他們逐出了那片地方。希羅多德記載：

> 斯結泰王馬扎斯（Madyas）率一枝大軍，追趕被逐出歐羅巴的且末里安人，而侵入了亞細亞（按，高加索山脈以南的地區），來到了美地亞人的領地（按，今阿薩拜疆）。

有西方學者根據烏克蘭和中歐地區的考古發掘論斷，西枝且末里安人在斯結泰人的追迫下進入了中歐地區；而《大英百科全書》說早在紀元前 500 年前的幾個世紀裡，且末里安人就已經定居在匈牙利平原和周邊地區了。因此騷擾地中海文明諸國的且末里安人是蠻族中的一枝，羅馬人才把「且末里安」當作「野蠻人」的稱謂之一，羅馬地名「日爾曼尼亞／Germania」應即是「且末里亞／Cimmeria」的變音或變寫。

西方學界認為「且末里安」人既然來自中亞，就屬於伊朗人種（亦見《大英百科全書》）。其實根本不是這樣，中國歷史早就有它的信息。《金史·地理志》起句云：

> 金之壤地封疆，東極吉里迷、兀的改諸野人之境……。

這是說十世紀，就有「吉里迷」部落生活在烏蘇里江地區。而今內蒙還有政區「哲里木盟」，清代叫「濟爾默部」，我以為「哲里木／濟爾默」就是「吉里迷」。此外，漢代西域「且彌／且末／扜彌」，隋代鐵勒「九離伏」，唐代突厥「處蜜」，五代奚族「啜米」，元蒙「扎馬兒歹」等，都是「吉里迷」的縮音或變音。從中國歷史記載來看，這個蒙古人種部落很早就散佈在北亞、中亞和東歐地區了。

從相關地名的分佈，也可以窺見吉里迷民族的源流。山東「即墨／ji-mi」，山西「羈馬」，河南「葭密」，可能都是這個部落的的遺跡，唐代西域國名「怵密」（讀「丑密」，地處今布哈拉附近）。新疆地名「且末／吉木薩爾」，哈薩克斯坦城名 Chimkent（奇姆肯特），都是這個部落彌散的軌跡。十三世紀蒙古軍遠征東歐，《蒙古秘史》說他們：

> 渡亦扎勒河、扎牙黑河，直抵乞瓦綿、客兒綿等地。

其中，亦扎勒河和扎牙黑河，分別為烏拉爾河和伏爾加河；而地名「客兒綿」很值得探究。《說文》說「客，寄也」，現代東北方言則稱「客」為「且」；因此「客兒綿」當讀「寄兒綿／且兒綿」，實即「吉里迷」。今伏爾加河卡瑪河合流處的 Чемерис ／ Cheremis 民族當即「客兒綿」的遺民。這個出自黃河流域的民族，在通往歐洲的道路上到處留下了它的後裔。

北方民族在讀 r 或 l 時，常常將其轉化為 ra ／ ri 或 la ／ li，這就是女真人和蒙古人把「吉兒迷」叫作「吉里迷／哲里木」的原因；而漢語行文求短，又常把「爾／兒／耳／里／離」略去，而成「即墨／且末」了。然而應讀「吉耳曼」的歐洲國名 German，反倒最接近這個東方族名的本音。事實上，將 Cimmer 和 German 譯作「吉迷／哲木／九離伏／濟爾默」也都是非常準確得當的。

然而，切莫以為日爾曼民族是從東方遷徙到歐洲去的，我只是說國名 German 是得自地名 Germannia 的，這個地名又是「吉里迷／且末里安／ Cimmerian」民族的入侵造成的，而這個民族早就溶解到西方民族中去了。

原載台灣《歷史月刊》2003 年六月號

2014 年四月十日再修改

圖三十二　穿著節日服裝的 Cheremis 族婦女
（T. Evsevev 攝於 1919 年，藏芬蘭國家博物館）

二十四、法國總統薩科齊是「少暭氏」

　　有人拿法國總統尼古拉斯・薩科齊（Nicolas Sarkozy）與拿破崙相比，不僅是因為他們都長得短小，還因為拿破崙來自外島科西嘉，薩科齊的父親保羅・薩科齊來自異國匈牙利。我曾經說匈牙利民族的祖先可以追溯到以女真為代表的中國北方民族，以這位法國總統的匈牙利父系家世，可以進一步闡明這個結論。

外祖父是來自希臘的猶太人

　　薩科齊總統年幼時父母離異，保羅・薩科齊拒絕撫養他的三個兒子，因此孩子們是在外祖父本鐸・馬拉（Benedict Mallah）的關愛下長大。本鐸・馬拉是從當時在土耳其統治下的希臘薩洛尼卡（Thessaloniki 或 Salonica）移民來的猶太青年，遠祖則是出自西班牙，他在自由開放的法國習醫，娶妻後皈依了法國天主教，後來在巴黎懸壺成名。在納粹佔領法國時，馬拉家族有五十七人被殺害。

　　因此，法國總統薩科齊最多只有四分之一的法國血統，而他的姓氏還表現了鮮明的匈牙利背景；但是每當有人以他的移民背景來質疑他的排外立場，他會毫無閃爍地應對「我是一個法國人」。從文化背景和從政治立場上看，薩科齊是不折不扣的法國人，而我們也只對他的血緣有興趣，那是與他的政治立場毫無干係的事情。

「蒲察」和「拓特」都是女真姓氏

保羅·薩科齊原名 Nagy-Bócsay Sárközy Pál，他姓 Sárközy 名 Pál，前面的 Nagy 是匈牙利語的「大」字；Bócsa 是一個匈牙利姓氏，也就是《金史·百官志》裏的女真姓氏「蒲察」。因此他是「大蒲察部落的薩科齊家的保羅」，這種歸屬表達就象中國人說「北京張家的小三子」，是東方人從大到小思維習慣。保羅歸化成法國人後把自己姓名顛倒成從小到大的 Pál Sárközy de Nagy-Bócsa，他的滿洲部落籍貫 de Nagy-Bócsa 就還有了一點 de Gaulle（戴高樂）的高盧味道了。

保羅的母親叫 Csáfordi Tóth Katalin，她的娘家姓氏 Tóth 是匈牙利頭號大姓，也就是《金史·百官志》記載的女真姓氏「拓特」。這個拓特家族出自 Csáfordi 部落，匈牙利文的 cs 讀 ch，因此 Csáfor 就是中國歷史《魏書》裏的鮮卑姓氏「乞伏」，而法國總統的祖母就是「乞伏底部落的拓特家的卡塔琳」。

保羅·薩科齊的祖輩是的「二等貴族」，匈牙利帝制時代貴族等級約占人口的百分之五，他們大多是 Magyar 各部落的強人後裔，「大蒲察」和「乞伏底」大概就是這些來自遠東的部落中的兩個。舊時「大蒲察部落的薩科齊家族」在佩斯城東九十二公里處的 Alattyan 村有一個莊園，薩科齊選出候任時《紐約時報》記者造訪了這個「有兩千條靈魂」的村莊，說總統家的根已經被兜底拔掉了（uprooted）。

薩科齊的家世離亂

匈牙利曾經是一個疆域可觀的中歐強國，1867 年開始成為舉足輕重的「奧匈二元帝國」的一元，因此也就成為第一次世界大戰的元兇，1918 年戰敗後帝國崩析，匈牙利和奧地利雙雙淪為蕞爾小國。二次大戰前匈牙利又試圖崛起，與希特勒的德國結了盟，結果匈牙利第二軍團在斯大林格勒與德軍分食敗果，二戰的結局使匈牙利更加不得翻身，蕞爾小國成了前蘇聯麾下的一個衛星國。

歐洲多有戰亂，薩科齊家族也少有快樂，1919 年羅馬尼亞佔領軍把薩家莊園的屋舍焚為平地，1928 年保羅‧薩科齊出生在布達佩斯，三十年代薩家變賣了老家的田產，父親是縣城 Szolnok 的一名民選小吏，1945 年他們舉家逃往德國，當年又返回家鄉，不久父親就死去，卡塔琳媽媽擔心兒子被征入匈牙利人民軍，還怕他被流放到西伯利亞，於是唆使他出逃西方。

圖三十三　保羅‧薩科齊在兒子的像前

　　那時從匈牙利去奧地利，大概就象五十年代初去香港　一樣方便。保羅經過奧地利來到了西德巴登巴登，法國佔領軍總部就設在這個德法邊境的小城裏，他在那裡參加了法國外籍兵團，立刻就被送到阿爾及利亞去受訓，原本他是要去印度支那打仗的，但是一位當軍醫的匈牙利同胞幫了他的忙，或者為他作了弊，軍醫讓奠邊府的包圍圈裏少了一粒匈牙利炮灰，但為法蘭西共和國保全了一位總統的父親。

　　1948 年，從外籍軍團解役的保羅・薩科齊以平民之身登陸馬賽，於次年結識法學院女生安德麗・馬拉，兩人婚後定居在巴黎，五十年代一家人連生貴子。保羅・薩科齊也是一個精明人，成了畫家還經營廣告生意；但是他一生連連換妻，總統似乎也有乃父之風。本文不想敘述薩家的這些瑣事，花邊新聞就此剪段不續，言歸正傳討論薩科齊的家世。

錫伯族有「薩孤氏」

　　匈牙利姓氏 Sárközy 按法文或英文可讀「薩科齊」，但匈牙利文的 s 讀 sh（或中文拼音的 x），讀來應如「夏科齊」。任何語言裏都經常發生 s-sh 的音轉，譬如漢字的「廈」就兼有「薩／夏」二聲，故爾「薩科齊／夏科齊」都是可取的讀音。

　　中國北方民族也有與「薩科齊／夏科齊」相關的姓氏。新疆的錫伯族是清代從東北遷去戍邊的，至今許多錫伯族同胞還識滿文說滿語，新疆人民出版社出版的《錫伯族姓氏考》用滿、漢兩種文字記載了六百多個包括變寫在內的錫伯姓氏，其中第 597 個是「薩孤氏」（滿文是「薩孤・哈拉」），「薩孤」正是「薩科」。然而，為什麼 Sárközy 又比「薩孤」多了一個尾音 zy 呢？

「蒙古」為何是「萌古子」？

類似的現象是北宋《三朝北盟會編》記載的「萌古子／萌骨子」，所謂「三朝」是北宋末年徽宗、欽宗、高宗三個皇帝的時代，《會編》收集的是其間與金國交涉和戰的史料，那時蒙古部落正在興起，中原和蒙古之間隔了一層金國的屏障，北宋關於蒙古的信息大都是從參加和議的金人那裡聽來的，因此「萌古子／萌骨子」就是女真語裏的「蒙古」。

北方族名「蒙古／僕骨／回紇／薩孤」中的「古／骨／紇／孤」（音 gu／ghu）等字，本來是蒙古原語中的「部落／家族／種族」，漢語承繼為「家／國」（音 ga／gu）。明白了這一層道理，那麼《漢書‧西域傳》記載的中亞族名「塞種」就是「薩孤」的意譯，西方歷史記載的古代中亞族名 Saka／Σάκαι 則是它的音譯。

而族名「女直／月氏／月支／白翟／赤狄／萌古子」中的「直／氏／支／翟／狄／子」等字（兼音 ji／zi）是上古通古斯語中的「氏族」，後來成為漢語的「氏」（轉音 si／shi）。女真人可贅言「蒙古」為「萌古子」，當然也可以把族名「薩孤」添為「薩孤子」，那就是匈牙利姓氏 Sárközy。

「薩科齊」就是「少暤氏」

匈牙利還有一個小姓 Sárhó，它與 Sárkö 只差 h／k 間的輕微音變，讀來就是《五帝本紀》中原姓氏「少暤」或人名「少昊」，

或《漢書・西羌傳》的族名「燒何」（擬音 xiaho 或 xiaoho）。這
樣一路追蹤下去，不難發現匈牙利姓氏 Sárközy 是根在黃河流域「少
皞氏」，它流出了中原就成了「戎狄」，走得最遠的今天還當上了
法國的總統。

2009 年七月二十三日

2014 年二月十日修改

二十五、《尚書》和《逸周書》中蒙古語成分

中國歷史並不諱言開創華夏的夏、周、秦是戎狄部落，因此中原民族的祖先是北方民族的同類。許多北方民族語言基本詞彙也在漢語裏有影子，譬如蒙古語「天」是「騰格里」，突厥語「水」是「蘇」，女真語「山嶺」是「阿林」，「年」是「阿年」，而夏曆生肖「申酉戌亥」還是蒙古語的「猴雞狗豬」，這不僅表明漢語有戎狄語言的底蘊，而且上古中原的語言還可能就是戎狄的語言。

《尚書》和《逸周書》的由來

司馬遷也曾經暗示上古中原的語言不是漢語，他提到過一部很難懂的古書《百家》，在〈五帝本紀〉裡他說：

《百家》言黃帝，其文不雅馴，薦紳先生難言之。

儘管《百家》早已失傳，但是古代大學者也讀不懂的書，我想不會是用漢語文言，也不會是用漢語口語，而只能是用非漢語寫成的。漢語普及和漢字創生後，一些兼通戎漢語言的上古知識份子就能用漢字來紀錄它們，我猜測《百家》與後世《蒙古秘史》一樣是用漢字記音的非漢語故事，因此通篇無法用漢語理喻。

春秋時代流傳著三、四千篇上古文字，孔子從中輯出幾十篇編成

圖三十四　漢字蒙語《蒙古秘史》之一頁

了《尚書》，一些比較抒情且格律整齊的成了《詩經》，未入《尚書》的周代的文章被輯為《逸周書》。司馬遷撰寫四大本紀，這些上古文章和書籍提供了最重要的上古史料，

　　與《百家》不同，《尚書》和《逸周書》都是用漢字和漢語寫成，但是文意非常古奧。《史記》摘有許多《尚書》章句，明眼人看得出來，太史公也沒有把它們全部搞懂。本文試舉《尚書》和《逸周書》中幾例蒙古語成份，來證明它們寫成於中原是戎狄的時代，我們讀到的這些「上古之書」是它們漢語的譯文。

「虎賁」是蒙古語的「壯男」

　　《尚書》中出現過四處「虎賁」，被〈周本紀〉引用的是〈牧誓〉的「武王戎車三百兩，虎賁三百人」，漢代學者孔安國解釋「虎賁」是：「勇士稱也。若虎賁獸，言其猛也。」這個望文生義的「若虎」之說在傳統學術裏蒙混了兩千年。

　　蒙古語「虎思／хүч」是「強壯／有力」的意思。說蒙古話的契丹人建立了遼朝，《遼史・國語解》釋「虎思有力稱」，而蒙古語「渾／хүн」是「男人」的意思，其諧音即是「賁」。因此「虎賁」是「虎思賁」的縮音，是「壯男」的意思。於是《尚書》中的所有的「賁」字也都有了正確的解讀：〈湯誥〉「賁若草木」即是「人丁若草木［一般興旺］」；〈盤庚〉「用宏茲賁」中的「茲賁」即是「茲人／此人」。

　　「奮」也是「渾」的替字，〈舜典〉的「有能奮庸熙帝之載」，〈五帝本紀〉作「有能奮庸美堯之事者」，其中「能奮」就是「能人」。但是東漢學者馬融的解釋「奮，明；庸，功也」，令人莫名其妙。

　　「昆」也是「渾」的諧音，蒙古語除了是「人」，也是「兄長」的意思；但漢語「昆仲」之「昆」僅義「兄長」，〈仲虺之誥〉說「以義制事，以禮制心，垂裕後昆」，漢語「垂裕後昆」只能是「造福後兄」，知蒙古語才能釋之為「造福後人」。

　　這些道理不僅孔安國、馬融不懂，連孔子、司馬遷也不懂，否則他們是不會用「賁／奮／昆」來愚弄「人」的。

「荷罕旗」是「荷白旗」

武王滅殷後，在商都朝歌遊行慶功時，〈周本紀〉記有「百夫荷罕旗以先驅」，《尚書》諸篇沒有這個場景的記載，但《逸周書・克殷》有記「百夫荷素質之旗於王前」。漢語「素質」是「白色」的意思，為什麼周代的「罕旗」就是「白旗」呢？

略知北方民族語言的人都知道，蒙古語「白色」是「察罕／叱干」，半戎半漢的「白旗」應該是「察罕旗」。但是後來中原的語言不斷漢化，懂得「察罕是白」的人愈來愈少，乃至司馬遷採錄到的版本中「察罕旗」還脫漏了「察」字，於是成了「罕旗」，虧得《逸周書・克殷》記下了「素質之旗」，倖存了周人語言是蒙古語的一條線索。

周部落根基在陝西「關中」，今天關中禮泉縣還有一個「叱干鎮」，這也證明上古當地語言確有這個蒙古字。

「惟家之索」為何是「家道破敗」？

〈周本紀〉引有《尚書・牧誓》之名句：

> 牝雞無晨；牝雞之晨，惟家之索。

意思是「母雞不司晨；母雞若司晨，家道不幸。」孔安國釋說「索，盡也。喻婦人知外事，雌代雄鳴，則家盡也」，是隱喻商朝即將敗滅。事實上，蒙古語「倒霉／不幸」是 золгуй ／ zolgüi，「索」是它的第一個音節 зо ／ zo。

「大禹」是「單于」

《尚書》有很多處「后／侯」，還出現過十處「諸侯」和八處「群后」，「后／侯」意為「酋長」或「官人」。如《尚書・胤征》說：

> 惟仲康肇位四海，胤侯命掌六師。羲和廢厥職，酒荒於厥邑，胤后承王命徂征。

此中「胤侯／胤后」應為同一人，即胤族的首領；「羲和」則是羲族的頭人。「后／侯／和」三字通假，是與「首領／頭人／官人」之義有關。

而《尚書》記載夏、周兩部落的首領是「大父」和「亶父」，傳說中的中原領袖人物名「唐堯」和「大禹」，官稱則稱「大夫」。事實上，「后／侯／和／父／夫／堯／禹」的語音是 ghu／hu／u／o。

其實，「大父／大夫／大禹／亶父／唐堯」的讀音就是「單于／dar-ghu」，源頭則是蒙古語「酋長／дарга／dargha」，因為「單于」被訓作 chan-yu 已久，要還原為 dar-ghu 還須一番詮釋。《漢書・匈奴傳》說「單于廣大之貌也」，蒙古語「廣大／дэлгэр／delger」與「酋長／дарга／dargha」幾乎一致；而 ghu 又進而軟化為 u，於是 darga 就成了 dar-u，也就是「單于」。上古中原的部落領袖曾為「單于」的事實表明，華夏民族的祖先曾為戎狄，中原的主流語言曾為蒙古語。

上述討論的「父／夫」與「后／侯」同音比較顯然，而「堯／禹／于」等字的讀音則須稍加說明。以半母音 y 起首的漢字，略去 y 約可為其古代音，如「亞／鴉」為 a；「姚／堯」為 ao；「顏／

奄／燕」為 an；「殷／尹／胤／贏」為 en ／ in；同理「于／禹／
禹／虞」為 u。

結束語

　　至少在三、四千年前，黃河流域就發生了語言的轉型，與藏緬語
同類的漢語取代了今天被歸為「阿爾泰語系」的戎狄語言。語言轉型
往往會伴隨文化的流失，但是華夏文明的結局相當完美，前漢語時代
的傳說或歷史，被華夏先人翻譯成漢語，《尚書》和《詩經》就是用
漢字紀錄下來的篇章。中國文化是世界上最古老的文化之一，但是人
們常誤解漢語是世界上最古老的語言，漢語中的戎狄語言底蘊，也會
被誤釋是北方民族借用了中原語言的成份。一百年前，法國漢學大師
伯希和（Paul Pelliot，1878-1945）就認為蒙古語 darga 來自漢語的
「達官」，突厥語 beg 來自漢語的「伯」；事實恰恰相反，漢語是在
戎狄語言的基礎上發生的較年輕的語言，要證明這一點就必須有更多
的證據來推翻根深蒂固的傳統觀念。之於一些惟信書的中國人來說，
發現《尚書》、《詩經》、《逸周書》中的蒙古語成份，希望能成為
說服他們的文字證據。

2010 年六月一日初稿

2014 年二月二十六日修改

圖三十五　漢學大師伯希和

二十六、〈禹貢〉中的蒙古語成份

〈禹貢〉不似《尚書》其他各篇，記載的是大禹治水時走遍天下，所見到的中原的自然、地理、物產和居民。司馬遷將其輯入《史記·夏本紀》，班固將其輯入《漢書·地理志》，許多人認為它是中國地理和歷史的啟端。然而，〈禹貢〉的若干千年不破的難點，還是我們識別上古中原語言的穴道。

「黑水」是蒙古語的「黃河」

〈禹貢〉把中原分成「冀兗青徐揚荆豫梁雍」九州，還說「華陽黑水惟梁州」和「黑水西河惟雍州」（「惟」即「為」），究竟「黑水」是哪一條河？很有爭議。代表當今中國學術基本水準的《辭海·地理分冊》說：

> 黑水所指，自來說法不一，有張掖河、黨河（在今甘肅）、大通河（在今青海）等說。西河或河指今山西、陝西間的黃河。

歷史上，「西河」的確是指山西、陝西兩省間自北向南的那段中游黃河。「東河」則是流經河南、山東的下游黃河，漢代鄭玄釋說「兩河間曰冀州」（《史記》，第 52 頁），即是說冀州是在「東」「西」兩河之間，或者今天河北、山西兩省的地面。這個關於「西河」的說法當然是沒有問題的。

地圖十　禹貢九州

　　而「黑水」就是中國的「母親河」——黃河，根本不可能是地區性的張掖河、黨河、大通河。中國學者大多沒有讀過波斯經典《史集》，那是一本蒙古史，它是按蒙古語把黃河稱為「合剌沐漣」（俄譯 Kapa Мурэн）的，意即「黑河／黑水」；該書說黑水源自吐蕃，其實是說黃河源頭在青海。因此〈禹貢〉說的「黑水西河惟雍州」，即上游黃河和西河之間的陝甘寧青四省地方。

　　十三、十四世紀間，蒙古伊兒汗國統治波斯，猶太人醫生兼學者拉施特擔任宰相多年，他受命編修的蒙古民族的歷史，就是後來的世界名著《史集》。法英德俄學者對《史集》進行了翻譯和註釋，其中以前蘇聯學者的成就最高，北京大學余大鈞先生等將其由俄文轉譯成中文三卷四冊，八十年代由商務印書館出版。

　　有了「黑水就是黃河」的認識，「華陽黑水惟梁州」也因而釋清。「華陽」並非僅指華山以南，而是泛指秦嶺以南的漢中盆地和成都平原；而黃河河曲的甘南瑪曲和川西若爾蓋，離成都僅三、四百公里而

已。所以「華陽黑水惟梁州」就是從漢中和成都，西及黃河河曲的大片地方。這地區上古人類熾盛，三星堆文化就發生在成都平原。

「球琳」是蒙古語的「玉石／石頭／赤老溫」

上世紀，紅山文化遺址出土了許多五千年前的玉器，玉石產自西域，河西走廊所在的雍州是其輸入孔道。〈禹貢〉說雍州「厥貢惟球琳」（「厥」即「其」），〈夏本紀〉作「貢璆琳」，顧頡剛取引孔安國的說法「璆、琳，皆玉名」（《史記》第 65 頁，註十三），孔安國認為「璆」和「琳」是兩個字，但都是「玉石」的意思。

忽必烈命人編纂的《至元譯語》是最早的蒙漢辭書，其「珍寶門」的「玉」字是「赤老溫」（賈敬顏等《蒙古譯語・女真譯語彙

圖三十六　遼寧「紅山文化」出土的玉龍

編》，天津古籍，第 9 頁），也就是蒙古語的「石頭」一字 чулуун ／ chuluun。因此蒙古人名「赤老溫」從義既可為「頑石」，亦可為「美玉」；而急讀「赤老溫」即是《魏書·官氏志》中的鮮卑姓氏「丘林／出連」，或是〈禹貢〉之「球琳」。

蒙古語也在變化，明代蒙漢辭書《華夷譯語》、《韃靼譯語》、《登壇必究》中的「玉石」，已是「哈石／哈失／哈四」，它們可能是漢語「玉石」的變音，但元初蒙古語的「玉石」還是的「赤老溫」。〈禹貢〉之玉石為「球琳」是夏語為蒙古語的直接證據。

「篚」是蒙古語的「織物」

〈禹貢〉六次出現「篚」字：兗州「厥篚織文」；青州「厥篚檿絲」；徐州「厥篚玄纖縞」；揚州「厥篚織貝」；荊州「厥篚玄纁」；豫州「厥篚纖纊」，即是冀梁雍以外六州均出產「篚」。但是孔安國釋說「盛之於筐篚而貢焉」（《史記》第 55 頁，註九），是把這些貢品解釋為籮筐，理由無非是「篚」字上有「竹」頭。但它若僅僅是竹編的籮筐，就沒有貢品的價值了。

青州就是山東半島，《爾雅》說「檿，山桑」（《史記》第 56 頁，註十），就是膠東盛產的野生柞蠶，而「厥篚檿絲」是用柞絲織成的綢布，因此「篚」只能是「帛」的通假。於是其他幾個「篚」字就有了比較正確的解釋：「厥篚織文」是說夏代已經有了織花技術；徐州「厥篚玄纖縞」和荊州「厥篚玄纁」是說那裡的綢是黑絲織成的；揚州「厥篚織貝」不是籮筐上編織貝殼，而是「厥帛織帛」。

漢字的「帛／布」與蒙古語「織物／бöс／büs」一字（J. G. Hangin, A Concise English- Mongolian Dictionary, p.82）同源，明

代各種譯語將這個蒙古字作「不施／博絲」。中古韻書說「篚」讀「fei／府尾切／方尾切」，音同「匪」，但是從它與「帛」的關係來看，它是讀 bo 或 bei 的。〈禹貢〉是用「篚」字來記載蒙古字「不施／博絲／бöc」的讀音的。

「島夷」是蒙古語民族的人種意識

「島夷皮服」和「島夷卉服」也是〈禹貢〉名句，是說冀州居民是穿獸皮的島夷，揚州居民是披草卉的島夷。《漢書・地理志》引用了〈禹貢〉全篇，但將「島夷」改成為「鳥夷」。漢字「鳥」有 niao／diao 兩聲，後者別義男器「屌」；「鳥／島」二字形似而音通，我以為「島夷」即是「鳥夷／屌夷」，是夏人對東夷的謔稱。

上世紀學者顧頡剛、傅斯年等已經洞悉東夷與女真都是崇拜鳥圖騰的「鳥夷」。而突厥語民族稱中原漢人「桃花石」，稱東北女真「通古斯」，實質同為「九姓」；因此「九姓／女真／鳥夷」有幾乎等價的意義。三千年後說蒙古話的拓拔鮮卑內主中原，其史《魏書》將南朝桓玄、劉裕等人冠以「島夷」列傳，實質仍將南徙的漢人視為「鳥夷」。

〈禹貢〉將冀揚二州的東夷稱為「島夷」，《魏書》將中原漢人稱為「島夷」，是蒙古語民族將中原東部人類視同「鳥夷」的人種意識，也是〈禹貢〉本為蒙古語的又一證據。而《尚書・咸有一德》說「以有（吾）九有之師，爰革夏正」，就是自命「九有」（九國／九姓）的商族征服了夏族的歷史。那些被「九姓」逐出中原的部落，自然會把中原視為「九姓／鳥夷」天下了。

結束語

夏朝，它的存在是有爭議的，有人認為考古發掘沒有找到它的證據，而埃及、巴比倫、商、周都有銘文器物遺存。然而，人類文明的紀錄不是千篇一律的，難道〈禹貢〉就不及一篇銘文嗎？我指出〈禹貢〉的蒙古語成份，是證明它的「非偽性」；即它的一些令人不懂的內容是有蒙古語來頭的，是說漢語的漢人編造不出來的。

蒙古，是成吉思汗令之成名的，但蒙古語不是他創發的，而是久已存在的，而且還是漢語的基石之一，譬如「申酉戌亥」就是蒙古語的「猴雞狗豬」。遺憾的是，〈禹貢〉的「球琳」是玉石，與夏曆的「申」是猴子一樣，從來不是中國學術的線索。一旦發生了這樣的問題，中國學者更欣賞的是「孔夫子曰」或「孔安國說」，而不是幾分鐘就可從《蒙古譯語》找到的答案。

戎狄語言是漢語的底蘊，它們已經融化在我們的血液裏，習常到了無敏無覺的程度，不會有誰去想「水」和「天」與突厥語和蒙古語的關係。但是「球琳」是蒙古語，卻一定能激發學界對「夏語是蒙古語」的認同，我要繼續推動這種認識，去告慰那些繁育了我們，卻被我們鄙棄了的戎狄祖先，他們在史前已經為中華文明的發生奠定了基石。

2010 年七月三十一日

2014 年二月十一日修改

附：《尚書·禹貢·九州》

禹別九州，隨山浚川，任土作貢。禹敷土，隨山刊木，奠高山大川。

冀州：既載壺口，治梁及岐。既修太原，至於岳陽；覃懷底績，至於衡漳。厥土惟白壤，厥賦惟上上錯，厥田惟中中。恒衛既從，大陸既作。島夷皮服，夾右碣石入於河。

濟河惟兗州。九河既道，雷夏既澤，灉（雍）沮會同。桑土既蠶，是降丘宅土。厥土黑墳，厥草惟繇，厥木惟條。厥田惟中下，厥賦貞，作十有三載乃同。厥貢漆絲，厥篚織文。浮於濟漯，達於河。

海岱惟青州。嵎夷既略，濰淄其道。厥土白墳，海濱廣斥。厥田惟上下，厥賦中上。厥貢鹽絺，海物惟錯。岱畎絲枲、鉛松、怪石。菜（萊）夷作牧。厥篚檿絲。浮於汶，達於濟。

海岱及淮惟徐州。淮沂其乂（治），蒙羽其藝，大野既豬（都），東原底平。厥土赤埴墳，草木漸包。厥田惟上中，厥賦中中。厥貢惟土五色，羽畎夏翟，嶧陽孤桐，泗濱浮磬，淮夷蠙珠暨魚，厥篚玄纖縞。浮於淮泗，達於河。

淮海惟揚州。彭蠡既豬，陽鳥攸居。三江既入，震澤底定。筱簜（竹箭）既敷（布），厥草惟夭，厥木惟喬。厥土惟塗泥。厥田唯下下，厥賦下上上錯。厥貢惟金三品，瑤琨、筱簜（竹箭）、齒革、羽毛，惟木。鳥夷卉服。厥篚織貝，厥包桔柚錫貢。沿於江海，達於淮泗。

荊及衡陽惟荊州。江漢朝宗於海，九江孔殷，沱潛既道，云土、夢作乂（治）。厥土惟塗泥，厥田惟下中，厥賦上下。厥貢羽毛、齒

革，惟金三品，杶幹、栝柏，礪砥、砮丹，惟箘簵楛。三邦（國）底貢，厥名包匭菁茅。厥篚玄纁，璣組九江，納（入）錫（賜）大龜。浮於江，沱潛漢，逾於洛，至於南河。

　　荊河惟豫州。伊洛瀍澗，既入於河，滎波（播）既豬（都）。導菏澤，被孟豬（都）。厥土惟壤，下土墳壚。厥田惟中上，厥賦錯上中。厥貢漆枲、絺紵，厥篚纖纊，錫貢磬錯。浮於洛，達於河。

　　華陽黑水惟梁州。岷嶓既藝，沱潛既道。蔡蒙旅平，和夷底績。厥土青黎，厥田惟下上，厥賦下中三錯。厥貢璆鐵、銀鏤、砮磬、熊羆、狐狸。織皮西傾，因桓是來。浮於潛，逾於沔，入於渭，亂於河。

　　黑水西河惟雍州。弱水既西，涇屬渭汭，漆沮既從，灃水攸（所）同。荊岐既旅，終南惇物，至於鳥鼠。原隰底績，至於豬野。三危既宅（度），三苗丕（大）敘。厥土惟黃壤，厥田惟上上，厥賦中下。厥貢惟球琳、琅玕。浮於積石，至於龍門、西河會於渭汭。織皮昆侖、析支渠搜，西戎即敘。

　　按：括弧內為《史記·夏本紀》用字。

二十七、華夏西域「藍夷」考

　　上古文獻裡有不少語義明確的漢語族名，如山戎、林戎、犬戎等。後來，這些漢語族名反而在漢語世界裏消失了，這個怪異的現象只能用中原人類的祖先是戎狄的同類來解釋，上古中原曾經有過漢語（雅言）與戎狄語言並存的時代，這些族名是從戎狄語言意譯過來的，漢語後來占了上風，中原語言一元化了，明白多語的人沒有了，戎狄的族名就只能取音譯了。譬如漢代「烏洛渾」出現後，「山戎」就消失了，因為沒有人再懂得「烏洛渾」是「山裏人」了。

地圖十一　西域地理概貌（改繪，原載美國《國家地理》雜誌）

　　「藍夷」是失佚得更早的雅言族名，它出現在《竹書紀年》「仲丁即位，征於藍夷」和「河亶甲即位，自囂遷於相。征藍夷，再征班方」兩段文字中，《後漢書‧東夷傳》改成「至於仲丁，藍夷作寇」。商代以後「藍夷」就沒有在中原再出現過，它一定是被一個音譯族名頂替了，本文就是要探證「藍夷」的真名實姓。

張騫記載的「藍市」和「大夏」

　　關於「藍」的信息後世兩次出現在西域，而且還都與「夏」相關。司馬遷在《史記》名篇〈大宛列傳〉裏記載過一個「藍市城」，它是「大夏」之都，其云：

> 大夏在大宛西南二千余里媯水（按，今阿姆河）南。其俗土著，有城屋，與大宛同俗。無大君長，往往城邑置小長。其兵弱，畏戰。善賈市。及大月氏西徙，攻敗之，皆臣畜大夏。大夏民多，可百余萬。其都曰藍市城，有市販賣諸物。其東南有身毒國（按，中國古代將興都庫什山以南地方視為印度的）。

　　大宛是在今天烏茲別克斯坦東部的費爾干那（Fergana）盆地，大夏應該是在阿姆河南和興都庫什山之北的平坦地區，阿富汗城市巴里黑（Balkh）是這片地方的古代中心，印歐伊朗人種是那裡的原住民，〈大宛列傳〉的「自大宛以西至安息……其人皆深眼，多須髯」，是對他們面目的描述。

　　有趣的是，亞歷山大大帝的希臘遠征大軍經過那裡，更早的美地亞波斯王朝還曾經把地中海利比亞沿岸的希臘移民流放到那裡，這些希臘人的後裔建立過一個頗具名聲且有考古遺跡的巴克特里亞

圖三十七　有希臘銘文的巴克特里亞錢幣

（Bactria）王朝。上世紀初，一批有見地的歐洲漢學家，如格魯塞
（Rene Grousset）就認為這個希臘人的政權就是「大夏」。（《草
原帝國》，魏英邦譯，青海人民出版社，頁 46-50）果真如此的話，
那就應該從希臘語或波斯語去尋找「藍／夏」及它們的關係了。

　　但是，以月氏、烏孫、塞種為代表的遊牧部落的入侵，很早也在
中亞形成了一個蒙古人種的部落社會，西方古典把中亞的遊牧部落統
稱為「斯基泰人／ Scythian」，《地理志》作者斯屈波（Strabo，紀
元前 63 ／ 64- 後 24 年）言及攻入巴克特里亞的四個遊牧部落，他說：

> 最知名的是把巴克特里亞從希臘人手裏奪走的那些遊牧部落，
> 即 Asii、Pasiani、Tochari 和 Sacarauli，它們都是從分割薩
> 伽人和索格丁那的藥殺水（按，今錫爾河）彼岸過來的，那邊
> 是薩伽人佔領的。（The Geography of Strabo, XI-8-2）

這四個部落名中的 Tochari（或 Tokharoi）即是中國歷史屢屢提及的
「吐火羅／睹貨邏」，或錫伯族姓氏「托霍羅」（龔義昌《錫伯族
姓氏考》，新疆人民，頁 30）；有西方學者指出別處又作 Asioi ／

圖三十八　錫伯族姓氏「托霍羅」

Asiani 的 Asii 就是「烏孫」，我以為「烏孫／Osin」就是「愛新／Asin」。可惜從格魯塞到梅維桓（Victor Mair）等名家都誤以為這些族名是西方人種的族名。

　　張騫於紀元前 139 年啟程出使大月氏，可能未出河西走廊就被匈奴截留，他在匈奴受到厚待，還在那裡娶妻生子，十年後方得脫逃，所以應該通曉匈奴語或月氏語，他到大宛後聽說的阿姆河南的「大夏」和「藍市」，最可能是匈奴或月氏語中可會意為「華夏之邦」或「藍族之城」的蒙古人種部落名。

唐代西域的「藍氏」和「大夏」

　　唐代西域也有「藍」和「夏」并立的遺跡。《新唐書‧地理志》記載「隴州南由令王名遠」以「吐火羅道置州縣使」的名義巡訪西

域，並於大月氏故地，即烏茲別克及其周邊地方設「月支都督府」，
以當地部落分置二十五州，其中「藍氏」和「大夏」兩州名列冠亞。
其云：

> 龍朔元年，以隴州南由令王名遠為吐火羅道置州縣
> 使，自于闐以西，波斯以東，凡十六國，以其王都為都督府，以其屬
> 部為州縣。凡州八十八，縣百一十，軍、府百二十六：月支
> 都督府，以吐火羅葉護阿緩城置。領州二十五：藍氏州以鈢
> 勃城置。大夏州以縛叱城置。漢樓州以俱祿犍城置。弗敵州
> 以烏邏甄城置。沙律州以呪城置。嫣水州以羯城置。盤越州
> 以忽婆城置。怛密州以烏羅渾城置。伽倍州以摩彥城置。粟
> 特州以阿捺臘城置。鈢羅州以蘭城置。雙泉州以悉計蜜悉帝
> 城置。祀惟州以昏磨城置。遲散州以悉蜜言城置。富樓州以
> 乞施爐城置。丁零州以泥射城置。薄知州以析面城置。桃槐
> 州以阿臘城置。大檀州以頻厥伊城具闕達官部落置。伏盧州
> 以播薩城置。身毒州以乞澀職城置。西戎州以突厥施怛馼城
> 置。篾頡州以騎失帝城置。疊仗州以發部落城置。苑湯州以
> 拔特山城置。

我們不難發現上述「州／城」之名中，除「藍氏」和「大夏」是
漢語族名外，其餘都是北方民族的音譯族名，譬如：鈢勃（拔拔）、
薄知（白狄）、苑湯（烏潭）、大檀（韃靼）、忽婆（賀拔）、摩彥
（慕容）、篾頡（勿吉）、縛叱（兀者）、怛密（吉里迷）、遲散（赤
沙）、祀惟（室韋）、析面（悉萬）、烏羅渾（烏洛渾）等。而藍氏
和大夏像是這個蒙古人種群體中的領袖部落，當然也應該從北方民族
的語言中去認識「藍／夏」二字。

西域的語言局面

中亞語言是多元的，今世流行的伊朗語屬的塔吉克語、普什圖語，遠古就存在於那裡了；蒙古人種統一使用突厥語的局面，也是在九世紀以後才逐步形成的，南朝歷史《梁書·滑國傳》記載了中亞使用蒙古語的情況，其云：

> 滑國者，車師之別種也。……至天監十五年（紀元 516 年），
> 其王厭帶夷栗陀始遣使獻方物。……其言語待河南人譯然後通。

所謂「河南人」即是說蒙古話的吐谷渾部，其地今為青海省黃南藏族自治州河南蒙古族自治縣，其今世後裔是操蒙古語的土族。《梁書》要為西域的滑國立傳，說明這個部落在中亞是有影響的；而其「言語待河南人譯然後通」，又表明它是說蒙古話的。

圖三十九　喀布爾街頭的兩個男子

王名遠能理順這些蒙古人種部落，與他出自秦隴有關。「隴」就是天水、寶雞一帶，魏晉年間那裡氐羌雜處，更早則為周秦盤踞。周秦的血緣是九姓，是月氏的同類，語言卻是蒙古話，秦始皇改「江陵」為「秭陵」，即是蒙古語的「江河」。今天甘肅河州東鄉的百姓（東鄉族）還說蒙古話，也是古代陝甘寧青，乃至整個西北地方流行蒙古語的遺跡。月氏是從河西走廊出走的，號稱「月氏」的中亞曾流行蒙古語不足為怪。

「藍」是「呼和」之意，「夏」是「呼和」之音

一旦瞄準蒙古語，「藍／夏」相關的真相就呼之欲出了。很簡單，「藍／青」在蒙古語是「呼和／ kho-kho」，突厥語則是「可可／ ko-ko」，地名「呼和浩特」是「青城」，「可哥西里」是「青山」。因此蒙古語裡「藍夷／藍氏」應是「呼和氏」，而族名「回紇／ khui-kho」又最接近「呼和」。因此，《竹書》時代的雙語人士是將「回紇」聽成「呼和」；又按「呼和」之意，將其譯為「藍夷」的。

在中國歷史上，意譯族名「藍夷／藍市／藍氏」僅出現過這三次，其中兩次還是出現在西域，其餘的「回紇／呼和」大多以「夏」的面目出現，「西夏」即是一例，《宋書‧夏國傳》說西夏「國稱大夏」；中原漢族稱它「回回」，實即「回紇」。後來西夏民族皈依了伊斯蘭教，漢人把伊斯蘭教稱做「回教」，所幸還沒有稱它「夏教」。

中國人在翻譯多音節族名、國名時，常常是抓住一個特徵音節，然後用一個漢字去標誌它。譬如，在 America 裏抓住了 me，從而把

它譯成「美國」。對「回紇／呼和」則是抓住了 kho，用「夏」去表誌它，「夏」在吳語讀 kho，在粵語和閩語讀 kha。基於這個語音認識，中原姓氏「夏侯」是「回紇／呼和」，也是順理成章的結論。

「華夏」就是「回紇」

華夏民族的源頭也是「夏」，《尚書》除去用單字「夏」，還用雙字「猾夏／有夏／華夏」去記載建立夏朝的夏部落。譬如《尚書・虞書・舜典》有「蠻夷猾夏，寇賊奸宄」，《尚書・周書・武成》有「華夏蠻貊，罔不率俾」。《尚書・商書》諸篇則含「有夏」二十餘處，如「伊尹去亳適夏，既丑有夏，復歸於亳」和「有夏多罪，天命殛之」等。

從讀音來看，「華夏／猾夏」就是「回紇／呼和」。把「有」字讀如 o ／ u，「有夏」則音如「烏夏」，也是「回紇／呼和」的諧音。如果把「國」讀成「或」，《梁書》的「滑國」和《大唐西域記》的「活國」也是「回紇／呼和」。然而，我們還希望看到中國被稱為「回紇／呼和」的更直接的證據。

《後漢書・遠夷歌》是四川西部阿壩或甘孜地區的一個酋長去洛陽覲見東漢皇帝歸來作成的感歌，其中有一句歌詞「堤官隗構」的譯文是「大漢是治」，那個遠夷部落是將中國稱為「隗構」，而「隗構／ khui-gho」即是「回紇」。產生這樣的稱呼的原因，可能是因為夏朝就是「回紇朝／隗構朝」。

古今中外的「回紇」

中國歷史乃至史前傳說中「回紇」的音譯族名、姓氏、人名層出不窮，如：

傳說時代族名	無懷、有扈、有虞、屼屼
中原古代姓氏	夏侯、公夏、公何、公華
《逸周書‧王會解》族名	越漚
《匈奴列傳》族名	夏后、渾窳
《兩漢書‧西域傳》族名	狐胡、孤胡
《晉書‧四夷傳》族名	獝胡
《隋書‧鐵勒傳》族名	韋紇、嗢昏
《新唐書‧回鶻傳》族名	回紇、回鶻
《大唐西域記》族名	縛喝
《遼史‧營衛志》族名	回鶻、烏隗、奧隗、越兀
《金史‧百官志》族名	黑罕、夫合
《南村輟耕錄》族名	外兀、畏吾兀
《八旗氏族通譜》姓氏	倭赫、輝和、瑚琥、和和
《史記‧秦本紀》人名	烏獲
《史記‧楚世家》人名	吳回

結束語

　　蒙古人種諸族裏都有「回紇」的成份，匈奴自命是「夏后氏」的後裔，而「藍突厥」就是「回紇突厥」，女真民族中有「輝發部」，西夏民族本身是「回回」。九世紀時「漠北回紇」走進塔里木盆地與當地諸族融合成「維吾爾」，走向西方的「烏古」在羅馬帝國故地上建立了奧斯曼帝國。

　　「華夏即回紇」可從語音上猜到，但理性認識還須通過「夏／藍」的關聯，和蒙古語的「藍」是「呼和」來達成。中國人自稱「炎黃子孫」，稱祖國「華夏大地」，而「華夏」不是空洞的政治符號，而是實際的人類族名。當今世界上有四分之一的人口認同「華夏」，因此「回紇／華夏」不愧是世界上最古老，而且是最具有親和力的歸屬。

2011 年五月三十日初稿

2014 年二月十二日修改

二十八、《逸周書・王會》中的女真民族

　　二十世紀王國維、郭沫若、顧頡剛、傅斯年、丁山、陳夢家等先賢開始關注上古中原人類的族屬，但只達成一些文字學和民俗學的蒙朧之見。顧頡剛不是「惟信書」的人，他求索商族崇拜鳥圖騰的證據，是要求證以商族為代表的東夷是女真。他未能攻克這一難題，是因為未能認識「何為女真」的一方「他山之石」。

「通古斯」可以攻玉

　　十七世紀新到西伯利亞的俄羅斯人注意到，說突厥語的雅庫特人把說女真語的鄂溫克人稱為 Tungus，於是「通古斯」就成了女真民族的人類學學名，但是東西方學者至今還不明其義。

　　另一條信息來自九世紀阿拉伯地理著作《道里邦國志》，它把中國歷史稱為「昭武九姓」的中亞月氏民族記為 Tughuz-ghur。該著中文譯者宋峴洞悉「Tughuz ／通古斯」是突厥語的數詞「九」，而將其譯作「九姓」。

　　我悟及「月氏／烏茲」就是女真族名「兀者」，其亦為「九姓」表明：東西伯利亞和中亞的突厥語民族通通都將各種女真系民族視為「九姓」。「女真」實讀 ju-chen（西文作 Jurchen），「女／九」是同音於 ju 的異字，因此「女真／女國」同質於「九姓／九國」。

有此認識，《尚書·商書·咸有一德》說的：

> 以有九有之師，爰革夏正。

就有了線索，其中兩個「有」字分別是「吾／我」和「或／國」的通假，此話改作「以吾九國之師，爰革夏政」；既然商族自命「九國」，其為「女真」昭然若明；而華夏祖先有「女真／九姓」的證據就源源不絕，乃至《尚書》同時代的《逸周書》中也暗藏了若干「九國」和「女真」。

《逸周書·王會》中的「女真／九姓」

《逸周書》是孔子選輯《尚書》的余篇，內容都是關於周代發生的事情，其中〈王會〉之前半篇記載了周初「成周之會」的盛況，後半篇卻是商初能臣伊尹向四方部落征索方物的追記，因此〈王會〉就成了商、周兩代的一部民族典志。其後半篇說：

> 臣（伊尹）請正東，符婁、仇州、伊慮、漚深、十蠻、越漚、剪髮、文身，請令以魚皮之鞞，烏鰂之醬，鮫鰙利劍為獻。正南，甌鄧、桂國、損子、產里、百濮、九菌，請令以珠璣、玳瑁、象齒、文犀、翠羽、菌鶴、短狗為獻。正西，昆侖、狗國、鬼親、枳巳、闟耳、貫胸、雕題、離卿、漆齒，請令以丹青、白旄、紕罽、江曆、龍角、神龜為獻。正北，空同、大夏、莎車、姑他、旦略、豹胡、代翟、匈奴、樓煩、月氏、截犁、其龍、東胡，請令以橐駝、白玉、野馬、騊駼、駃騠、良弓為獻。

上述〈王會〉羅列的三十六個部落中，正南族名「九菌」若讀「九困」就是「九國-n」；正西族名「鬼親」之「鬼」吳音讀 ju，而〈殷本紀〉人名「九侯」又即「鬼侯」（《史記》，頁 106，註二），因此「鬼親」是「九親／女真」必真。

華東也有女真

自命「九有／九國」的商族，原本是一個遊牧部落，最後定居在河南、河北、山東、安徽四省接連處，其正西、正北無遠弗屆，遠處當然是西戎北狄。但其正東、正南千里之外便是大海大江，近處是青、兗、徐、揚諸州或華東之地，當地徐戎、淮夷雖有「戎／夷」之謂，卻是商族的同類，華夏的根底，或漢族的祖先。

地圖十二　上古華東

　　〈王會〉記載商地正東的八個部落是「符婁、仇州、伊慮、漚深、十蠻、越漚、剪髮、文身」，其中「剪髮／文身」是因俗得名，《史記‧吳太伯世家》就說到「太伯、仲雍乃犇荊蠻，文身斷髮」。我沒有證據說「十蠻」不是「十種南蠻」；但它也可能是《魏書》部名「悉萬」，或中原姓氏「司馬／西門」和東歐蠻族名 Sarmatae 的源頭。但我有絕對的把握說「伊慮」和「漚深」是兩個女真族名。

「伊慮」是「挹婁／白馬」

　　「伊慮」音同「挹婁」，《三國志‧魏書‧東夷傳》記云「挹婁在夫余東北千餘里」，挹婁、肅慎、靺鞨、勿吉、兀者等，都是女真民族的基本部落。薩滿神歌之「白馬／yalu」（宋和平《滿語薩滿神歌譯註》，頁245）和河名「鴨綠」都是族名「挹婁」，而《史記‧西南夷列傳》記載的「白馬氏／白馬羌」和現代「白馬藏族」應即挹婁之裔。唐德剛先生對我說過美洲阿留申群島之名「阿留／Aleut」亦是「挹婁」，我還以為契丹姓氏「耶律」也是「挹婁」。商地以東有「伊慮」即表明上古華東地方有通古斯民族的基本部落「白馬／挹婁」。

「漚深」就是「公孫／烏孫／愛新」

　　「漚深」音同「烏孫」，漢代歷史說月氏和烏孫原本在河西敦煌一帶遊牧，後被匈奴驅入西域。今天哈薩克族仍有「烏孫部」，內蒙古則有「烏審旗」。我曾歸納古代姓氏裡的「公」讀「烏」，黃帝

所出的「公孫氏」就是「烏孫氏／漚深氏」，我還曾指出「烏孫／Osin」是「愛新／Asin」之轉韻，因此「公孫／烏孫／漚深」即是「金姓／愛新」。〈王會〉有「漚深」居於商地以東的記載，是自命「炎黃子孫」的華夏民族有通古斯祖先的又一證據。

「魚皮之鞞」和「魚皮韃子」

〈王會〉說伊尹向東方部落索取的「魚皮之鞞」（「鞞」即「帛／布」），是將魚皮剝離晾乾後，捶打成軟如綢布的衣料。東北烏蘇里江流域赫哲族以魚皮制衣，民俗學者認為那是通古斯民族的古俗，元代他們被稱為「魚皮韃子」，今天在俄羅斯被稱「那乃人」，所謂「那乃」就是女真語的「魚皮」。北美土著居民 Aleut（挹婁）、Yupik（尤比克）、Inuit（因紐特）人擅長處理魚皮（Marion Kite

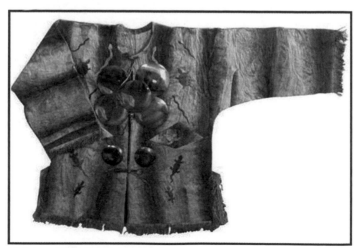

圖四十　中國境外那乃人的魚皮衣

and Roy Thomson, Conservation of Leather and Related Materials, pp. 174, 177），也可以表明他們是遠走的通古斯之裔；上古華東人類曾使用「魚皮之鞾」，是中原民族祖先中有「魚皮鞾子」的證據。

結束語

　　上古中原是一個戎狄形態的社會，中原的語言後來發生了變化，漢語逐步取勝，在漢語的基礎上又發生了漢字。可以說，那是一個半戎半漢的時代，一些精通雙語的知識份子用漢語和漢字記載了戎狄時代傳說、歌謠、巫術和哲理，它們就成為了中華民族的文化瑰寶，《逸周書》是這些上古之書中的一部。當時漢字規範不成熟，通假很隨意，後人讀來可懂內容非常之少。然而，北方民族保留了上古中原的語言和生活形態，中原民族卻將他們視為蠻族，而且拒絕認同他們。追尋「伊慮漚深」和「魚皮之鞾」本應輕而易舉，但卻需要有人作「驚人之舉」去指證它們了。

2011 年三月二十一日初稿

2014 年二月二十六日修改

二十九、為中國史學的實證化而努力

　　我研究北方民族只有十年功夫，之於畢生從事某一課題的專家來說，十年只是樂在其中的瞬間。然而，大陸版的《中國北方諸族源流》和台灣版的《秦始皇是說蒙古話的女真人》在海峽兩岸冷寂的學術類書籍市場中都得到了熱情回報，這對於涉史不深的我來說，自然是非常鼓舞的；而對於通篇的離經叛道，讀者產生分裂的意見也是不奇怪的。

　　批評意見主要是關於我的方法，即利用比較語言來達成對亞洲人類遷徙的認識。這種批評的根據可以總結為：漢語是用圖形構造的漢字記載的，它們是表義不表音的，每一個漢字在各個時代的讀音也未必是一致的，因此用漢字記載的語音資料，如人名、地名、族名，都必須逐字逐代地辨認其讀音。而這樣的工作已經為古代訓詁家和西方漢學家完成了。

　　一位語言學者建議我常備一本高本漢（Bernhard Karlgren）的《漢文典》（Grammata Serica Recensa），他說：「大多數漢字的上古和中古讀音及其轉換規則都可以在裏面查出來。對這些讀音的理解不是靠現代方言能夠取代的。歷史語言學就像文科裏面的理科，自有其嚴格的科研規範，音轉規則就像數學公式，其間並沒有給我們留下多少想像的空間。」言外之意是：關於一切漢字讀音的「正確」結論已由前人製造完畢；而我們的任何努力都只能是產生「謬誤」了。

　　事實上，這不是什麼「科學規範」而是一種「文化意識」，科學是要打破思想的禁錮，而這種意識卻是要固化人們的思想，因此它一

定是科學的敵人，不幸它又是中國文化的傳統。在二十世紀中國學術也發生過一些變化，但其主流是從「迷古」轉為「崇洋」。如果後者是採用西學方法也好，不幸的又是大部分人只是接受的西方人的個別結論；而一旦接受了它們，又企圖把它們固化起來。

上一世紀，由於比較語言學方法的應用，「漢藏語系」理論很有斬獲。高本漢、王力等對漢字古代讀音的研究，或對漢字上古音、中古音的「構擬」，是將中古韻書作了拉丁化註音和有限程度的反推，其中還有若干主觀的和不妥的成份。譬如，認識漢語與藏緬語的關係後，人們注意到粵語比官話更接近藏語（如「九」的讀音），於是他們的「構擬」便朝廣東話傾斜，近年還有古代洛陽話更接近現代廣東話的說法。事實相反，《尚書》和《詩經》中的蒙古語成份表明，中原曾經是阿爾泰語言的天下。

推行實證的手段，之於中國學術非常重要。譬如，匈奴首領的稱號「單于」俗讀 chan-yu 已久，我認為它應直讀為 dar-ghu 即與中原王侯之號「大禹／大父／唐堯／亶父」同音。《漢文典》和王力《同源字典》也都說「單」字的古音是 tan（實為 dan）；《漢文典》還給出「單」字的七個出處：

《詩》俾爾單厚；

《禮》歲既單矣，世婦卒嚚；

《書》乃單文祖德；

《左》單斃其死；

《禮》鬼神之祭單席；

《詩》其軍三單；

《書》明清於單辭。

其實，這些「單」出處都是它的「字源」而非「音源」，無一能

成為「單」字讀 chan 而不讀 da ／ dan 的根據。

對於「單」的讀音可有兩個非漢語的證據。其一，《漢書‧匈奴傳》說「單于廣大之貌也」，蒙古語是匈奴語最重要的成份，蒙古語「廣闊」一字是 del-ger，因此「單」的聲部應是 d 而非 ch。其二，《三國志‧魏書‧東夷傳》說「沃沮……在單單大領之東」，「大領」就是《金史‧國語解》說的「忒鄰，海也」，「單單大領」就是「韃靼海」（今日本海），這是「單」讀 da 的又一證據。

西人高本漢和國人王力的工作是重要的，乃至偉大的，但遠非完備的，後人還是有補充和改良的空間的。譬如，高本漢意識到《詩經》《尚書》不是最古的漢字字源，因此他還在《漢文典》中盡力列舉了許多甲骨文字。然而只把它們當做「意符」，是不能解決漢字的字音問題的。本書前言說到：

> 甲骨之「帚」字是「婦」，早已被郭沫若破解；但甲骨氏族名「帚好」、「帚妻」、「帚妹」、「帚妊」、「帚白」、「帚妹」中的「帚」是音符，還是意符？始終沒有正確的理解；如果我們能有語音實證的自覺意識，它們不是「回紇」、「兀者」、「烏馬」、「斛律」、「悅般」、「惡來」，又是什麼呢？

司馬遷還遇到過更古老的語言或文字，他在〈五帝本紀〉結尾時說：

> 大史公曰：學者多稱五帝，尚（上古）矣。然《尚書》獨載堯以來。而《百家》言黃帝，其文不雅馴（訓），薦紳先生難言之。

我以為「雅言」或「雅馴」是指後來形成的漢語，而記載黃帝事蹟的《百家》是「前漢語」或「非漢語」時代的著作，它最可能是用

漢字記載的非漢語的故事，那種上古中原的語言，應該是今世北方民族的語言。

上世紀甲骨文字的成功解讀，中國史學的實證化有了長足的進步。而顧頡剛、傅斯年等人在揭示商族是「鳥夷」的同時，也認識到商族與東北「鳥圖騰」民族的關聯，從而把東方歷史人類學推進到幾乎破局的邊緣，然而他們未能竟功。其中一個表面的原因是，他們未能進入現代比較語言學的實證領域；而更本質的原因則是，他們沒有意識到中原地區曾經有過一個漫長的「戎狄時代」。

顧頡剛是二十世紀有大膽思想的先進人物，但他依然是因循傳統觀念來校點《史記》的。以〈秦本紀〉的「[武公]十年，伐邽、冀戎，初縣之。十一年，初縣杜、鄭。滅小虢」為例，「邽」「冀」既為戎狄，為什麼就不能是雙音節族名「邽冀」，而非要將它們斷成兩個單音節族名呢？這樣的斷點遠非只此一例。

《後漢書‧西羌傳》又說「渭首有狄、豲、邽、冀之戎」，為什麼「邽」「冀」又糾纏在一起呢？依我看「邽冀」就是「女直」，「杜鄭」就是「突厥 -n」；而「小虢」與傳說人名「少昊」相關，也是同傳記載的族名「燒何」，或是流徙歐洲的匈牙利姓氏 Sáhó（音 xia-ho，匈牙利語 s 讀 x；sz 讀 s）等。

顧頡剛以「疑古」成名，其實那並非真是「疑史」，大多只是「疑書」而已，即質疑成書的時代或作者的真偽，但這之於愚昧的「敬書」傳統，卻很有叛逆的意義。「懷疑」是「實證」的動力，而「疑書」也推動了「證史」的熱情。今天，史學家李學勤的工作大都是「證史」，顧先生很器重這位弟子。然而，一些信奉了「疑古」精神的先生，卻以為「證史」是反對「疑古」先聖的大逆不道。

科學是知識的進化系統，即基於一些認識背景和方法，不斷達成新的認識，並成為新學科和新手段的生長點。傳統學術只求「知」不

求「識」，既不清理，也不外延，於是成了一堆垃圾，而那些鑽在垃圾裏「掏來掏去」，「倒來倒去」或「叨來叨去」的人，就是所謂「朽儒」了。現代出了幾個比較傑出的人才，和比較像樣的成果；於是立刻就會有人將他們捧為「聖賢」，把他們的成果固化起來，從而讓學術思想就此再止步五百年。

語言學是人類學的當家學問，然而中國語言學者卻大多成了文字學的奴隸，本書是為涉及中國人類源頭的史學實證化作的一個努力，我想以一個外國小故事來結束這篇結束語。那是幾年前發生的一場小小的「爭名奪利」，新西蘭某大學的分子生物學家採用基因手段證明了某些土著部落的血緣關聯，而該校的一些語言學家們聲稱，他們早在許多年前就預言過這個結論。希望有朝一日中國語言學家也能認識到自己的偉大功能。

2008 年一月六日

三十、希羅多德與司馬遷
——希羅多德《歷史》疏註序

　　以文明和戰爭為主流的人類歷史，之於缺乏記載手段的上古時代，能留下較完備歷史的民族或國家只有中國、希臘和以色列。希羅多德（紀元前 484-425）的 *History* 和司馬遷（紀元前 135-90）《史記》又是最早的非傳說性記載，他們因此分別被譽為西方的「歷史之父」和東方的「史聖」；希羅多德的降世僅比中國哲人孔夫子（前 551-479）之死早了五年。而《希伯來聖經》或《舊約聖經》產生在紀元前一千年中，儘管它有更多的神性內容和傳說，但它對以色列民族的記載很多是可信的歷史。

　　歷史的建立是漸進的。中國的《尚書》（上古之書）全書都是虞夏商周各代留下的散文，雖然以漢字寫成，但早期諸篇大都不可理喻，其中還可發現非漢語的成份和表達方式，甚至還對同一人事用諧音異字（通假）不同寫法的現象，故此它們可能是另類語言的漢語譯文，而其非口語文體又是「文言」的濫觴。司馬遷參照《尚書》和其他古籍編定五大〈本紀〉和百篇〈列傳〉，才作成中國第一部兼具文學和人類學價值的信史。

　　同樣，古代希臘也曾經歷大規模的自然災難和外族入侵，其藝術形態乃至語言都曾發生變化；今之所謂「古希臘文明」大約始於三千年前，此前希臘和克里特島的遺跡似乎與腓尼基和埃及的文明更接近。紀元前八至七世紀間，希臘盲人荷馬以特洛伊戰爭為主題集刪而成的兩大史詩是西方文學之祖，雖然它的英雄故事含有若干真實背

景，但其人物被神化，年代不可考，因此只能是文學上的史詩，而非史學上的真實。

在紀元前五世紀中葉的波斯，以居魯士為首的阿赫美尼德王朝取代了美地亞王朝。希羅多德記載的波斯偉人居魯士與美地亞王阿司濟格之間的故事，堪稱世界歷史之絕筆。那是阿司濟格的一場怪夢，被巫師釋為其外孫將篡其位，因此他令家臣哈巴古殺死出生不久的外孫居魯士……多年後，阿司濟格發現居魯士為一牧人之妻育養成人，於是他將哈巴古之子殺而烹之，邀哈巴古食其肉洩恨，這與《史記‧殷本紀》「九侯女不憙淫，紂怒，殺之，而醢九侯」的故事如出一轍；而牧人之妻名 Κυνώ（Cyno）適為蒙古語的「狼／叱奴」，居魯士的身世又與北方民族母狼育嬰終成偉人的傳說不謀而合。這些波斯傳說揭示了美地亞民族的東方屬性。

居魯士一生的偉業，始於統帥大軍征服愛琴海東岸希臘諸邦，並以若干美地亞將領對該地實施管治；繼而居魯士回軍兩河流域，征服了另一文明中心巴比倫。五十年後，即中國春秋末期的時代，希臘和波斯發生長達半個世紀的戰爭。波斯軍於紀元前 492 年和 480 年兩度入侵希臘本土，但均以失敗告終。從此，波斯帝國開始衰落，百餘年後為亞歷山大帝國所滅。希羅多德出生適逢戰爭高潮，盛年時戰事已趨平靜，他以戰爭為主軸的近期聽聞作成的歷史浩卷，幾無來史可齊驅；其中希臘人的斯巴達勇士，馬拉松長跑、溫泉關之役的故事，已垂千古。毋庸置疑，希羅多德伊始的西方歷史的真實性和文學性佔據了顯著的高峰。

但是，希羅多德忽略了世界歷史的一件大事，即居魯士同情當時弱小和受欺凌的以色列民族。紀元前 597 和 586 年，耶路撒冷兩度被巴比倫迦勒底王朝尼布甲尼撒二世攻陷，所羅門聖殿被摧毀，上萬以色列精英乃至王室成員被俘至巴比倫淪為囚虜。前 539 年波斯大

軍佔領巴比倫，覆滅迦勒底王朝，次年居魯士允許「巴比倫囚虜」返回耶路撒冷，並資助他們建成第二座猶太教聖殿。以色列民族受難時期對救世主的期待，萌生了猶太教和基督教的核心教義。《舊約聖經》的〈以斯拉記〉備述了波斯王居魯士和大流士對聖殿重建的諸多善舉，彌補了希羅多德歷史的缺失。

美地亞（Media，實名「瑪代／Mῆδοι」）至少於紀元前一千年之前就開始活躍於中近東地區，希羅多德無數次以「美地亞」稱波斯，又多次指出美地亞人與波斯人種屬不一。《舊約聖經》後部諸記也有二十多處關於瑪代的記載，特別是〈以斯帖記〉無不以「波斯和瑪代」並列稱波斯。事實上，居魯士的母親是美地亞人，尼布甲尼撒二世娶美地亞公主為妻。紀元前七世紀巴比倫迦勒底王朝就是與美地亞王朝聯姻，聯手顛覆並瓜分了亞述帝國。自此美地亞王朝就長期統治波斯、南高加索和小亞細亞東部。現代這些地區的波斯、格魯吉亞、亞美尼亞、庫爾德等民族都與其都有某種血緣聯繫。

希羅多德記載的 Κολχίς 是格魯吉亞先民的舊稱，它與十三至十九世紀間外蒙古別名「喀爾喀／Халх」，中國南方族群之名「客家」，女真姓氏「瓜爾佳」，尼泊爾蒙古人種集團之名「廓爾喀」等，有同一語音源頭。而這個族名又很早就出現在希臘，「金羊毛」的故事就發生在喀爾喀，荷馬史詩《伊利亞特》七處言及 Κάλχας 的人事，而且大都與東方式的預言和占卜相關。

希羅多德記載美地亞人善占卜釋夢，其核心氏族名 Μάγοι（舊波斯文之西文轉寫為 Maguš）亦兼「巫師」之義。現代西方語言的「魔術師／巫師」如希臘語的 μάγος，拉丁語的 magus，英法兩語的 magician，義大利和西班牙語的 mago，斯拉夫諸語的 маг，皆源自於該字；而中國北方民族部落名「貊歌息／梅古悉」恰恰是 Magus，它們應該是女真大族之名「靺鞨／Magho」的變音。美地亞地區的

原始宗教在波斯帝國時代發展成瑣羅亞斯德教（Zoroastrianism，入中國稱「祆教」或「拜火教」），摩尼教（Manichaeism）則為其流變，因大流士王的篤信而成為波斯國教。在一個漫長的時期內，美地亞巫術或宗教不僅對希臘巫術的形態，甚至對基督教最初的形成都有過影響。

《新約聖經》的開篇〈馬太福音 2:1-2〉說到耶穌的降生，「當希律王的時候，耶穌生在猶太的伯利恒。有幾個博士從東方來到耶路撒冷，說：那生下來作猶太人之王的在哪里？我們在東方看見他的星，特來拜他」。「博士」英文譯本作 wisemen（智者），希臘原文卻是美地亞巫師之號 μάγοι／μάγων。事實上，小亞細亞東部和南高加索民眾不僅參與了基督教早期的活動，亞美尼亞還成為了世界上第一個基督教國家。

格魯吉亞之國名 Georgia（喬治亞），顯然與西方姓氏或人名 George（喬治）有因果聯繫，後者始於聖烈喬治（Saint George, 280-303），其父來自卡帕多啟亞（Cappadocia），古代其地廣大，與喀爾喀（古代格魯吉亞）和美地亞接壤，今已萎縮為土耳其一省，因此 George 可能是美地亞、喀爾喀或卡帕多啟亞的某個族名演變成的姓氏或人名。西方研究表明波斯列朝稱該地和南高加索及裏海南岸地方為 Gurzhan，而阿拉伯人又稱裏海及周邊地方為 Jurjan；中國《新唐書·東女傳》有稱「西海（裏海）亦有女自王（部落）」，《元史·地理志》則記有波斯地名「朱里章」。

「Gurzhan／Jurjan／女自／朱里章」的讀音即是東方族名「女直／主兒扯」或「女真／朱里真」，而 George 顯然就是「女直／Ju-ji」；有趣的是，世界上第一個叫 George 的人「蟜極」出在上古中國（〈五帝本紀〉，《史記》第 13 頁）。

以格魯吉亞語為代表的高加索語系，地處中近東卻與印歐——伊

朗語沒有任何關聯，該語系屬下的族名 Abkha 和 Adyghe，就是美地亞人名「阿巴嘎」和「阿司濟格」，也是女真語的「天／阿巴嘎」和「小／阿濟格」。

希羅多德與生俱來的好奇心驅使他尋訪非我族類，踐旅異域山河，而成為世界上最早的人類──地理學學者之一。他去過南高加索和波斯，美索不達尼亞和巴比倫，西奈半島和南部埃及；還遊歷了從多瑙河口到頓河河口，包括克里米亞半島在內的整個黑海北岸地區，他目睹了時稱「斯結泰」的遊牧部落的生活形態。斯結泰等民族的習俗和傳說，可以與中國歷史記載準確比照，這為希羅多德建立的西方歷史豐碑鋪墊了來自東方的基石。

譬如，關於在烏克蘭西部的古代 Neuri 部落，希羅多德說「斯結泰人和住在斯結泰的希臘人都說，每個 Neuri 人每年都有一次變成狼，幾天之後再恢復人形」；而中國十二世紀的《金史》中的女真語小詞典〈國語解〉說的「女奚烈曰郎」，也暗示姓氏「女奚烈」與「狼」的關聯；巧合的是說女真語的現代錫伯族的「狼崇神」正是「尼胡里」。

再如，希羅多德曾沿第聶伯河上溯，到過斯結泰王族墓葬集中的蓋羅司地方（應於中央俄羅斯高地某處），他目睹斯結泰人「割掉一塊耳朵，剃光頭髮，環臂切割傷痕，割破前額和鼻子，用箭戳穿左手……」的喪俗，這與中國漢代開始記載的北方民族的「剺面俗」完全一致，這些都為東歐古代居民的東方背景提供了證據。

希羅多德還備述向波斯帝國納稅的二十個行省的民族，其中位於中亞的第十四行省包括的 Sagartii、Sarangeis、Thamanaei、Utii、Myci，不難識別它們就是中國歷史上的「塞種」、「索倫」、「怛沒」、「月氏」、「篾頡」等民族，其中 Utii 就是現代國名「烏茲別克／Uzbek」之字根 Uz，或中國族名或姓氏「月氏／尉遲」。這比司馬

遷「始月氏居敦煌、祁連間，及為匈奴所敗，乃遠去」的記載早了三百年。不僅如此，希羅多德還列舉 Utii 等中亞民族參加波斯大軍入侵過希臘。

希羅多德和司馬遷的時代沒有國界，人們可以自由來去。紀元前二世紀人張騫（前164-114）曾到達中亞，司馬遷根據其報告作成《史記》名篇〈大宛列傳〉。紀元後一世紀東漢甘英出使「大秦」未竟，僅到達裏海東南的「條支國」。然而，眾多無名中國商旅繞裏海北岸南行至裏海西南，其人遠足南高加索的見聞被《魏略》作者魚豢集成〈大秦國〉篇，述及其人「似中國人」，事「蠶桑」，善魔術，「口中出火，自縛自解」等；而大秦族名「且蘭」和「阿蠻」適為伊朗地名Gilan和亞美尼亞國名之字根Armen。凡此種種，均表明「大秦國」即是美地亞，而希羅多德等西方古人常以「美地亞」稱波斯。

希羅多德和司馬遷都是經過鑒別才引用前人的史料，因此他們的史筆有超越前人的價值。作為旅行家的希羅多德也像張騫，但其親聞實見遠遠超越後者，若干長期被疑為希羅多德的不實之詞，近年已被考古學家或人類學家證實。因此，作為西方第一部全面涉獵希臘、波斯、埃及、巴比倫，以及中亞和歐亞草原遊牧民族的信史，翻譯其著之重要和艱難，也可想而知。

牛津波斯學家兼神學家勞林森（G. Rawlinson 1812-1902）賴其釋讀波斯貝希斯敦銘文之兄 H. Rawlinson 和埃及學家 J. Wilkinson 的幫助，竟譯該史全功。家出名門的牛津典籍學家兼詩人顧德利（A. D. Godley 1856-1925）在勞譯基礎上，註釋並洗練其文而成「顧譯本」，或因其更尊重原著而收入哈佛洛布古典叢書（Loeb Classical Library）。中文譯文是翻譯大師王以鑄（1925-）根據勞譯和顧譯，歷數十年努力完成，王譯大型史著十餘種，而希羅多德《歷史》之譯最為顯要。

西方對希羅多德涉及希臘、波斯、埃及、巴比倫部分的研究成果非凡；但由於對中國古籍中關於北方民族的記載缺乏認知，西方學者大都偏頗地認為，東歐和中東的「吉迷里」、「斯結泰」、「薩爾馬遷」、「塞卡」、「美地亞」等民族是來自中亞的伊朗人種。中國學術雖然對於北方民族有相當的關注，但是對其祖先出自中原，遠古即開始西向遷徙，卻知之甚微。這種東西方的雙向無知，遮蔽了部分希羅多德之著的人類學價值。

漢字「一音多字」和「一字一義」特徵，則是造成中國學術「字本位」的原因。譬如，「突厥」、「女真」、「蒙古」的寫法始於唐宋，有人就認為它們是中世紀的新生民族。又如，西域族名「月氏」和「烏孫」，很少有人以語音去辨認它們是否就是「烏茲／兀者」和「愛新／烏審」？不難預料，喀爾喀和美地亞是東方民族的同類，西方姓氏 George 源自族名女直等說法，也會受到來自各方傳統觀念的質疑。

新譯的希羅多德《歷史》第一、第三、第四卷，是在王以鑄先生的工作基礎上的一步推進，同時將本人積累的北方民族的人類、語言、民俗信息疏釋其中。譬如，中亞族名 Οὐτίων，勞顧二氏譯 Utii，王譯「烏提歐伊人」，本人按《史記》改譯「月氏」。又如東歐族名 Μελαγχλαινοι，顧譯 Blackcloak（黑斗篷），王譯「美蘭克拉伊諾伊」，我識得此 χλα 並非蒙古語或突厥語之「黑色」，而是女真語「氏族／哈拉」，故按《元史》改譯「篾里乞哈拉」。再如，另一族名 Ανδροφαγοι，勞顧二氏分別譯作 Cannibals 和 Man-eaters，皆意「食人族」，王譯「昂多羅帕哥伊」，本人則按《大唐西域記》還其唐代玄奘之譯「安呾羅縛國」。

該史九卷，僅此三卷在我的能力之內；倘無勞林森，顧德利和王以鑄等先賢的前驅性工作和現代信息帶來之便捷，本人是不可能以五

年事功完成這一繁重工作的。今天人類已經進入學術研究的黃金時代，之於我來說卻如夕陽之燦爛。於此無限美好的時光，完成一項冷寂而非功利的研究，須賴自我的期許，價值則待身後評說。

記於 2016 年一月十六日

修改於 2017 年四月十五日

與讀者通信

一、與施向東教授談「王力音」

學淵先生：

　　謝謝來信賜教。此前多次來信及大著亦收悉。先生所論北方民族出自中原，鄙意深然之。但是先生的論證，我以為尚有欠缺。從語音史看上古人名地名的關聯是正確的途徑，但是先生建立的語音聯繫，除了一部分可認可，失當處卻甚多。王國維主張二重證據法，以文史與考古資料互證，足見學者治學之嚴謹，從人名地名之語音考證歷史，亦須以各種資料互證，乃可取信。倘若僅僅以語音系聯，便見證據薄弱，尤其不符合語音史規律的對音，更不足以服人。茲舉數例，說明理由。先生謂「夏后氏」就是「回紇」的中原祖族，「唐虞」即是河套一帶的「東胡」，又稱「獫狁」和「葷粥」可能是「室韋」和「弘吉剌」的諧音，這些語音聯繫是非常勉強的。夏后氏的讀音為 hea-ho-zjie（王力音，下同）與先生構擬回紇為 khui-khu 想去甚遠；而唐虞 dang-nga 與東胡 tong-ha 顯非一音；獫狁 xiam-iuen 和室韋 sjiet-hiuei，葷粥 xuen-jiuk 和弘吉剌 hueng-kiet-lat 猶如天壤，無論如何也不可能看成一回事。先生的語音聯繫的依據大約都是直感，而直感往往是靠不住的。尤其是上古音，跟今天差距巨大，離開語音史研究的成果，常常會陷入窘境。可惜先生對目前的語音史研究成果頗不以為然。若干年前我曾經在信中跟先生提及，可惜未蒙先生採納。
施向東敬叩

答施向東先生

失聯許久，再次接到先生來信指教，非常高興。特別是您一再提醒，更加引起我的重視。您以幾個北方民族族名的「王力音」指出：「離開語音史研究的成果，常常會陷入窘境。」您是一個有資望的語音學家，回答您的問題是我必須先做的。

我想，漢語「語音史研究的成果」，主要是指已故王力先生與他北京大學同事對大部分漢字「上古音」的「構擬」。「漢藏緬語系」理論的確是成功的理論，其要義是漢語單音節有聲調的特徵和數詞等基本詞彙，都與藏緬語一致；而標準漢語（北方官話和西南官話）的使用人口占了全部漢藏緬語使用人口的大多數，因此語言學家的直感是：北方漢語是漢藏緬語系的源頭語言。

然而，語言學家構擬「上古音」的不懈動力從何而來？其隱衷道明即是，南方方言更接近藏緬語。譬如，粵閩方言的「九／gou」，吳語的「我／五／魚／ngn」，「二／ni」等均同藏緬語。而泰語的「二」是 suang，則是漢語「雙」字的源頭。這些現象至少造成了一個疑慮：究竟是官話，還是南方方言，才是藏緬式漢語的源頭？

二十世紀的語言學家們的解釋是：北方漢語在歷史上發生了重大變化。以王力為首的學派則成功地構擬了一套不同於官話的「漢語上古音」，漢字的不標音特徵為這種手段提供了任意性。王力先生是地處粵語區廣西博白人，因此駕輕就熟地構擬了一套有嚴重粵語傾向的「上古音」或稱「王力音」。當今「古代洛陽話更象廣東話」等妄說，都是這些粵式「上古音」不可推卸的後果。

但是，語言學先賢沒有注意漢語中的北方民族語言成份，譬如

「水」和「土」是源自突厥語的 su 和 toprak；「新」和「陳」則源自蒙古語的 шинэ 和 хуучин；「嶺」出自自女真語「阿林」。這些資料以拙文「古代中原漢語中的通古斯語、蒙古語和突厥語成份」發表在美國《中國語言學報》 *Journal of Chinese Linguistics*，2003 年第二期上。簡言之，單向模擬粵語，構擬北方漢語古代語音的方法和結論，至少是不全面的。

譬如，您說王力音「唐虞 dang-nga 與東胡 tong-ha 顯非一音」，這可以是對我的批評，也可以是對王力音的檢驗。王力音按粵音「吳／ng」將「虞」擬作 nga，將常音「胡／hu」擬為 ha，未必不可。但「虞／吳／胡」都是無實義的族名或姓氏專用字，「虞」的本字「吳」讀 u，「胡」則是「古月切」ghu 或 khu，而且「吳胡不分」的方言現象也很普遍。更重要的是，中國北方民族沒有按王力音叫「黨 nga」或「同哈」的部落，這至少表明這幾個王力音是脫離古代漢語的實際的。

姑且不議王力音「唐／東」清濁之異的小問題，民族學家劉鳳翥指出的「東胡即達幹爾」的見解應大有啟示。漢字讀音的 -n 化、-an 化、-ng 化，或去之化，都非常常見。譬如，上海話「打」讀「黨／dang」；「靼」是「旦」的去 -n 化，俄語的「中國」從蒙語作 Китай，漢字地名「赤塔／奇台／七台」皆同此音，而「契丹」是它們的 -n 化音；「大／獨／屠／徒」是「唐／東」的去 ng 化，北方民族確有「大賀／獨活／屠何／徒河」這樣的族名，若按王力音它們都是不同的民族。

您說「獫狁 xiam-iuen 和室韋 sjiet-hiuei 猶如天壤」；而「室韋即鮮卑」已無人置疑千餘年，古今族名「犀比／錫伯」，中西地名「西伯利亞／ Siberia」，都表明其讀音是 Sibi，而「室韋」是其轉音 Siwi。我以為王力將「室／ si」擬作粵式收聲音 sjiet 雖無不可，但須實證；而「鮮／獫／ sian」是「室／ si」字的 -an 化音，「狁／

win」是「韋／wi」的 -n 化音，所以「獫狁」就是「室韋」。

請注意兩點。其一，王力音將「鮮／獫」擬作 xiam 與將「林」擬作 lam，都是粵語合口音；其二，王力音的 x 實際是希臘字母 χ 之音，讀如「赫」字之輔音 kh。按王力音「獫狁」就是「汗允」，它雖然像了廣東話，但北方民族沒有這個族名。

您說「葷粥 xuen-jiuk 和弘吉剌 hueng-kiet-lat，無論如何也不可能看成一回事」，我則認為兩組王力音間沒有什麼區別，只不過多了幾個粵式收聲符而已。至於「夏后」是否是「回紇」，我另有專文說明，在此就不討論了。

總之，我認為官話系統，都是在女真、蒙古、突厥等語言的底蘊上，經藏緬語式的南方方言改造而成，經民族的遷徙和融合而成為最普及互懂的語言。上古黃河流域曾經流行多種阿爾泰語，也可能有個別部落使用藏緬式語言，但藏緬語式語言最後占了優勢而形成北方漢語。這個時代可能持續了幾千上萬年，但在漢字形成以前就一定已經完成了，因為一音多義的藏緬式辭彙是很難用拼音文字表義的，近世女真、蒙古、突厥諸語可用拼音文字表意，是因為它們的辭彙大都是多音節的。

官話（北方漢語，西南官話）是比阿爾泰諸語、藏緬式諸語年輕的語言，但其使用人口最多，華夏文明也是用表達官話的漢字記錄下來的，因此它成為漢語正統的，但非最古老的方言。然而，將北方官話視為漢藏緬語系的源頭，是一種錯誤的後歷史的觀念，而非歷史的事實；為這種沒有根基的觀念，去構擬一種「上古音」系統，當然謬誤百出。如果後人堅持一字不誤地按這些虛構的語音來恭讀古籍，本已落後的中國學術就會更加止步不前了。此見還望向東先生繼續指證。

2015 年三月三日

二、「官話」發生在哪裡？
——兼答廣西桂柳話為什麼是四川話？

學淵老師：

　　我的母語是屬於西南官話的廣西桂柳話。六十年代我還是一個少年，在武漢可以毫無障礙地與當地人進行交流，就覺得很奇怪。一九九七年，到哈爾濱與一位中醫同行交談，交流也很順暢。我以為他是用普通話與我交談的，於是請他講哈爾濱本地話來聽聽，他說他講的就是哈爾濱話。然後我用桂柳話說：「我在祖國的最南方，你在最北方，語言居然這麼親近。」還問他：「你能夠聽懂嗎？」他說「懂啊，沒有什麼不懂啊。」於是，我就產生了一個問題：哈爾濱與廣西相隔遙遠，而廣東就在廣西旁邊，但對桂柳話來說，哈爾濱話更親近，這是什麼原因？聽說民國初年有人主張用西南官話做「國語」，那不是也很不錯嗎？在這個方面，老師能給鄙人一點指點嗎？山野鄙人敬上

答山野鄙人先生

　　我也是在抗戰年間出生於桂林，兩三歲時就去了四川，後來在上海長大，當然對桂林就毫無概念了。一九六六年，我大學畢業分配到

四川某縣教書，與幾位同事和學生趁文革之亂外出串聯，途徑桂林，聽到火車站的大喇叭說「桂林人民廣播電台」居然與四川話一模一樣；後來還發現武漢話與川東話非常接近，這是我認識「桂柳話」是西南官話之始。

　　撇開各種小方言，西南官話較北方官話更加統一，現代西南官話的代表是四川話，它與普通話（標準「北方官話」）所有單字聲韻（輔音和母音）幾乎完全一致，區別僅在「三聲」與「四聲」的顛倒。因此西南官話不僅與各種北方官話方言互懂，甚至更接近普通話。在四川工作時我也聽說民國初年有人提議以西南官話為國語，那不失是合理的建議；但中國人一般認同華夏文明源於黃河流域，歷代國都大都在北方官話區，採取北方官話中最典雅的北京話為國語，或許更合乎歷史與情理。

　　你的問題的實質是，廣東廣西素稱「兩廣／兩粵」，但廣西北部桂柳話非但與粵語不能互懂，反而與貴州、四川的西南官話方言高度一致；隔開一個湘語區還與湖北荊楚方言（武漢話為其一種）遙相呼應。這是什麼原因造成的呢？

　　我曾以〈尚書和逸周書中的蒙古語成份〉，〈禹貢中的蒙古語成份〉，〈逸周書王會解中的通古斯女真民族〉等諸篇文章，論證黃河流域的上古人類是後世北方民族的同類，並斷言這些上古篇章先以蒙古語流傳，被記錄下來的是它們的「雅言」譯文。

　　「官話」即是「雅言」，它是世界上不多見的一種大一統語言，因此它一定是發生於某一地方，而傳播至各地的。即如，英語只發生於英倫一島，卻傳至美加紐澳，乃至泛及世界。我猜測河南南部、湖北北部和安徽西北地區，可能是「雅言／官話」的發源地，因為那裡接近湘、贛、吳方言區，上古當地的阿爾泰語言受這些稍南的藏緬式語言的影響而發生了「官話」；而屬於北方官話的「豫方言」和屬於

西南官話的「荊楚方言」又正是在該地區分化而成。

其後數千年，兩系官話在北方和西南取代了各阿爾泰語種和其他弱小語言，而成為中國的主流語言；而其「一音多義」的特徵必須用圖形文字表義，由此可以推定：在甲骨文或更早的象形文字發生前，藏緬式的官話或「雅言」就已經成型了。

西南官話諸方言的聲韻和聲調高度統一，雲貴方言應源自四川方言，而四川方言則是荊楚方言沿長江和漢水的西向延伸，陝南漢中、安康方言的西南官話特徵，不太應該來自四川，而更應源自湖北。

古文獻關於「巴／蜀」先民的血緣和語言的記載不多。但成都附近「三星堆文化」的鳥圖騰特徵，四川多「氏／姜」等姓氏，現代川北羌族的薩滿教習俗等跡象，表明「蜀人」有氏羌或女真的血緣成份，蜀人說西南官話應是後來的語言現象。

若干西南少數民族的北方民族血緣，十幾年前已為現任復旦大學副校長金力和人類基因學家宿兵等的基因實驗證明；而《史記・西南夷列傳》又早已為此埋伏了線索。司馬遷說雲貴先民「夜郎、靡莫、邛都、滇」等部落「此皆魋結」，其中以「夜郎最大」。司馬遷又說川西部落：「自舑駹以東北……白馬最大，皆氐類也」。

其實，「魋結」就是「女直」，「夜郎」就是「挹婁 -ng」；東北女真語薩滿神歌之「白馬／yalu」又正是「挹婁」（宋和平《滿語薩滿神歌譯註》，頁 245）。因此從音從義都表明西南夷之首「夜郎／白馬」就是「挹婁」。事實上，今世彝族之名和雲南地名「彝良／宜良」都是從「夜郎／挹婁 -ng」而來。

西南夷的內涵是複雜的，但其主體是以「氐／魋結」為名的女真民族，雲貴川三省的彝族，大理白族，迪慶藏族、麗江納西、茂汶羌族，白馬藏族，嘉戎藏族都是西南夷後裔，今天他們大部分已轉化為使用西南官話的漢族。

關於西南夷的語言，我曾以〈後漢書遠夷歌的蒙古語信息〉一文，求證岷山以西的「遠夷」語言是蒙古語，而其之自稱「傈儳」實即北方民族之名「柔然」。《元史·地理志四·雲南行省》還有元代西南民族的詳盡記載，滇池周邊「中慶路」部分文字，其中所列的城（部）之名皆耳熟能詳的北方民族族名。其云：

> 晉寧州……領二縣：呈貢（今昆明呈貢區），西臨滇澤之濱，在路之南，州之北，其間相去六十里，有故城（部）曰呈貢，世為些莫強（悉萬斤）宗邵蠻所居。元憲宗六年，立呈貢千戶。至元十二年，割詔營、切龍（叱羅 -n）、呈貢（准葛 -n）、雌甸（契丹）、塔羅（沓盧）、和羅忽（烏洛侯）六城及烏納山立呈貢縣……昆陽州，在滇池南，樊獹雜夷所居，有城曰巨橋，今為州治。閣羅鳳叛唐，令曲旀（女直）蠻居之。段氏興，隸善闡。元憲宗并羅瑀（陸和）等十二城，立巨橋萬戶。

其中「曲旀」實即「女直」之別寫，今昭通地方漢代設「朱提郡」實即「女直郡」，雲南別路地名「曲靖／巨津」更是「女真」無疑。名為「叱羅／契丹／烏洛侯」的部落都是蒙古語民族；而「塔羅／沓盧」即匈牙利語 Torok 意即「突厥人」。因此，元代昆明周邊仍呈北方諸族并存狀態；其語言狀態必與上古中原相似，但官話已經開始取代他們的阿爾泰祖語了。

四川南部地區也見證了同樣的事實，長江宜賓──瀘州段以南的高縣、慶符、長寧、興文、珙縣、筠連、敘永、古藺等縣，為雲南昭通和貴州畢節、遵義地區三面環繞。對該地《元史·地理志三·四川行省》記曰：

敘州（今宜賓）路……古夜郎之境……均為西南羌族……。馬
湖路（今屏山）……本夜郎國西南蠻種……。至元十七年，本
部官得蘭紐來見，授以大壩都總管。上羅計長官司，領蠻地羅
計、羅星，乃夜郎境，為西南種族……。至元十三年……咎順
引本部夷酋得賴阿當歸順。……下羅計長官司……與敘州長寧
軍相接，均為西南夷族，至元十三年，咎順引本部夷酋得顏個
詣行樞密院降……四十六囤蠻夷千戶所，領豕蛾夷地，在慶符
向南抵定川，古夜郎之境。

非常有趣的是，上述三位「古夜郎之境」的酋領之號「得蘭
紐」、「得賴阿當」、「得顏個」都與蒙古語有關，蒙古語「大海／
dalai」可譯「達賴／得賴」，-n 化則為「得蘭／大良」。所以「得
賴阿當」就是「大海阿當」；「紐」須讀「丑」，於是「得蘭丑」即
秦代官號「大良造」。另一夷酋「得顏個」又與蒙古民族「達延汗」
同號。

現代昆明周邊和敘瀘地區的居民都已經是使用西南官話的漢族；
但是他們祖先卻是以「夜郎」著稱的「西南夷」。看來，西南夷未必
都是沿橫斷山脈南下的「氐羌」民族；敘瀘、畢節、遵義地區的古
代居民可能是直接渡江南下巴蜀先民。當然，古代中原和西北的居
民也可能是從西南地區北上的；但是「漢語」或「官話」是發源於中
原的。更重要的是：「夷漢」並無血緣之異同，而僅在於使用官話的
先後。

至此，廣西「桂柳話」的由來頭緒應已清楚，具有北方民族背景
的西南夷在接受西南官話以後，這種語言又在某個時代從貴州進入廣
西桂柳地區。以九百年前四川敘瀘地區還是夷地來看，桂柳地區徹底
「官話化」不會遠過一千年。

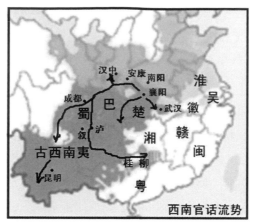

地圖十三　西南官話區的源頭和流勢

　　以武漢話或宜昌話為代表的荊楚方言至少在四、五千年前就發生了，它無疑是今世西南官話的「上古音」。然而，翻山越嶺歷盡千秋，它於一千年前才成為雲南、貴州和四川南部、廣西北部主流語言；現代桂柳話與近只咫尺的廣東話不相互懂，卻與荊楚和巴蜀語言保持高度的一致，這足以表明西南官話在傳播過程中保留了穩定的語音狀態，其「源頭音」與「尾巴音」至今沒有重大區別，這就與現代音韻學家們的「古今官話大大不同」的假設大相徑庭了。

　　漢藏緬語系理論是一個偉大的發現，但許多可敬的人未能歷史地看問題，卻以畢生精力去虛構以廣東話為基準的「漢語上古音」系統，這些「粵式語音」系統再周到，也可能有若干合理內容和依據，但總的來說只能是瞎猜亂矇，即便連大片廣西話是官話的現象也解釋不了。然而，最不可容忍的是：他們自己可以在船上自由刻字，卻還不許別人下水求劍。如果我們繼續照他們的意志或遺旨辦事，中國的語言學、歷史學、人類學是絕對沒有出路的。

2015 年三月二十五日

三、「色目人」是突厥語族之泛稱

杜光先生信：

　　光看發音，不足為憑，血統、基因等不得不考慮。讀音沒有錄音記錄，難保準確。人為誤差可能很大。可以參考。有人發現朱元璋是「色目」人。

答杜光先生

　　朱元璋很可能是「色目人」，但首先必須認識什麼是「色目人」？有人將其擴大為「元朝對除蒙古以外的西北各族、西域以至歐洲各族人的概稱」（見百度百科），而政治化的研究又將「蒙古、色目、漢人、南人」四屬，說成是按歸屬元蒙之先後，而制定的種族歧視的人等。

　　我以為「人分四等」的主要原因還是語言的區別。譬如，南宋政權在四川地區維持了很長的統治，很遲才被蒙古征服；但四川人卻屬於「漢人」，不屬於「南人」，原因顯然是四川話是西南官話，官話地區的人都屬「漢人」；而所謂「南人」是指江浙、皖南、江西、福建、湖南、兩粵等非官話地區之人。

　　至於「契丹」和「女真」也屬「漢人」，首先是蒙古人謂北方漢人為「契丹」，其次是北方民族又將漢人和女真視為一族，如突厥語民族謂漢人為「桃花石」，女真為「通古斯」，其實兩者同為突厥語的「九」字 tughuz，即中國古代的「九姓／九國」；而顧頡剛、傅

斯年看出中原商族與東北女真同拜鳥圖騰。魏晉年間北朝稱漢人為
「島夷」，實為「鳥夷／屍夷」，所以說蒙古話的鮮卑人也是將漢人
視為鳥夷女真的同類的。

言歸正傳，《南村輟耕錄》列舉的「色目三十一種」是：

> 哈剌魯、欽察、唐兀、阿速、禿八、康里、苦里魯、剌乞歹、
> 赤乞歹、畏吾兀、回回、乃蠻歹、阿兒渾、合魯歹、火里剌、
> 撒里哥、禿伯歹、雍古歹、蜜赤思、夯力、苦魯丁、貴赤、匣
> 剌魯、禿魯花、哈剌吉答歹、拙兒察歹、禿魯八歹、火里剌、
> 甘木魯、徹兒哥、乞失迷兒。

其中並沒有俄羅斯、波斯、阿拉伯、塔吉克等非蒙古人種，乃至今為
藏族的「吐蕃」。上述三十一個族名大都是操突厥語的西戎之名，如漠
北「乃蠻」，南疆「畏吾兀」，南俄草原上的「欽察」等。而「回回」
就是九世紀從漠北出走的說突厥語的「回鶻」，它的有些部落遠走土
耳其，也有一些留踞陝甘寧青，成為西夏民族（元謂「唐兀惕」）的
一部分，西夏人改說漢話，一部分還皈依信伊斯蘭教，從而成為中國
「回族」的祖先。所以色目人最可能是突厥語民族的概稱。

據說，朱元璋之妻及其將領常遇春、藍玉、沐英等都是來自安徽
北部的回民，後來朱明皇朝建都南京，在南京遺下許多回族後代，我
的南京籍朋友常默君女士就是常遇春的後人。安徽、雲南兩省回族很
多，是因為蒙古軍中的西夏部隊留駐在那裡，他們後來流落為貧民百
姓，亂世又成為造反英雄。既然等同「西夏」的「回回」和「唐兀」
皆屬「色目」，被回族人士簇擁的朱皇帝的祖上是「色目人」，不失
是有道理的猜測。

2015 年七月二十一日

四、關於天干、地支的蒙古語源頭

學淵先生，

　　你認為太歲紀年中的「赤奮若」、「攝提格」之類的詞，源於何種語言？我是猜想源於西域，甚至印度（如二十八星宿，中國和印度在先秦可能就要交流），只是沒有根據，需要你淵博的語言學知識解惑。從德上

附：《爾雅·釋天》和《史記·天官書》中的寫法：

歲陽

　　天干：甲、乙、丙、丁、戊、己、庚、辛、壬、癸

　　《爾雅》：閼逢、旃蒙、柔兆、強圉、著雍、屠維、上章、
　　　　　　　重光、玄黓、昭陽

　　《史記》：焉逢、端蒙、游兆、強梧、徒維、祝犁、商橫、
　　　　　　　昭陽、橫艾、尚章

歲陰

　　地支：子、丑、寅、卯、辰、巳、午、未、申、酉、戌、亥

　　《爾雅》：困敦、赤奮若、攝提格、單閼、執徐、大荒落、
　　　　　　　敦牂、協洽、涒灘、作噩、閹茂、大淵獻

　　《史記》：困敦、赤奮若、攝提格、單閼、執徐、大芒落、
　　　　　　　敦牂、葉洽、涒灘、作鄂、淹茂、大淵獻

答從德先生

來函悉，所提《爾雅》和《史記》的「歲陽／歲陰」，或「天干／地支」，中國文史有記載，而無詮釋。拙著《秦始皇是說蒙古話的女真人》的〈五帝是女真族，黃帝是愛新氏〉篇中，曾淺涉這些問題，因為當時覺得很艱難，於是只籠統地說了一下，既然你認真地提出這些問題，我就不能不認真研究作答。我在該篇「古中原民族是後世北方民族的同類的語言證據」一段中曾經這樣說：

> 司馬遷早已指出上古中原語言不是「雅言」的事實，他在〈五帝本紀〉結尾時說：「大史公曰：學者多稱五帝，尚（上古）矣。然《尚書》獨載堯以來。而《百家》言黃帝，其文不雅馴（訓），薦紳先生難言之。」歷來人們只把「雅言」當作是優雅的語言，因此不理解這段「大史公曰」。其實，雅言或「雅馴」是指後來形成的漢語，而記載黃帝事蹟的《百家》不是用雅言寫的，司馬遷去諮詢博學的薦紳先生，可是薦紳先生也不知所云。
>
> 《爾雅》是一部古代辭書，其中就有中原原始語言的線索。其〈釋天〉一章說：「載，歲也。夏曰歲，商曰祀，周曰年，唐虞曰載。」其實，蒙古語 ziil 就是「唐虞曰載」之「載」；滿語 anen 正是「周曰年」之「年」；滿語「歲」字 ser 恰似「商曰祀」之「祀」；而「夏曰歲」之「歲」則是今伏爾加河流域楚瓦什語之 sul，楚瓦什人被認為保加爾（僕骨）人後裔。因此，從這些字來看，夏和唐虞（東胡）似為蒙古語族，而商和

周則似通古斯語族。

　　所謂「夏曆」，即十二獸紀年曆，北方民族乃至藏族也用它，但它始於何時？卻無從計考。清儒趙翼認為夏曆得自戎狄，他在《陔余叢考》一書中說：「漢時呼韓邪款塞入居五原，與齊民相雜……以鼠牛虎兔之類分紀歲時，浸尋流傳於中國。」事實上，金文甲骨裏就有與十二獸對應的「十二地支」，拿它們與蒙古語比較，還有許多音緣……

　　上面這篇文章寫於十多年前，於今看來仍大致準確。「天干」和「地支」兩套序列，以「地支」（子丑寅卯辰巳午未申酉戌亥）較易釋通，因為它們也是「十二生肖」（鼠牛虎兔龍蛇馬羊猴雞狗豬），將它們與蒙古語比較：

地支	蒙古譯語	蒙語西里爾文／拉丁文
鼠／子	忽兒哈那	хулгана ／ khulgana
牛／丑	兀格兒	үхэр ／ ükher
虎／寅	巴兒思	бар ／ bar
兔／卯	討來	туулай ／ tuulai
龍／辰	祿	луу ／ luu
蛇／巳	抹孩	могой ／ mogoi
馬／午	抹鄰	морин ／ morin
羊／未	亦麻	ямаа ／ jamaa
猴／申	別嗔	самж ／ samz
雞／酉	塔赤牙	тахиа ／ takhia
狗／戌	那孩	нохой ／ nokhoi
豬／亥	格亥	гахай ／ gakhai

　　結論很顯明，漢語動物名「兔龍馬羊」和地支「午未申戌亥」九字，有鮮明的蒙古語動物名背景：

兔	туулай ／ tuulai
龍	луу ／ luu
馬／午（mo）	морин ／ morin
羊／未（me）	ямаа ／ jamaa
猴／申	samz
狗／戌（hoi）	khoi
豬／亥（hai）	gakhai

　　而「子、丑」分別是「鼠、牛」，源頭是在漢語和藏緬語。藏語之「鼠」音 dji 或即「子」；而「丑」若讀 niu 即漢語「牛」字的讀音。

　　《爾雅》和《史記》記載了「地支」的另類多音節表達，《史記》序列顯然直接來自《爾雅》的某種版本，因此幾乎完全一致。除「子／困敦」和「午／敦牂」以外，這兩個序列都是可考的北方民族的族名，或相關的中原姓氏，如：

地支	爾雅	史記	族名或姓氏
子	困敦	困敦	
丑	赤奮若	赤奮若	車焜《魏書官氏志》
寅	攝提格	攝提格	納吉（匈牙利姓）
卯	單閼	單閼	唐兀／單于《百家姓》
辰	執徐	執徐	左丘（同上）
巳	大荒落	大芒落	吐火羅
午	敦牂	敦牂	
未	協洽	葉洽	異奇斤《魏書高車傳》

申	涒灘	涒灘	契丹／譙笪《百家姓》
酉	作噩	作鄂	昭武
戌	閹茂	淹茂	語蠻《金史百官志》
亥	大淵獻	大淵獻	大宛／達斡 -n

　　歲月時辰以人類族名或動物種名為序，是不同的選擇而已，即如或「一二三四」或「ABCD」；若以「趙錢孫李」或「金木水火」替之亦無不可。惟「子丑寅卯」和「甲乙丙丁」已為後人承傳，成難以改變的主流。

　　「困敦」和「敦牂」雖無族名或姓氏對照，但其代表的時辰「子」和「午」分別是晝夜正中時分，因此兩者共有之「敦」字應為「正中」之義，查《韃靼譯語》果有「中，敦塔」（第 862 字）之解，西里爾蒙文作 дунд。

　　子時「困敦」可能是「中夜」或「睡覺」之義，查《韃靼譯語》有「夜，雪你」（第 162 字）和「睡，穩塔」（第 587 字）之釋，西里爾蒙文寫作 шөнийн 和 унтах。「困／хун」是「穩／ун」的諧音，也是漢語「睏」字的源頭。惟無「牂」的線索。

　　「天干」較難討論，首先「甲乙丙丁」就語源不明，令研究迷失了線索；至於《史記》和《爾雅》序列的若干倒錯和異同，只是次要的問題。現將其表列如下：

天干	爾雅	史記
甲	閼逢	焉逢
乙	旃蒙	端蒙
丙	柔兆	遊兆
丁	強圉	強梧
戊	著雍	徒維

己	屠維	祝犂
庚	上章	商橫
辛	重光	昭陽
壬	玄黓	橫艾
癸	昭陽	尚章

　　依我看，上述都是一些族名。如「端蒙」即是「端木」的 -ng 化，後者可能是蒙古語「駱駝／тэмээ」一字「特末」，今內蒙仍有地名「土默特」；其次「遊兆」是「月支」，「強梧」是「准葛」，「祝犂」是「敕勒」。（可用 translate.google.com 查索蒙古、突厥諸語詞彙）

　　「干支紀年」始於漢代，它將「天干地支」或「甲子」兩系分別分成奇偶兩組，奇奇偶偶配成六十年循環，其順序以甲子、乙丑，丙寅始，由此類推。近世「甲午戰爭」（1894），「戊戌變法」（1898），「庚子賠款」（1900），「辛亥革命」（1911）均以干支紀年取名。

　　《蒙古秘史》則以「豬兒年」、「猴兒年」記事，即「十二生肖曆」；司馬光主編的《資治通鑒》採用《爾雅》天干地支紀年，如該鑒〈晉紀二十九〉題「起強圉大淵獻，盡重光單閼，凡五年」，實際就是始於丁亥（387）至辛卯（391）之間的五年。

　　我還想說明一下：為什麼，我將「遊／閼／於／淤」讀作「兀」，「閻／淹」讀作「諳」，「淵」讀作「宛」呢？這些字的中文拼音是 yu、yan、yuan，除去半元音 Y 即約成其古代音 u、an、uan。這規律亦可以王昭君「號甯胡閼氏」證之，「閼氏」是匈奴語的「夫人」一字，如果將「閼氏」讀為 u-ji，就與女真語「福晉」相通了；同樣將「月氏」之「月」讀作 u，就也與「烏茲別克／Uzbek」一致了。

五、關於人名「豬糞」、「驢糞」和努爾哈赤

學淵先生，

　　連續讀到您的研究北方民族文章，覺得非常有趣，我讀《金史》時發現金宣宗朝權臣胡沙虎（又名紇石烈執中）之子名「豬糞」，覺得非常費解，女真人為什麼取這樣骯髒的名字？還有一個問題是關於「努爾哈赤」，百度說有一種猜測是「野豬皮」，我也想聽聽您的見解。無敵大鵬

答無敵大鵬先生

　　《金史》作者元好問是金元之際的大文學家，在中國文學史上有崇高的地位；他又是一位嚴謹的學者，其著《金史》被公認是二十四史中水準很高的一部，因此您的問題不可等閒視之。我也注意到其中關於人名「豬糞」文字是：

> 九月甲辰，宣宗即位，拜（紇石烈）執中太師、尚書令、都元帥、監修國史，封澤王，授中都路和魯忽土世襲猛安。以其弟同知河南府特末也為都點檢，兼侍衛親軍都指揮使，子豬糞除濮王傅。

以漢字「豬糞」為名當然不雅，也可能帶侮辱性，未知這與紇石

烈執中本人是「逆臣」是否有關；但是《遼史》也有「王豬糞」和「耶律驢糞」者，所以問題就不那麼簡單，所以還須以北方民族人名的共性來研究它們。

北方民族人名多與族名相關。如努爾哈赤兒輩名字「巴布／拔拔」，「多鐸／韃靼」，「多爾袞／吐渾」，「德格類／吐火羅」，「費揚果／費雅喀」，「莽古爾泰／蒙古惕」，「湯古代／唐古惕」等。而古代中原人名也有這種特徵，如「虞舜／烏孫」，「無忌／兀者」，「句踐／女真」，「叔孫／肅慎」，「孟柯／蒙古」，「墨翟／勿吉」等。因此，北方民族的祖先是從中原出走的，後世北狄社會是史前中原社會的一面鏡子。儘管漢字的「一音多字」造成許多困惑，但是有了人名出自族名的線索，人名「豬糞／驢糞」就有望釋通了。

識別「驢糞」的源頭相對容易，《魏略·大秦國》裡就有族名「驢分」，而「分／糞／fen」或「煩／fan」諧讀「渾／hun」。因此「驢糞／驢分」或先秦族名「樓煩」，即是春秋戎名「陸渾」，今世山西地名「婁煩」是其遺跡，姓氏「令狐」則是「陸渾／樓煩」的去-n化族名「陸和」。

同理「豬糞」是「豬渾」的諧音，它們可轉寫為「朱渾／主渾／諸渾」。而「朱／主／諸／豬」讀「女／ju」。如《大金國志》的「朱里真」是「女真」，《蒙古秘史》的「主兒扯」是「女直」，姓氏「諸葛」是「女國」，山東「諸城」實讀「女真」，浙江「諸暨」實讀「女直」；匈牙利姓氏 Gyurcsany、Gyurgyi、Gyurko 系統地展現了女真、女直、女國的真音。

將「豬糞」改寫作「女分」，就彰明它是人名「女媧」的-n化音「女房」；而「女媧」與「女國」同音，所以「豬糞」的源頭是族名「女國」。

人名「努爾哈赤」為「野豬皮」之說由來已久，那可能是女真語

產生的誤解；但將它理解為蒙古語「使犬者」，其音義都準確無誤了。蒙古語「狗／нохой／nokhoi」《華夷譯語》作「那孩」，《登壇必究》作「奴害」（賈敬顏朱風《蒙古譯語‧女真譯語彙編》，天津古籍，頁100，138）。蒙古語「赤／真」義為「業者」，如「獵人／阿把赤」，「農人／塔里牙赤」，「漁人／只阿赤」，「牧羊人／豁你赤」（《彙編》，頁96）。所以「努爾哈赤」應為「使犬人」，他是一個女真人，但其名是蒙古語。

上述說法也有實證，黑龍江下游至庫頁島上的赫哲、吉里迷、費雅哈、苦夷等女真部族，《清通考》記載其人「不知耕種，以捕魚為生，其往來行獵，並皆以犬，即所謂使犬部也，俗亦謂之魚皮部」，其生活形態與美洲愛斯基摩人完全一樣。女真語「魚皮」謂「那乃」，今世俄羅斯遠東地區土著之大部仍稱「那乃族」，元代則名「魚皮韃子」；而元代因其「使犬」之特徵，故稱黑龍江下游地區「奴兒干」，《南村輟耕錄》記曰：

> 狗站：高麗以北名別十八，華言連五城也。罪人之流奴兒干者，必經此。其地極寒，海亦冰，自八月即合，至明年四五月方解，人行其上，如履平地。征東行省每歲委官至奴兒干給散囚糧，須用站車，每車以四狗挽之。狗悉諳人性，站有狗分例。若克減之，必齧其主者，至死乃已。

元亡，明成祖遣宦官亦失哈等人往該地招撫民眾，承元置設「奴兒干都司」，永樂十一年（1413年）在官衙所在地，黑龍江口廟街（今俄羅斯尼古拉耶夫斯克）立「敕修奴兒干永寧寺碑」，後有「宣德八年重建永寧寺記」兩塊石碑（今藏符拉迪沃斯托克博物館）。前碑文又名《永寧寺記》，曰：

伏聞天之德高明，故能覆幬；地之德博厚，故能持載；聖人之
德神聖，故能悅近而服遠，博施而濟眾。洪惟我朝統一以來，
天下太平五十年矣。九夷八蠻，梯山航海，駢肩接踵，稽顙於
闕庭之下者，民莫枚舉。惟東北奴兒干國，道在三譯之表，其
民曰吉列迷及諸種野人雜居焉。皆聞風慕化，未能自至。況其
地不生五穀，不產布帛，畜養惟狗。或野□□□□□□□□□
物，或以捕魚為業，食肉而衣皮，好弓矢。諸般衣食之艱，
不勝為言。是以皇帝敕使三至其國，招安撫慰，□□安矣。
聖心以民安而未善，永樂九年春特遣內官亦失哈等率官軍一
千餘人、巨船二十五艘復至其國，開設奴兒干都司。昔遼、金
疇民安故業，皆相慶曰：「□□今日復見而服矣！」遂上□朝
□□□都司，而餘人上授以官爵印信，賜以衣服，賞以布、
鈔，大賚而還。依土立興衛所，收集舊部人民，使之自相統屬。
十年冬，天子復命內官亦失哈等載至其國。自海西抵奴兒干及
海外苦夷諸民，賜男婦以衣服器用，給以穀米，宴以酒食，
皆踴躍歡忻，無一人梗化不率者。上復以金銀等物為擇地而建
寺，柔化斯民，使知敬順□□□相□之□。十一年秋，卜奴兒
干西有站滿徑，站之左山高而秀麗，先是已建觀音堂於其上，
今造寺塑佛，形勢優雅，粲然可觀。國之老幼，遠近濟濟爭趨
□□高□□□□□威靈，永無癘疫而安寧矣。既而曰：「互古
以來，未聞若斯，聖朝天□民之□□□上忻下至，吾子子孫
孫，世世臣服，永無異意矣！」以斯觀之，萬方之外，率土之
民，不饑不寒，歡忻感戴難矣。堯舜之治，天率烝民，不過九
州之內。今我□□□□□□□□□□□□，蠻夷戎狄，不假兵
威，莫不朝貢內屬。《中庸》曰：「天之所覆，地之所載，日
月所照，霜露所墜，凡有血氣者，莫不尊親，故曰配天。」正

謂我朝盛德無極，至誠無息，與天同體。斯無尚也！無盛也！
故為文以記，庶萬年不朽云爾。永樂十一年九月廿二日立

以上解釋，敬請示正。

六、以「趙」為例，
談中國姓氏有音無義

學淵兄，

　　有一個久存於我心中的問題，就是漢字中有一些字，除了在姓氏和地名中出現，不出現在其他場合，也沒有任何意義，如我們常見的姓氏，劉、鄧、彭等，不像其他姓氏，如楊、李是指植物，牛、熊是指動物，白、朱是指顏色，陶、屠是指職業等等。但是像趙、韓、魏、秦、晉、吳、宋、馮等，似乎沒有任何具體的意義，只是一個音符，它們是從哪里演變來的？兄對漢字的歷史演變很有研究，是否能指教一二？華新民

答新民同學

　　姓氏劉、鄧、彭、趙、韓、魏、秦、晉、吳、宋、馮等字，我想都是在單音節的「官話／漢語」和漢字系統形成後，人們為簡化其戎狄祖先的多音節的族名，而蓄意造出來的。後來它們不僅成了中國的，而且也成為朝鮮的、越南的姓氏。因此，其價值僅在語音，而沒有語義，甚至其源頭線索完全迷失。

　　顯然，最初的漢字——甲骨文大多務實義而無虛情，更沒有象「劉、鄧、彭、趙……」那樣的姓氏。這就是《逸周書·王會解》有

不雅族名「狗國」、「鬼親」的原因。幾千年後，人們不願意姓「狗」姓「鬼」，於是才開始創造諸多姓氏專用字。

本文僅討論「趙／趙」及其血緣背景。「趙」常曰「走肖趙」，它既不是象形字，也不是形聲字，而是「走聲」（z／j）與「宵韻」（ao）的切音字。若注意今世讀 zu／zhu 的「朱／主／諸」等字古代近代方音讀 ju 的現象，可推論今世主流讀音為 zao／zhao 的「趙」字，古代讀音應是 jiao（喬／焦），閩南潮州方言還讀成 diao（刁／貂／雕）。事實上，與「趙」同音的「昭／詔／造」等都曾為國名或人名，如：秦、趙部落先人「造父」；西域「大月氏」別稱「昭武九姓」，或「夜郎為大」的西南夷建立的「南詔國」等。

「趙武靈王」之號有重要的人類學信息，「趙武」可能就是「趙國」，音同「昭武九姓」之「昭武」，而「趙武／昭武」的實質是「九國／女國／鬼谷／諸葛」的諧變 jiao-ghu。「國」的音源是「或」，「武／紇／兀」的音源是 u／ghu。

現代學者已從《史記·趙世家》「趙氏之先，與秦共祖」的說法認識到趙國亦為「嬴姓」和「嬴即燕的異字」。我曾於〈秦始皇是說蒙古話的女真人〉一文指出「嬴姓、燕姓、安姓均即愛新」，與趙、秦部落同為女真的認識異途同歸。

既然如此，唐代雲南的「南詔國」也就是「南趙國／南昭武／南九國／南女國」。事實上，南詔不僅在康藏高原「東女」諸族的東緣，其先祖「夜郎」就是女真族名「挹婁 -ng」，而其一部後裔即今世彝族，古稱「羅女蠻」，種種事實表明西南夷的重要背景是女真民族。

至於你說楊李是植物，牛熊是動物，白朱是顏色，陶屠是職業，以後世漢語來看無可質疑，但這更可能是語音的巧合。以「朱」音「豬」意「紅」為例，女真諸語「豬／紅」二字同音為「兀尖／兀顏」，

　　《金史・國語解・姓氏》篇說「兀顏曰朱」，是否揭示了「朱姓」更久遠的戎狄血緣呢？

2014 年十一月

2016 年四月改寫

七、何為「書同文」？

學淵先生：

　　提一個外行人的問題。如果秦人說蒙古話，那麼秦文也應該反映蒙古語言。秦統一天下以後，進行了「書同文」的文字改革。他們是統治者，文字改革自然應該是以秦文為基礎。難道統一以後的漢字跟蒙古話有什麼聯繫？這個問題您應該早已解決了，只是由於我是個徹底的外行，所以不知道。
李靖炎

答李靖炎先生

　　這是一個重要問題：權大無邊的秦始皇為何不推廣秦語（我認為是蒙古語）和秦文（如果存在的話），反而要推廣漢語和漢字系統呢？這或許等於問：為什麼努爾哈赤進關以後，不推廣女真語和女真文呢？我想，這首先與漢字系統的表意完備性有關，而人口眾多的中原文明的工具是漢字系統。秦始皇權力再大，也不可能行不可行之事。

　　其次，什麼是「書同文」？我去過台灣一次，那實為閩南話的「台語」簡直是「鳥語」，字字莫名其妙，但大家都用漢字作文，這就是「書同文」。嚴格講來，漢民族是因「書同文」而互相認同的多語人類群體。

　　一般認為「書同文」是統一漢字字體，我認為那是秦始皇強令夷蠻戎狄統統用漢字書寫彙報和文告。漢字是一種表意系統，許多朝鮮人日本人不會說中國話，但能大約理解漢字文章，將本書翻譯成韓文的那位漢城大學教授，就根本不會說聽漢語。事實上，兩百年前日本、朝鮮、越南都是與我們「書同文」的。

　　不知道究竟有沒有表達秦部落語言的「秦文」，但上世紀末在河南或陝西出土若干有怪異文字的陶片，當時家姐朱學文女士正參與「夏商周斷代工程」的行政工作，一日中央民族委員會主任伍精華先生登門造訪，說他幼時學的「古彝文」與這種文字類似，但是「斷代工程」中無人置信。已作古的伍精華先生地位和熱情再高，也沒有激起中國學人研究非甲骨文的興趣。

　　事實上，上古豫西及陝甘寧青地區的氐羌民族（如月氏和周秦部落）主要是說蒙古語的，東夷（如先商部落）可能是說女真語的，漠北突厥語才佔優勢，中原才是這些「阿爾泰語言」的發源地。相反，長江以南至今猶存的吳語、湘語、贛語、粵語、閩語都比「官話」更接近藏緬語。由於說藏緬式語言的南方部落不斷入侵中原，其單音節語言在中原立足居上，才在諸阿爾泰語言的底蘊上形成了官話系統。儘管，官話有不同的方言（如北方官話和西南官話），但是它們是互懂的，這種統一性是今世「國語／普通話」的基礎，上古漢字系統也是在其基礎上創造的的。

　　然而，儘管長江以南諸方言，乃至韓語和日語，都從以官話為基礎的漢字系統裏汲取了大量的官話語音（文白），但至今這些方言仍然不能與「官話／普通話」互懂。二十世紀政治人物陳伯達即是典型，他講一口令人完全不懂的閩南話，但寫一手流暢的官話文章，他就是一個書同文的南蠻之人。

　　兩千五百年前，出自西北的秦始皇不僅征服了吳越和三湘，還征

服了嶺南和交趾，其時各地語言隔閡可想而至。他必然深知統一四方語言之難，推廣「古彝文」之類文字之不可行，惟推行漢字系統才能實行有效的中央集權，這便是「書同文」之由來。

八、關於「康」姓之由來及其他

學淵：

　　近來讀到你發來的論學信件，獲益匪淺。能否談一談昭武九姓中的「康姓」。據說是從中亞的康居國遷入中國的。我發現紐黑文和耶魯大學電話簿上凡姓氏為 Kang 者，從名字可看出，幾乎都是韓國人，而很少為華人。看來韓國人姓康的要比華人要多得多，高麗又與康居有什麼關係呢？正果

答康正果先生

　　關於中原及至朝鮮「康」姓由來，最重要的線索當然是「昭武九姓」中有「康」，因此「康姓」為「九姓／女真」之裔當屬無疑。然而線索中還有線索，唐代著作《魏書・西域傳》檢舉「康國者，康居之後也」和「其王本姓溫，月氏人也」；《史記・大宛列傳》則更早點明「康居……與月氏大同俗」。因此「昭武九姓」之「康」是族名「康居」的簡約，其祖是《魏書》說的「舊居祁連山北昭武城（部落），因被匈奴所破，西逾蔥嶺，遂有其國」的月氏民族之一部。

　　漢字的「一音多字」為後人造成很為難的局面。譬如，人名「斯大林」，台灣作「史太林」，以「字本位」的傳統就可判為兩人；若再簡作「斯氏」或「史氏」，三百年後不知史者還可釋之為「斯風」、「史馬」、「司牛」。因此，之於千變萬化的中原人名姓氏的研究，

不僅必須從「音本位」的立場出發，還須與和中原人類共祖的戎狄族名對比求實，辨明其宗。

單姓「康」增為複字「康居」線索就大為明朗。「康居」今音 Kang-ju，而 Kang 又可諧讀為 Khan、Kan、Gan、Han 等，吾疑「甘／耿／韓／杭／闞」等姓均與「康」同宗。事實上，元蒙族名「弘吉剌」之根「弘吉」即是「康居」之微變，另如《史記‧匈奴列傳》的「葷粥」，《晉書‧四夷傳》的「捍蛭」，《新唐書‧地理志‧西域》的「汗曜」，《遼史‧耶律大石傳》的「王紀剌」，《金史‧百官志》的「光吉剌」，《南村輟耕錄》的「甕吉剌」，《八旗滿洲氏族通譜》的「廣佳喇」和「恒吉理」，氏人龐統之號「鳳雛」，中華先哲之名「孔丘」，語音皆為「康居／弘吉」之變。月氏的「康居」可與北狄比同，還可作中原偉人之名，無疑表明西羌北狄均為出自中原的同類。

探索朝鮮「康」姓的源頭，要從古代朝鮮半島是否有「康居」部落著手。所幸《三國志‧魏書‧烏丸鮮卑東夷傳》記有朝鮮馬韓、辰韓、弁韓有「月支」、「感奚」、「監奚卑離」等五十餘落（中華書局校點本，頁 849-50），其中「感奚／監奚」應即「康居」之諧音，其與「月支」共生的現象，又彰顯古代朝鮮與中亞人類種屬之同質。因此中原康姓既不必是西域九姓之回歸，也毋須是東夷的入贅，而是中原九姓所原生。

「康居」上古入中亞、朝鮮是屬顯見。元蒙之初，一部「弘吉剌惕」聚居呼倫貝爾草原，因其女子秀美而成黃金家族擇偶之部；後該部跟隨朮赤、拔都父子，成為蒙古軍西征主力，統治東歐近三百年，之後留居俄羅斯喀山地區，成為當地的韃靼民族。

「康居」也是「康巴藏族」之名的由來，唐代康區是「東女國」的一部分，故康巴實為「女真／九姓」之裔；今世金沙江以東為甘孜

藏族自治州，藏語「甘孜」實讀「康居」。康巴男子健碩英俊，女子秀麗嫵媚，故有「康巴出人才」的美譽。

2016 年五月九日

九、關於「曲」姓之由來

學淵先生：

　　我一直想要弄清楚我的姓氏問題。請教朱先生，為什麼在《百家姓》中沒有我的曲姓？中國姓曲的不少，我曾問過若干姓曲的人，答案五花八門，故想向你請教，望能抽出時間告知我。曲春江

答曲春江先生

　　《百家姓》沒有貴姓「曲」，我要為你抱「屈」。然而，中國姓氏上千，沒有上榜的太多了，其根本原因是漢字「一音多字」，姓氏「曲／屈／瞿／徐／qu」，都是「女真」之「女／ju」的清音。其中又以「徐」姓最大，戰國時代魏國史書《竹書紀年》提到東北「徐戎」聚「九夷」之眾入侵中原的故事，就是「徐夷」即女真的一個證據。而中原「曲阜」就是「女國」，孔子是生於女國之地的一位女真後人，因此你可以認祖孔子，貴姓「曲」因此有崇高地位。

　　我還以為「居／莒／句／車／ju」也是「女真／女國」之「女」字的別寫，山東莒縣春秋為「莒國／ju-go」，相近的江蘇贛榆縣（我從未涉足的祖地）漢代名「祝其／ju-chi」，實際都是東夷「女國／女直」之地。你是山東人，是否認同女真、女蠻？是你的問題，我揭露的真相是：女真不僅僅是一個東北民族，而且是中原漢族最重要的

祖先。

　　雲南曲靖漢代屬朱提郡，實際上「曲靖」也是「女真」，「朱提」就是「女直」，那裡是彝族的地方，彝族舊稱「保保」，唐代又為「羅女蠻」，所謂「女蠻」實即「女真蠻」。這些貌似巧合的事情，背後可能都有本質的聯繫。

2014 年十月三日

附錄：族名、人名、地名關聯擬譜

（可能有誤，僅供參考）

A／O／I

紇便／悅般

日爾曼尼亞志	Ubii
晉書四夷北狄	郁鞞
魏書官氏志	乙弗、羽弗、嘔盆
魏書西域傳	悅般、阿弗太汗
魏書高車傳	右沛叔（原作「右叔沛」，疑誤）
隋書鐵勒傳	曷比悉
新唐書回鶻傳	阿勿嘀
新唐書北狄契丹	紇便
新唐書地理西域	悅般
金史百官志	阿里班
南村輟耕錄	顏不草
八旗氏族通譜	伊博、阿爾布、阿爾巴齊
中原古代姓氏	公伯、公賓
匈牙利姓氏	Aba、Abai
殷本紀人名	外丙
周本紀人名	公非、皇僕
匈人人名	Apsiq、Apsikal、Oebarsius
契丹人名	阿保機
女真人名	鰲拜、阿拜、阿巴泰、葉布舒
蒙古人名	渥巴錫
元史蒙古人名	暗伯、阿必察
四川藏區地名	阿壩
西伯利亞河名	Ob（西伯利亞鄂畢河）
語義	突厥語「狩獵，ova」， 蒙古語「獵人，阿八赤」

阿巴嘎／呵不哈

左傳族名	金天氏
魏書西域傳	閻浮謁
新唐書回鶻傳	藥勿葛
大唐西域記	淫薄健
遼史營衛志	訛僕括
金史百官志	阿不罕
金國語解姓氏	呵不哈
南村輟耕錄	顏不花
元史唐兀人名	也蒲甘卜
清代女真人名	阿巴嘎（皇太極）
內蒙地名	阿巴嘎旗
西伯利亞地名	Abakan（譯「阿巴坎」）
高加索國名	Abkhaz（格魯吉亞屬）
女真語語義	「天／abagha」 〈金國語解〉「呵不哈曰田」

阿單／烏潭／于闐

傳說時代族名	渾沌、有邰
逸周書王會解	甌鄧、空同、姑他
史記大宛列傳	于寘（今和田）
兩漢書西域傳	于寘、烏貪、捐毒、尉頭
三國志魏書東夷	古誕者、（曰斯）烏旦
晉書四夷北狄傳	烏譚
魏略西戎傳大秦	烏丹
魏書官氏志	阿單、渴單、紇豆陵
魏書西域傳	于闐、尉頭、鉗敦
魏書高車傳	紇突鄰

隋書鐵勒傳	渴達
新唐書南詔傳	鶴拓
新唐書回鶻傳	胡咄葛
新唐書地理西域	烏丹、鉗敦、苑湯
大唐西域記	珂咄羅
遼史營衛志	移典、鶻篤、與敦、預墩
金史百官志	阿典、溫敦、奧屯、兀里坦
金國語解姓氏	阿典、溫敦、奧屯
八旗氏族通譜	溫屯、鄂通
傳說時代人名	渾沌
殷本紀人名	河亶甲
趙世家人名	黑臀、
蒙古秘史人名	合歹、合答安
八旗氏族通譜	吳當、艾通阿、阿爾當阿、鄂爾通果
中原地名	洪桐、邯鄲、滹沱
于闐別稱	斡端、兀丹、忽炭、和田
蒙古語語義	「星／оддын」 〈金國語解〉「兀典，明星」

阿跌／阿的

新唐書回鶻傳	阿跌
遼史營衛志	乙抵、移替
金史百官志	阿迭
匈牙利姓氏	Ács
日爾曼姓氏	Atz
殷本紀人名	伊陟
匈人人名	Atti-la（阿梯拉）
蒙古秘史人名	阿澤、阿只乃
元史蒙古人名	阿塔赤

維吾爾族人名	阿的江、阿的力
隋書鐵勒傳地名	阿得水
伏爾加河古名	Atil

阿速／阿什／安息

兩漢書西域傳	安息
斯屈波地理志	Asii
新唐書突厥傳	阿悉、阿利施
新五代史四夷	乙室活
遼史耶律大石	也喜
遼史營衛志	阿速、也喜、乙室、乙習本、移失鄰
金史百官志	阿速、阿廝准、安煦烈、諳石剌、業速布
蒙古秘史	阿速惕
南村輟耕錄	阿速
八旗氏族通譜	伊蘇、雅蘇
秦本紀人名	奄息
蒙古秘史人名	愛息、阿失黑
元史蒙古人名	也速、愛薛
按出虎水別名	按褫水、阿什河
女真語語源	金／愛新

愛新／烏孫

逸周書王會族名	漚深
左傳族名	金天氏
五帝本紀族名	公孫、高辛、有熊、有莘、有侁
殷本紀族名	傅險
匈奴列傳族名	烏孫
日爾曼尼亞志	Oxiones

三國志魏書東夷	爰襄、臣雲新（「臣」蒙語「老／舊」）
梁書諸夷傳	武興
魏書高句麗傳	紇升骨
魏書西域傳	烏孫
遼史營衛志	乙辛、乙僧
金史百官志	阿鮮、愛申
南村輟耕錄	忽神
八旗氏族通譜	愛新、烏新、瑚遜、富森
中原古代姓氏	公孫、公慎、公勝
突厥姓氏	阿史那
日爾曼姓氏	**Aiching**
五帝本紀人名	虞舜
殷本紀人名	巫咸、巫賢
秦本紀人名	高圉、亞圉
蒙古秘史人名	兀孫
元史蒙古人名	也先、忽辛、和尚、葉仙鼐
內蒙地名	烏審旗
女真語語義	「金」

按出／按春／阿勒楚／阿勒坦

傳說時代族名	掩茲
大宛列傳族名	奄蔡
後漢書西羌傳	揚拒
晉書四夷東夷	一群
魏書高車傳	乙旃
隋書鐵勒傳	恩屈
新唐書北狄傳	安居骨
新唐書地理西域	奄蔡、崦嵫

金史世紀	安車骨
金史地理志	按出虎
金史百官志	顏盞
南村輟耕錄	顏珠、韓楚哈
八旗氏族通譜	尹齋、顏扎、顏珠、顏濟理
俄羅斯姓氏	葉里欽／Ельцин
日爾曼姓氏	Alten
秦始皇名	嬴政
蒙古秘史人名	阿勒赤
元史蒙古人名	安童、按陳、燕真、按竺邇、按住奴
清雍正帝名	胤禎
山東地名	安丘
新疆地名	葉爾羌
女真語語義	「金」

阿蘭

兩漢書西域傳	阿蘭聊
西史族名	Alani
魏書高車傳	阿崙
隋書鐵勒傳	阿蘭
大唐西域記	阿利尼
遼史營衛志	阿輦
金史百官志	益輦
匈牙利姓氏	Arany
匈牙利語語義	「金」

尒綿

魏略大秦國傳	阿蠻
魏書官氏志	尒綿
隋書鐵勒傳	也末
遼史營衛志	閭馬、移馬
金史百官志	諳蠻
八旗氏族通譜	葉穆、伊穆、葉墨勒、伊爾穆、阿穆魯
匈牙利姓氏	Almás
元史蒙古人名	艾貌、俺木海
西伯利亞地名	Omsk（鄂木斯克）
西亞國名名	Armenia（亞美尼亞）

嚈噠／安達爾奇

希羅多德歷史	Androphagi
魏書西域傳	嚈噠
新唐書地理西域	訶達羅支
大唐西域記	安呾羅縛
南村輟耕錄	阿大里吉、阿塔里吉、阿大力吉
八旗氏族通譜	安達拉
日爾曼姓氏	Anderach
黑龍江地名	安達

挹婁

逸周書王會篇	伊慮
史記西南夷列傳	夜郎、白馬
日爾曼尼亞志	Hellusii
後漢書東夷傳	挹婁

後漢書西羌傳	伊洛、白馬
三國志魏書東夷	一離
晉書四夷傳	挹婁
魏書官氏志	伊婁
魏書氏傳	白馬
新唐書南蠻傳	哀牢
新唐書回鶻傳	藥羅葛
新唐書地理西域	阿臘
遼史營衛志	耶律、耶魯、耶里、遙里
金史百官志	移剌苔
金國語解	移剌
南村輟耕錄	阿剌剌、阿兒剌
八旗氏族通譜	葉祿、阿魯、阿魯特
匈牙利姓氏	**Illés、Illyes**
蒙古秘史人名	愛魯、亦魯該
元史蒙古人名	阿魯圖、奧魯赤
遠東地名	鴨綠江、Aleutian Islands（阿留申群島）
女真語語義	「白馬／yelu」

依耐／一那蔞

兩漢書西域傳	依耐
三國志魏書東夷	一難
魏書官氏志	一那蔞
新唐書地理西域	依耐、阿捺臘、烏捺斯
匈人人名	**Anagai**
魏書蠕蠕傳人名	阿那瑰
元史蒙古人名	野訥

葉赫／也該

新唐書地理西域	遺恨
八旗氏族通譜	葉赫、葉何、葉赫勒
蒙古秘史人名	也客、也該
元史蒙古人名	也罕的斤
蒙古語語義	「大／ИХ／ikh」

B／Ph

亳／發

左傳族名	亳
五帝本紀族名	發
史記西南夷列傳	僰（雲南白族之祖）
後漢書西羌傳	發羌、奔戎
晉書四夷北狄	卜氏
魏書官氏志	普
北史室韋傳	缽室韋
新唐書地理西域	發
金史百官志	把
朝鮮姓氏	Pak（朴）
匈牙利姓氏	**Papp**
日爾曼姓氏	**Barr**
夏本紀人名	發

僕骨／僕和

傳說時代族名	伯皇
逸周書王會篇	豹胡
左傳國名	蒲古
魏書西域傳	缽和
隋書鐵勒傳	僕骨、比干、撥忽、
新唐書地理西域	缽和、盤越、達利薄紀
新唐書回鶻傳	僕骨
新唐書北狄室韋	婆萵
大唐西域記	捕喝
遼史耶律大石	鼻古德

遼史營衛志	北克、潑昆、鼻古德、百爾瓜忒
金史百官志	把古、蒲古里
八旗氏族通譜	拜格、博爾袞、博和羅、步古魯特
匈牙利姓氏	Bakós、Bokor
日爾曼姓氏	**Bugher、Bulger**
傳說時代人名	盤古
殷本紀人名	比干、盤庚、報乙
周本紀人名	不窋
蒙古秘史人名	孛堅、孛斡兒出
元史蒙古人名	孛罕、百家奴、博爾忽、勃古思
清代女真人名	博果爾（皇太極子）
歐洲族國名	Bulghar、Bulgaria（保加利亞）

撥略／拔列／蒲類／步六孤

兩漢書西域傳	卑陸、蒲類、蒲犁
日爾曼尼亞志	Buri
三國志魏書東夷	卑離
晉書四夷東夷	裨離
魏書官氏志	撥略、匹婁、拔列、步六孤、普陋茹
魏書勿吉傳	匹黎爾
魏書西域傳	波路、破洛那
隋書鐵勒傳	北褥、薄落職
新唐書回鶻傳	弊剌
大唐西域記	鉢利曷、跋祿迦
新唐書地理西域	鉢羅
新唐書北狄契丹	匹黎
遼史營衛志	蒲盧、頗里、拔里
金史百官志	必蘭、孛朮魯、潘朮古

八旗氏族通譜	碧魯、碧喇、博絡、博羅特、布魯特
蒙古秘史	孛剌兒、不里牙惕
南村輟耕錄	八憐、別剌、八魯忽、八魯剌忽
匈牙利姓氏	Boros、Balla
匈人人名	Bleda、Balas、Balaq
蒙古秘史人名	巴剌、不魯罕、孛羅忽勒
元史蒙古人名	孛魯、博魯歡、步魯合答

拔拔

逸周書王會篇	百濮
周本記族名	彭濮
兩漢書西域傳	卑品
梁書諸夷傳	盤盤
魏書官氏志	拔拔
新唐書突厥傳	婆鼻
新唐書回鶻傳	婆匐
新唐書地理西域	缽勃
殷本紀人名	報丙
秦本紀人名	丕豹
晉代中原人名	樸子
魏書人名	赫連勃勃
元史蒙古人名	伯八、八不罕、八不沙、王保保
清代女真人名	巴布海、巴布泰（努爾哈赤子）

泊咄

兩漢書西域傳	番兜城
晉書四夷東夷	蒲都
魏書官氏志	破多羅

魏書西域傳	拔豆
魏書高車傳	破多蘭
新唐書北狄傳	泊咄（誤作「洎咄」）
大唐西域記	缽鐸創那
金史世紀	伯咄
金史百官志	匹獨思
八旗氏族通譜	拜都、博都理
匈牙利姓氏	**Bodó**
元史蒙古人名	伯都、孛禿
河北地名	泊頭
吉林地名	伯都那（「扶余」舊名）

伯德

兩漢書西域傳	濮達
魏書勿吉傳	拔大何
新唐書地理西域	拔特山
遼史營衛志	伯德、勃得本
八旗氏族通譜	布達喇、白達爾、把爾達
錫伯族姓氏	巴爾達
匈牙利姓氏	**Barta、Bartha**
元史蒙古人名	八丹、伯德那、伯答兒、伯答沙
中亞地名	巴達哈傷
亞洲國名	不丹（Bhutan）

白狄／薄奚

傳說時代族名	庖犧
匈奴列傳族名	白翟
兩漢書西域傳	排持（波斯「帕提亞」王朝起源部落）

三國志魏書東夷	伯濟
梁書諸夷傳	白題
魏書官氏志	薄奚
魏書契丹傳	匹絜
魏書西域傳	波知，薄知
新唐書突厥傳	拔塞干
新唐書回鶻傳	白霫、拔悉蜜
新唐書地理西域	弗敵、半制、波知、步師、薄知
遼史營衛志	不只、不直、拔思母
蒙古秘史	巴只吉惕
南村輟耕錄	別帖里
八旗氏族通譜	白佳、白禪、拜察、拜晉、寶濟、博爾濟
殷本紀人名	報丁
秦本紀人名	白起
蒙古秘史人名	不只兒、布智兒、八思不花
元史蒙古人名	拜住
匈人人名	**Basich、Bashiq**

白羊／夫余／伯岳吾

匈奴列傳族名	白羊
兩漢書東夷傳	夫餘（音bo-yu）
三國志魏書東夷	夫餘、不雲
晉書四夷東夷	夫餘
隋書鐵勒傳	拔也古
新唐書回鶻傳	拔野古
新唐書地理西域	勃逸
南村輟耕錄	伯要
八旗氏族通譜	巴顏、巴顏圖、把嶽忒

錫伯族姓氏	巴亞爾、巴雅拉
百家姓姓氏	濮陽、伯賞
夏本紀人名	伯夷
周本紀人名	伯陽甫
秦本紀人名	柏翳
元史蒙古人名	拜延、伯顏
河南地名	濮陽
四川藏區地名	班佑
內蒙古地名	巴彥淖爾
新疆地名	巴音郭楞蒙古自治州
語義	女真／蒙古／突厥語「富」

蒲察

新唐書地理西域	播薩
金史百官志	蒲察
匈牙利姓氏	**Buza**
元史蒙古人名	撥綽

蒲速

遼史耶律大石	普速完
遼史營衛志	蒲速盌、蒲速斡、普速完
金史百官志	蒲速、蒲鮮、蒲速烈
八旗氏族通譜	白蘇、博碩、布蘇克、博爾蘇特
女真語語義	〈遼國語解〉「耶魯盌,興旺也。蒲速盌,義與耶魯盌同」(女真族地區地名) 匈牙利語「興旺,**bőség／jólét**」

裴滿

秦本紀族名	白冥
三國志魏書東夷	不彌、卑彌
晉書四夷北狄	勃蔑
新唐書地理西域	附墨
新五代史四夷	頻沒
遼史營衛志	崑母、頻沒
金史百官志	裴滿
清代女真人名	博穆（皇太極子）

Ch／J

契／摯／棄／鞠／喬

甲骨族名	啓、雜
兩漢書西域傳	劫國
晉書四夷北狄	喬
新唐書地理西域	羯、乍
新唐書回鶻傳	鞠
遼史營衛志	嘲
日爾曼姓氏	Chur
匈牙利姓氏	Cseh
傳說時代人名	鞠、錯
五帝本紀人名	摯
夏本紀人名	啓
殷本紀人名	契、振（契-n）
周本紀人名	棄
秦本紀人名	晁

契苾

兩漢書西域傳	罽賓
三國志魏書東夷	支半
梁書諸夷傳	句盤
魏書官氏志	乞扶
魏書高車傳	解枇、黜弗
隋書鐵勒傳	契弊
新唐書回鶻傳	車鼻、契苾羽
新唐書地理西域	至拔、罽賓
遼史耶律大石傳	糺而畢

八旗氏族通譜	哲柏
匈牙利姓氏	**Csibi**
周本紀人名	差弗
晉世家人名	智伯
匈人人名	**Zabergan**
蒙古秘史人名	者別
元史蒙古人名	只必、察必

契丹

傳說時代族名	啓統
兩漢書西域傳	乾當
後漢書西羌傳	且凍
魏書官氏志	丘敦
魏書契丹傳	契丹
南村輟耕錄	契丹、乞要歹
八旗氏族通譜	曹丹、奇塔喇、齊達勒、齊克騰
百家姓姓氏	譙笪
蒙古秘史人名	客台、客帖
元史蒙古人名	乞台
元史地理志雲南	雌甸
黑龍江地名	七台河
新疆地名	奇台
西伯利亞地名	赤塔
蒙語語義	「中國／Хятад」
俄語語義	「中國／Китай」

女古／九國／昭武

甲骨族名	鬼方
傳說時代族名	女媧、鬼隗、祝融
逸周書王會篇	九菌、桂國
魏書西域傳	昭武
魏書高車傳	乞袁
隋書鐵勒傳	具海
新唐書突厥傳	處月
新唐書北狄傳	處和
大唐西域記	赤鄂衍那、鞠和衍那
遼史營衛志	女古
金史百官志	綴罕
至元譯語	扎忽歹（漢兒）
八旗氏族通譜	珠格、珠赫勒、扎哈拉、朱爾袞、珠爾根
百家姓姓氏	諸葛、歸海
匈牙利姓氏	**Gyurko、Gyurkovics**
南斯拉夫姓氏	Djokovic
殷本紀人名	祖甲、祖庚、女房、九侯（鬼侯）
秦本紀人名	女華、女防、造父
史記人名	主父偃
遼史契丹人名	豬糞
金史女真人名	豬糞
元史蒙古人名	教化、扎忽帶、扎古帶
山東古地名	祝柯（秦置）、祝阿（漢置） （今山東齊河縣）

女直

逸周書王會篇	雕題
五帝本紀族名	娵訾
秦本紀族名	邽冀
西南夷列傳族名	魋結（《漢書》作「椎結」）
漢書匈奴傳	沮澤
兩漢書西域傳	龜茲、條支
後漢書東夷傳	徐夷
日爾曼尼亞志	Chauci
晉書四夷北狄	沮渠
魏書氏傳	仇池
魏書西域傳	朱居、朱俱婆、朱俱波、早伽至
新唐書地理西域	巨雀、具闕、條支
大唐西域記	屈支
遼史營衛志	女直、哲里只
南村輟耕錄	女直、貴赤、竹赤、拙兒察
八旗氏族通譜	朱佳、徐吉、屈佳、卓克佳、朱爾奇
錫伯族姓氏	初爾吉
西方姓氏人名	George／Georgia
阿爾巴尼亞姓氏	Xoxe（音dzo-dze）
愛沙尼亞舊國名	Чудь（《羅斯紀年》）
格魯吉亞國名	Georgia/喬治亞
五帝本紀人名	蟜極
殷本紀人名	祖己、女鳩
秦本紀人名	出子、卓子、樗里疾
三國志魏書鮮卑	厥機
蒙古秘史人名	拙赤、曲出、主兒扯
明史蒙古人名	鬼力赤

江蘇古地名	祝其（漢置，今江蘇贛榆縣）
浙江地名	諸暨
安徽地名	貴池
四川藏區地名	卓克基
亞洲東端地名	楚克奇／Чукчи／Chukchi

女真

傳說時代族名	句疆
逸周書王會篇	鬼親
新唐書北狄契丹	墜斤
遼史營衛志	糾里闡
八旗氏族通譜	周成、覺禪、卓晉、綽克秦
百家姓姓氏	宗政
俄羅斯姓氏	Чучин、Чуркин
匈牙利姓氏	Gyurcsany
殷本紀人名	祖丁
越世家人名	句踐
楚世家人名	卷章
浙江地名	句章（今浙江慈溪縣）
山東地名	諸城
元史波斯地名	朱里章
道里邦國志海名	久爾疆海／Jurjan（裏海別名）

夾谷

新唐書地理西域	嶰谷
新五代史四夷	集解
金史百官志	夾谷
南村輟耕錄	徹兒哥
百家姓姓氏	夾谷

匈牙利姓氏	Csaki、Csiki
南斯拉夫姓氏	**Dzeko**
蒙古秘史人名	赤古
四川藏區地名	雜谷腦（四川理縣）

叱干

魏書官氏志	叱干、車焜、去斤
匈人人名	**Zerkon**
蒙古秘史人名	察合安豁阿
元史蒙古人名	察罕、察罕不花、察罕帖木兒
陝西地名	叱干鎮（陝西禮泉縣屬）
蒙古語語義	「白／цагаан」

敕勒

兩漢書西域傳	渠勒、渠梨
三國志魏書東夷	楚離
晉書四夷北狄	赤勒
魏書官氏志	叱利
魏書高車傳	敕勒
隋書鐵勒傳	哇勒兒
大唐西域記	訖栗[瑟摩]
遼史營衛志	糺里、楚里、厥里、決里、啜勒、出懶
南村輟耕錄	怯烈
八旗氏族通譜	恰喇、奇壘、濟禮、兆壘、扎賴、扎拉爾
魏書鮮卑人名	處羅、猗盧、車鹿會、丘力居
蒙古秘史人名	赤勒古
元史蒙古人名	出律、怯烈、車里、徹里
鮮卑語語義	「英雄／чийрэг」 《元史・木華黎傳》「掇里班出律猶華言四傑」

叱羅／出連

逸周書王會篇	其龍
後漢書西羌傳	參狼
魏書官氏志	叱呂、叱羅、叱盧、丘林、出連、其連
新唐書回鶻傳	喔羅勿、俱羅勃
新唐書地理西域	俱蘭、俟麟、闚陵、俱祿犍、羯勞支
新唐書北狄契丹	峭落
大唐西域記	屈浪拏
金史百官志	卓魯
南村輟耕錄	曲呂律
元史地理志雲南	切龍
八旗氏族通譜	珠魯、綽絡、濟魯特、兆絡特、扎魯特
蒙古秘史人名	赤老溫
元史蒙古人名	紐璘、紐林的斤
山名	祁連
蒙古語語義	「石頭／чулуу」 「石頭的／чулуун」

叱奴

魏書官氏志	叱奴、俟奴
魏書西域傳	旃那
新唐書地理西域	賤那
大唐西域記	[缽鐸]創那
五帝本紀人名	橋牛
元史蒙古人名	千奴
蒙古語語義	「狼／чоно」

赤狄／車臣

逸周書王會篇	漆齒
匈奴列傳族名	赤翟
魏書高車傳	赤狄
遼史營衛志	茶赤剌、查只底
遼史耶律大石	茶赤剌
金史百官志	赤盞
南村輟耕錄	赤乞、察里吉
八旗氏族通譜	蔡佳、遲佳、齊佳
百家姓姓氏	漆雕
楚世家人名	棄疾
孔子弟子人名	漆雕開
藏族人名	才增
新疆地名	車臣（馬可波羅記南疆「且末」之別名）
高加索國名	車臣（俄羅斯北高加索屬國）
俄羅斯地名	察里津（**Царицын**，斯大林格勒舊名）

赤沙／遲散

匈奴列傳族名	屈射
兩漢書西域傳	車師
晉書四夷北狄	赤沙
魏略西戎傳大秦	遲散（今巴庫）
魏書西域傳	車師、渠莎、奇沙
新唐書地理西域	遲散、奇沙、騎失帝、乞澀職、乞施巘
新唐書北狄契丹	赤山
新唐書北狄靺鞨	屈設
蒙古秘史	客失米兒（「客」訓「且」）

南村輟耕錄	乞失迷兒
八旗氏族通譜	秋舒理
匈牙利姓氏	Csarszar、Csiszár
蒙古秘史人名	乞失里黑
元史蒙古人名	曲樞、啓昔禮

俟幾

傳說時代族名	倚帝、吉夷
逸周書王會族名	枳巳
三國志魏書東夷	支侵
魏書官氏志	俟幾
魏書西域傳	者至拔
隋書高車傳	狄氏
新唐書回鶻傳	熾俟
大唐西域記	揭職
南村輟耕錄	扎剌只剌
八旗氏族通譜	賈佳
百家姓姓氏	子車
殷本紀人名	箕子
孔子弟子人名	[樊須]子遲、[巫馬施字]子旗

者舌

魏書西域傳	者舌、折薛[莫孫]
隋書鐵勒傳	羯三
新唐書突厥傳	執舍
新唐書石國傳	柘支（或「柘折／赭時」，今塔什干）
新唐書地理西域	碣石、據瑟、褚瑟、遮瑟多
大唐西域記	赭時、羯霜那

孔子弟子人名	[伯虔字]子析、[公孫龍字]子石
秦本紀人名	季勝

且末／吉里迷

傳說時代族名	譙明、次民
周本記族名	羌髳
希羅多德歷史	Κιμμέριοι字根Κιμμέρ
兩漢書西域傳	且末、且彌、拘彌、金滿
三國志魏書東夷	乾馬
晉書四夷北狄	綦毋
魏書官氏志	叱門、俟力伐、俟伏斤、丘穆陵
魏書西域傳	且末、且彌、忸密、權于摩
隋書鐵勒傳	九離伏
新唐書南蠻傳	苴咩
新唐書突厥傳	處蜜、處木昆
新唐書回鶻傳	居勿
新唐書地理西域	忸密、浚蜜、俱蜜
大唐西域記	拘謎陀
遼史營衛志	監母、隔蔑
金史地理志	吉里迷
蒙古秘史	客兒綿
南村輟耕錄	扎馬兒
八旗氏族通譜	扎穆懇、齊穆克、徹穆袞、嘉穆瑚
殷本紀人名	昭明
突厥可汗名號	啓民
蒙古秘史人名	者勒篾
山東地名	即墨
內蒙地名	哲里木
西史地名	Germania（日爾曼尼亞）

准葛

夏本紀族名	斟戈
後漢書西羌傳	泉皋
金史百官志	准葛
八旗氏族通譜	慶格理
五帝本紀人名	重華
殷本紀人名	崇侯虎
元史地理志雲南	呈貢
元史蒙古人名	鎮海
中原人名	鄭國、荊軻
新疆地名	准葛爾
女真語語義	〈金國語解〉「鷹鶻，申科岸」

長勺／窮奇／精絕

史記族名	長勺
兩漢書西域傳	精絕
後漢書西羌傳	鐘羌
晉書四夷傳	鐘跂
魏書官氏志	輾遲
八旗氏族通譜	精吉、陳佳、常佳、金佳、崇吉喇
百家姓姓氏	晉楚
匈牙利姓氏	Gyöngyösi
傳說時代人名	倉頡、慶節
五帝本紀人名	窮奇
殷本紀人名	中丁
秦本紀人名	中潏
元史蒙古人名	純只海
黑龍江支流	精奇理河（今俄羅斯境內）

長孫／顓頊

傳說時代族名	顓頊、卷須
夏本紀族名	斟尋（擬音jun-xun）
秦本紀國名	中山
晉書四夷北狄傳	真樹
魏書官氏志	長孫
百家姓姓氏	仲孫、顓孫
五帝本紀人名	顓頊
周本紀人名	仲山甫
北魏鮮卑人名	長孫肥
元史蒙古人名	慶孫
清代人名	常舒（皇太極子）

結骨／堅昆

匈奴列傳族名	鬲昆
新唐書回鶻傳	結骨、堅昆
青海玉樹地名	結古

D／T

達勃

魏書官氏志	達勃
魏書高車傳	達薄干
隋書鐵勒傳	都波
新唐書回鶻傳	都播（都波）
八旗氏族通譜	達普圖
匈牙利姓氏	Dobi
元史蒙古人名	太不花、泰不花、塔不已兒

達稽／達奚

傳說時代族名	大庭
逸周書王會篇	代翟
日爾曼尼亞志	Dacians
後漢書西羌傳	當煎
魏書官氏志	達奚、吐奚
隋書鐵勒傳	達契
新唐書回鶻傳	踏實力
新唐書北狄契丹	達稽
遼史營衛志	達里底
金史百官志	獨鼎
八旗氏族通譜	通塞理、圖色理、圖薩喇、泰錫納喇
百家姓姓氏	太叔
殷本紀人名	妲己、太丁
周本紀人名	太顛
元史蒙古人名	塔思、達釋、土薛、特薛闍、旦只兒、
清代女真人名	代善（努爾哈赤子）、韜塞（皇太極子）
羅馬尼亞古名	Dacia（達契亞）

東胡／唐兀／徒河／吐渾／達斡爾

傳說時代族名	東戶、大隗
逸周書王會篇	東胡、桃槐
匈奴列傳族名	大宛、東胡、唐虞
兩漢書西域傳	單桓
後漢書西羌傳	太原
魏書徒河鮮卑	徒河
新唐書地理西域	桃槐
新唐書北狄契丹	獨活、徒河、彈汗
新唐書西域傳	黨項
遼史營衛志	大賀、黨項
金史百官志	獨虎
南村輟耕錄	唐兀
清代蒙古族名	土爾扈特（俄文Торгууд）
八旗氏族通譜	東阿、董鄂、泰瑚特、托和爾秦
百家姓姓氏	東方、單于
傳說時代人名	檮杌
殷本紀人名	太戊
蒙古秘史人名	塔孩、統灰、脫歡
元史蒙古人名	塔海、腤虎
山東地名	東阿
甘肅地名	敦煌

東郭／唐古／獨孤

晉書四夷北狄	屠各、吐谷渾
魏書官氏志	獨孤、吐谷渾
新唐書東夷傳	達姤
遼史耶律大石	唐古

遼史營衛志	唐古、唐括、吐谷
金史百官志	唐括
八旗氏族通譜	唐古爾、冬果爾
錫伯族姓氏	杜孤渾
百家姓姓氏	東郭、段干
匈牙利姓氏	Tokaji
殷本紀人名	大甲
匈人人名	Tourgoun
三國志魏書人名	東里袞
蒙古秘史人名	禿格
清代女真人名	湯古代、多爾袞（努爾哈赤子）

吐火羅

斯屈波地理志	Tochri
日爾曼尼亞志	Tungri
魏書西域傳	吐呼羅
新唐書地理西域	吐火羅
大唐西域記	睹貨邏
新五代史四夷	但皆利
蒙古秘史	脫忽剌兀惕
八旗氏族通譜	達瑚理、托活洛、佟鄂絡、通阿拉
錫伯族姓氏	托霍羅、托庫爾、托庫里
日爾曼姓氏	Dagher、Dahler
秦本紀人名	宅皋狼
元史蒙古人名	禿忽魯
清代女真人名	德格類（努爾哈赤子）
新疆地名	吐爾庫里

都烈／鐵勒

匈奴列傳族名	大荔、丁零
後漢書西羌傳	滇零
魏書高車傳	狄曆、大連、丁零
遼史營衛志	得里、通里、奪里剌
金史百官志	都烈
新唐書北狄傳	鐵利
大唐西域記	呾剌健
遼史耶律大石傳	達剌乖
遼史營衛志	敵剌、鐵驪、迭剌葛、旦利皆、達剌乖
八旗氏族通譜	都理、都勒、塔喇

韃靼／拓特

傳說時代族名	大敦
五帝本紀族名	陶唐
晉書四夷北狄	禿童
魏書地豆于傳	地豆于
魏書高車傳	吐突鄰
新唐書地理西域	大檀、檀特
遼史營衛志	迭達、迭里特、謀里得、謀得只、謀得直
金史百官志	拓特
蒙古秘史	塔塔爾／蒙文Татар
八旗氏族通譜	塔坦、唐達、塔他爾、他塔拉
百家姓姓氏	澹台
孔子弟子人名	澹台[滅明]
匈牙利姓氏	Toth
日爾曼姓氏	Todd

匈人人名	Tuldi-la
唐代靺鞨人名	突地稽
蒙古秘史人名	脫黑脫阿
元史蒙古人名	脫脫、土土哈、塔塔兒台、塔塔統阿
清代女真人名	多鐸（努爾哈赤子）
維吾爾族人名	托合地
三國志東夷地名	單單大領（轊靹海，今日本海）

拓拔／禿髮

魏書官氏志	拓拔
新唐書北狄契丹	突便
遼史營衛志	突便、托不
南村輟耕錄	禿八、禿伯、禿魯八、脫里別、朵里別
八旗氏族通譜	圖普蘇
錫伯族姓氏	禿髮、土發
百家姓姓氏	拓拔
芬蘭姓氏	Topa
日爾曼姓氏	Topfer
蒙古秘史人名	脫不合
元史蒙古人名	禿不申

圖門

金史百官志	陀滿
八旗氏族通譜	圖門
錫伯族姓氏	圖門、吐萬
百家姓姓氏	東門
匈牙利姓氏	Tomen、Tumen
秦本紀人名	到滿

宋微子世家人名	頭曼
匈奴列傳人名	頭曼
突厥可汗名號	土門
蒙古秘史人名	禿滿答兒
東北地名	圖門江（豆滿江）
女真語語義	「萬」

怛沒／豆莫婁

兩漢書西域傳	都密
後漢書西羌傳	唐旄
魏書官氏志	大莫干、吐伏盧
魏書豆莫婁傳	豆莫婁
魏書西域傳	多勿當、迭伏羅
新唐書東夷傳	達末婁
新唐書地理西域	怛沒、怛馱
大唐西域記	呾密、達摩悉
遼史耶律大石	達密里
遼史營衛志	特滿、特末、特末也、潭馬忒、達密里
八旗氏族通譜	托謨、土默特、塔穆察
錫伯族姓氏	托莫
百家姓姓氏	端木
蒙古秘史人名	塔馬赤
元史蒙古人名	忒木台、探馬赤、鐵邁赤
內蒙古地名	土默特旗
蒙古語語義	「駱駝／Тэмээ」

同羅／吐如紇

逸周書王會篇	旦略
兩漢書西域傳	德若
希羅多德歷史	Ταυρικ／Taurik
晉書四夷北狄	大樓
魏書官氏志	沓盧、他駱拔、太洛稽
魏書契丹傳	吐六于
魏書高車傳	吐盧
隋書鐵勒傳	吐如紇
新唐書突厥傳	咄陸、都陸
新唐書回鶻傳	同羅、多濫葛
新唐書地理西域	多勒建
大唐西域記	呾邏私
遼史營衛志	圖盧、帖魯、突呂不、達魯虢
南村輟耕錄	禿魯花
八旗氏族通譜	多羅、都魯、達絡克、達魯特、托羅特
匈牙利姓氏	Torok（義「突厥人」）
秦本紀人名	大駱
蒙古秘史人名	脫孿、朵羅阿
元史蒙古人名	禿剌、禿魯、朵羅台

突厥

左傳地名	菟裘
秦本紀族名	菟裘
新唐書突厥傳	突騎施
遼史營衛志	突舉、突厥
蒙古秘史	泰赤烏

百家姓姓氏	塗欽
八旗氏族通譜	陶佳、圖佳、托爾佳、圖爾佳、泰楚魯
土耳其國名	Turk
五帝本紀人名	丹朱
越本紀人名	陶朱
元史蒙古人名	塔出、塔察兒、脫察剌、唐其勢
殷本紀地名	泰卷

H／Kh／Ph

渾

匈奴列傳族名	緄戎
隋書鐵勒傳	渾
新唐書回鶻傳	渾
遼史營衛志	渾只、虎溫、孤溫
匈牙利姓氏	Kun
元史蒙古人名	口溫不花
蒙古語語義	「人／хүн」

賀拔／柯拔

魏書官氏志	賀拔、柯拔
匈牙利姓氏	Horváth、Kopasz

賀賴／覆羅

後漢書西羌傳	傅難
晉書四夷北狄	賀賴、黑狼
魏書官氏志	賀兒、賀若、賀樓、賀蘭、副呂
隋書鐵勒傳	覆羅
新唐書西域傳	拂菻
新唐書地理西域	活路、胡路、富樓、縛狼、忽論
大唐西域記	紇露、忽懍、忽露摩
匈牙利姓氏	Fülöp
秦本紀人名	蜚廉
元史蒙古人名	忽蘭、忽剌出、忽林失
清代女真人名	福臨（皇太極子）
寧夏山名	賀蘭

呼延

傳說時代族名	昊英
匈奴列傳族名	呼衍、胸衍
晉書四夷傳	呼延
後漢書西羌傳	封養
金史百官志	霍域
百家姓姓氏	公羊、呼延
八旗氏族通譜	瑚雅、翰顏、克音、愷顏
百家姓姓氏	呼延
突厥語語義	「羊／qoyun」

費雅喀

新唐書北狄傳	拂涅
金史世紀	拂涅
俄羅斯遠東族名	費雅喀
清代女真人名	費揚果（努爾哈赤子）

G／Gh／K／Kh

瓜爾佳／喀爾喀

荷馬史詩	Κάλχας／Kalkhas
希羅多德歷史	Κολχίς／Kolkhis
新唐書回鶻傳	骨利干
金史百官志	古里甲
八旗氏族通譜	瓜爾佳、郭爾佳、卦爾察
錫伯族姓氏	瓜爾佳、瓜勒佳、卦爾察
尼泊爾族名	Gurkha（廓爾喀）
元史蒙古人名	口兒吉、闊里吉思
外蒙古舊名	喀爾喀

蓋樓／葛邏祿

魏書官氏志	蓋樓
新唐書突厥傳	葛邏祿、歌邏祿
新唐書回鶻傳	葛邏祿
新唐書地理西域	葛邏犍
南村輟耕錄	苦里魯、匣剌魯
八旗氏族通譜	郭羅、郭絡羅
匈牙利姓氏	Gáal、Gál

高車／科爾沁

西史族名	Kurtrighur
魏書高車傳	高車
八旗氏族通譜	喀爾佳、科爾親、喀爾沁
阿爾巴尼亞姓氏	Hoxha（音ho-dza、中譯「霍查」）
匈牙利姓氏	Kocsis

蒙古秘史人名	忽兒察忽思
新疆地名	庫車
內蒙地名	科爾沁（曾名「好兒趁」）
匈牙利語語義	「車／kocsi」

叩德

晉書四夷傳	寇頭
魏書官氏志	可地延
八旗氏族通譜	叩德、扣岱、誇爾達、克爾德

克烈

蒙古秘史	克烈，蒙文Хэрэйд
八旗氏族通譜	克勒、克勒德、喀爾拉
元史蒙古人名	怯烈

庫婁

魏書勿吉傳	庫婁
波斯美地亞古人名	居魯士（聖經「Κύρος／古列」）
新疆地名	庫爾勒，蒙文Хорл

賀拔／柯拔

魏書官氏志	賀拔、柯拔
魏書西域傳	渴盤陀
新唐書地理西域	忽婆
八旗氏族通譜	庫布克、庫布特
匈牙利姓氏	**Kopasz**
元史蒙古人名	哈八兒禿
西藏地名	渴般陀

曷薩／可薩／哈薩克

新唐書回鶻傳	葛薩
新唐書地理西域	郝薩
大唐西域記	鑊沙
金史百官志	盍散
八旗氏族通譜	希薩爾、哈薩喇
西史國名	可薩汗國
中國族名	哈薩克，哈文Қазақ
俄羅斯族名	哥薩克，俄文казаќи

L／Rh

蘭

匈奴列傳族名	蘭氏
晉書四夷北狄	蘭
匈牙利姓氏	Lane
日爾曼姓氏	Lane

羅布

三國志魏書東夷	離卑
遼史百官志	盧不姑
八旗氏族通譜	賴布、魯布理
秦本紀人名	呂不韋
漢代人名	呂布
清代女真人名	洛博會（皇太極子）
蒙古人名	羅卜藏丹津
新疆地名	洛浦（Lop，縣置）、羅布泊

陸和／陸渾

傳說時代族名	驪畜（擬音lo-hu）
逸周書王會篇	樓煩
匈奴列傳族名	樓煩、陸渾
大宛列傳國名	黎軒
魏略西戎大秦國	犁軒、驢分
晉書四夷大秦國	犁鞬
魏書官氏志	若干、若口引
隋書鐵勒傳	隆忽
新唐書地理西域	旅獒

金史百官志	朮虎、耨盌
南村輟耕錄	林合剌
八旗氏族通譜	羅嶽
百家姓姓氏	令狐
夏本紀人名	履癸
周本紀人名	祿父（商紂王子）
遼史契丹人名	驢糞
清代女真人名	洛格（皇太極子）
山西地名	婁煩

柔然／蠕蠕

傳說時代族名	栗陸
匈奴列傳族名	樓蘭
兩漢書西域傳	樓蘭、鄯善、戎盧、栗弋
後漢書西羌傳	離湳
後漢書西南夷列	僂讓
晉書四夷傳	栗弋（「弋」應讀「邏」）
魏書官氏志	如羅
魏書勿吉傳	魯婁
魏書西域傳	蠕蠕、鄯善、樓蘭
隋書鐵勒傳	柔然
隋書突厥傳	茹茹
新唐書地理西域	羅羅、羅爛、栗弋
蒙古秘史	剌剌勒
八旗氏族通譜	祿葉勒
春秋人名	老萊子
新疆地名	鄯善

如者／朮甲

逸周書王會篇	離卿
後漢書西羌傳	累姐、牢姐、勒姐
晉書四夷傳	勒氏、力羯
新唐書北狄傳	大如者、小如者
新唐書地理西域	犁靬、龍池
金史百官志	朮甲
南村輟耕錄	剌乞
八旗氏族通譜	劉佳、羅佳、羅察
百家姓姓氏	閭丘、梁丘
匈牙利姓氏	Rózsa
匈人人名	Ruga、Amba-zuka（大如者）
元史蒙古人名	朮赤

M

靺鞨

魏書官氏志	祕刊、茂眷
新唐書回鶻傳	彌列哥、貊歌息訖
新唐書北狄靺鞨	靺鞨
新唐書地理西域	摸逹
大唐西域記	薺健
遼史營衛志	靺鞨、蔑孤、蠻葛、抹骨古、梅古悉
南村輟耕錄	抹合剌
八旗氏族通譜	伏爾哈、梅赫理、墨爾赫
百家姓姓氏	墨哈
日爾曼姓氏	Maher
周本紀人名	謀父
元史蒙古人名	買哥、木華黎

勿吉／滿洲／蔑里乞

夏本紀族名	冥氏
匈奴列傳族名	綿諸
後漢書西羌傳	蠻氏
三國志魏書東夷	牟涿
魏書官氏志	勿忸于
魏書勿吉傳	勿吉
魏書西域傳	伏丑、[弗那]伏且
隋書鐵勒傳	蔑促、蒙陳
新唐書地理西域	摩竭、篾頡
大唐西域記	伐地
遼史耶律大石	密兒紀

遼史營衛志	梅只、梅里急、密兒紀、滅合里直
蒙古秘史	蔑里乞、馬扎剌惕
南村輟耕錄	木里乞、末里乞、滅里吉、密赤思
八旗氏族通譜	馬佳、密扎、梅佳、墨爾齊、墨爾啓
百家姓姓氏	百里、萬俟
匈牙利姓氏	**Magyars**
南斯拉夫姓氏	**Mandžukić**
殷本紀人名	微子啓
周本紀人名	微子開（即「微子啓」）
春秋人名	墨翟
希羅多德歷史人名	**Madyas**（斯基泰王）
秦本紀人名	孟增、百里傒
趙世家人名	范吉射
後漢書西域傳人名	滿屈
匈人人名	**Mundius、Mundus、Mundzuc**
元史蒙古人名	麻察、蠻子台、馬扎兒台
明代女真人名	[李]滿柱
五帝本紀地名	文祖
殷本紀地名	鳴條
河南地名	澠池
陝西地名	米脂

密須

傳說時代族名	伏羲、宓羲
周本記族名	密須
三國志魏書東夷傳	牟水
魏書西域傳	勿悉
新唐書南蠻傳	蒙舍

新唐書地理西域	蜜悉帝
遼史營衛志	緬四
八旗氏族通譜	穆色陳、謨錫勒
百家姓姓氏	微生
秦本紀人名	孟戲
元史蒙古人名	綿思哥

蒙古

新唐書北狄傳	蒙瓦
金史百官志	蒙古
南村輟耕錄	忙古、忙兀
八旗氏族通譜	蒙古、莽果、蒙古楚、蒙果資、蒙鄂絡
春秋人名	孟軻
秦本紀人名	蒙武、蒙驁
三國志人名	孟獲
蒙古秘史人名	蒙可、蒙古兀兒
清代女真人名	莽古爾泰（努爾哈赤子）

莫蘆

周本記族名	微纑
兩漢書西域傳	木鹿（俄文Мары，今譯「馬雷」）
三國志魏書東夷	萬蘆、莫蘆、牟蘆
晉書四夷傳	模蘆
魏書官氏志	莫蘆、沒路真
魏書西域傳	伏盧尼
新唐書回鶻傳	謀落
新唐書地理西域	伏盧
遼史營衛志	謀魯斡、謀魯盌

| 八旗氏族通譜 | 梅勒、穆盧、墨勒 |
| 蒙古秘史人名 | 抹羅合、馬剌勒 |

弭秣

史記西南夷列傳	靡莫
魏書西域傳	迷密
新唐書地理西域	迷蜜
大唐西域記	弭秣賀
夏本紀人名	文命
孔子弟子人名	[澹台]滅明
秦本紀人名	孟明
維吾爾族人名	買買提

慕容

晉書四夷傳	慕容
魏書官氏志	莫輿、慕容
魏書高車傳	莫允
新唐書地理西域	摩彥
金史百官志	抹拈、磨輦
金國語解	抹顏
八旗氏族通譜	穆燕、穆雅、茂儀
百家姓姓氏	慕容
匈牙利姓氏	**Major**
秦本紀人名	孟說、繆嬴

N

粘割／納葛／納合

逸周書王會篇	狗國
史記周本紀	犬戎
隋書鐵勒傳	那曷
遼史營衛志	南克、拿古、拿葛只
金史百官志	納合、粘割、拿可
南村輟耕錄	捏古
八旗氏族通譜	尼格勒、聶格理、那克塔、納哈塔
百家姓姓氏	南宮
殷本紀人名	南庚
周本紀人名	南宮括
元史蒙古人名	那海產、捏古剌、囊加歹
清代女真人名	努爾哈赤（「使犬者」）
明代滿洲地名	奴兒干（「使犬部」）
俄羅斯遠東地名	納霍德卡，俄文Нахо́дка
蒙古語義	「狗／諾孩」，蒙文нохой

納吉

魏書官氏志	那氏
新唐書地理西域	弩羯
大唐西域記	笯赤建
八旗氏族通譜	尼佳、訥迪、鼐奇特、農吉勒
匈牙利姓氏	**Nagy**
日爾曼姓氏	**Niedig**
元史蒙古人名	納陳
匈牙利語語義	「大／Nagy」

乃蠻

日爾曼尼亞志	Nemetes
金史百官志	聶摸欒、納謀魯
南村輟耕錄	乃蠻
八旗氏族通譜	奈曼、尼馬察、尼瑪哈、那木圖、那木都魯
百家姓姓氏	南門
匈牙利姓氏	Németh
中原古代人名	南門蛻
元史蒙古人名	那摩、乃蠻台
內蒙地名	奈曼旗、諾門坎
女真語義	《金國語解》「尼忙古曰魚」

納喇／納蘭

史記西南夷列傳	冄駹
三國志魏書東夷	冉路、怒藍
魏書契丹傳	日連部（「日」按蒙古語訓na）
新唐書北狄室韋	那禮
遼史耶律大石	尼剌
遼史營衛志	捏剌、尼剌、涅剌、涅離
金史百官志	納蘭
八旗氏族通譜	納喇、納賴、訥勒
周本紀人名	芮良夫
元史蒙古人名	納麟
蒙古人名	納闌胡（蒙語語義「太陽之子」）
蒙古語語義	「太陽／нар」

納尾

日爾曼尼亞志	Nervii
新五代史四夷	納尾、內會雞
遼史營衛志	納尾、納會雞
俄羅斯遠東族名	尼夫赫，俄文Нивхи，西文Nivkh

那顏

金史百官志	能偃
南村輟耕錄	那顏吉、那顏乞台
八旗氏族通譜	納伊、納雅、尼音圖
蒙古秘史人名	納牙阿
元史蒙古人名	乃燕

芮奚

魏書西域傳	那色波、諾色波羅
新唐書突厥傳	攝舍、弩失畢
新唐書地理西域	泥射、諾色
新唐書北狄契	芮奚
金史百官志	聶散
雲南現代族名	納西
八旗氏族通譜	尼沙、尼錫理
百家姓姓氏	壤駟

女奚烈／鈕祜祿

希羅多德歷史	Neuri
新唐書鞨鞨傳	倪屬利
金史百官志	女奚烈

八旗氏族通譜	鈕祜祿、鈕赫勒、南福祿
匈牙利姓氏	**Nyíri**
日爾曼姓氏	**Nuessli**
古女真語語義	「狼」 《金國語解》「女奚烈曰郎」 錫伯族「狼崇神／尼胡里」

U／Wh

烏古／護古

傳說時代族名	有鬲
梁書諸夷傳	滑國
魏書官氏志	紇骨、紇干、賀葛、胡古口引
魏書西域傳	阿鈎羌
魏書高車傳	護骨
隋書鐵勒傳	紇骨
大唐西域記	活國、縛伽浪
遼史耶律大石	烏古里
遼史營衛志	烏古、隗古、甌昆、烏古里
金史百官志	吾古論、吾古孫
金國語解	烏古論
南村輟耕錄	雍古
八旗氏族通譜	猶格、玉爾庫、佑祜魯、烏爾古宸
土耳其姓氏	Okur
殷本紀人名	沃甲、武庚
蒙古人名	窩闊台
清代女真人名	豪格（皇太極子）

汪古

三國志魏書東夷	瀆沽
金史百官志	黃摑
南村輟耕錄	雍古、晃忽攤、晃兀攤
八旗氏族通譜	洪衰、黃古台、洪果奇、翁果特、翁科特
百家姓姓氏	皇甫、況后
蒙古秘史人名	汪古兒
元史蒙古人名	杭忽思

回紇／維吾爾

傳說時代族名	有扈、有虞、無懷、虺傀、夏后
逸周書王會篇	越漚
匈奴列傳族名	夏后、由余、渾窳
兩漢書西域傳	狐胡、孤胡
後漢書西羌傳	由余、余無
晉書四夷傳	獪胡
魏書官氏志	渴侯
魏書西域傳	副貨
魏書高車傳	袁紇
隋書鐵勒傳	韋紇、嗢昏
新唐書回鶻傳	袁紇、回紇、回鶻
新唐書地理西域	阿緩、遏忽、遏紇、鶻換
大唐西域記	縛喝
遼史營衛志	回鶻、烏隗、奧隗、越兀
金史百官志	黑罕、夫合
南村輟耕錄	外兀、畏吾
八旗氏族通譜	倭赫、輝和、瑚琥、和和齊
中原古代姓氏	公夏、公何、公華
百家姓姓氏	夏侯、軒轅、緱亢
匈牙利姓氏	Fehér
日爾曼姓氏	Wehe
殷本紀人名	武乙、鄂侯
秦本紀人名	烏獲
楚世家人名	吳回
元史蒙古人名	回回

烏蘭

傳說時代族名	五龍
後漢書西羌傳	吾良
魏書官氏志	宥連
魏書契丹傳	羽陵
金史百官志	會蘭、兀林荅
八旗氏族通譜	烏蘭
匈牙利姓氏	**Vörös**
蒙古秘史人名	忽難、忽鄰勒、合兀闌
蒙古語語義	「紅色／улаан」

斛律

兩漢書西域傳	無雷、烏壘
三國志魏書東夷	古臘、狗盧
魏書官氏志	越勒、冤賴
魏書高車傳	斛律、侯呂鄰
新唐書突厥傳	胡祿屋
新唐書回鶻傳	遏羅支、無若沒
新唐書北狄傳	虞婁
金史百官志	斡勒、斡雷
南村輟耕錄	外剌
八旗氏族通譜	敖拉、倭勒、阿爾拉、烏勒理、吳喇忒
匈牙利姓氏	**Oláh**
吳太伯世家人名	闔閭
秦本紀人名	惡來革
北齊書鮮卑人名	斛律金
蒙古秘史人名	阿剌黑、斡剌兒
元史蒙古人名	斡羅思

烏桓／烏羅渾

逸周書王會篇	符婁、昆侖
五帝本紀族名	有娀
匈奴列傳族名	山戎
兩漢書西域傳	山國
魏書官氏志	烏丸、阿鹿桓
魏書烏洛侯傳	烏洛侯
魏書西域傳	烏那曷
新唐書回鶻傳	烏丸
新唐書北狄傳	烏羅護
新唐書地理西域	烏弋、烏拉喝、烏邏氈、烏羅渾
大唐西域記	曷邏胡
遼史營衛志	山奚、山蕃
金史百官志	阿勒根
南村輟耕錄	兀羅、阿兒渾、兀魯兀
八旗氏族通譜	吳魯、瑚魯、鄂喇坤、瑚爾渾
中原古代姓氏	公良、公劉、公旅
日爾曼尼姓氏	**Uhlig、Urich**
蒙古秘史人名	余魯罕
元史蒙古人名	兀魯不花
蒙古語語義	「山／烏洛」，蒙古文 уул

烏馬／巫馬／庫莫奚

史記族名	有緡
兩漢書西域傳	姑墨
晉書四夷東夷傳	寇莫汗
梁書諸夷傳	胡蜜丹
魏書官氏志	宇文、侯莫陳

魏書勿吉傳	庫伏真
魏書庫莫奚傳	庫莫奚
魏書西域傳	姑默
新唐書地理西域	姑墨、昏磨、遏蜜、護蜜多、烏槙言
遼史耶律大石	忽母思
遼史營衛志	兀沒、忽母思、烏馬山奚、胡母思山蕃
南村輟耕錄	外抹
八旗氏族通譜	鄂密特、鄂謨克、鄂謨拖、鄂穆綽、庫穆圖
百家姓姓氏	宇文、巫馬
中原古代姓氏	公孟、公明、公文
仲尼弟子列傳	巫馬施
山西地名	侯馬
新疆地名	姑墨、庫莫奚

紇奚

傳說時代族名	有施、赫胥
史記西南夷列傳	越嶲（今雲南「越西」）
兩漢書西域傳	危須、姑師、溫宿
晉書四夷傳	菱莎
魏書官氏志	紇奚、嗢石蘭
魏書西域傳	呼似密
隋書鐵勒傳	斛薛
魏書高車傳	紇奚
新唐書南蠻傳	越析
新唐書回鶻傳	斛薛、黑沙
新唐書突厥傳	姑蘇、哥舒
新唐書回鶻傳	斛嗢素
新唐書北狄傳	奧失、越喜、烏素固

新唐書地理西域	烏斯、縛時伏、護時健
大唐西域記	胡實健、闊悉多
遼史營衛志	斡奢、紇斯直、曷蘇館
金史世紀	號室
金史百官志	紇石烈、和速嘉
八旗氏族通譜	烏錫、胡錫、福錫、額蘇理、赫舒理
百家姓姓氏	公西
中原古代姓氏	公晳、公息
匈牙利姓氏	Orsi
日爾曼尼亞志	Osi
周本紀人名	虢石父
唐代人名	哥舒翰
清代女真人名	和珅
維吾爾族人名	烏斯滿
江蘇地名	無錫
陝西地名	膚施（延安舊名）

兀顏／完顏

傳說時代族名	有殷、有偃
魏書官氏志	屋引
遼史營衛志	奧衍
金史百官志	兀顏、完顏
八旗氏族通譜	完顏、吳雅、烏顏齊
百家姓姓氏	公羊、歐陽
中原古代姓氏	公冶、公言
女真語語義	「豬、紅／兀顏，兀尖」

兀者／月氏／烏茲

傳說時代族名	有巢、有蟜、有窮、容成、庸成
甲骨族名	有易
逸周書王會篇	月氏
竹書紀年	孤竹
希羅多德歷史	Οὐτίων／Utii
周本記族名	庸蜀
匈奴列傳族名	月氏、烏氏、義渠、呼揭、林胡
日爾曼尼亞志	Aestii
兩漢書西域傳	烏秅，焉耆，移支
後漢書東夷傳	沃沮
後漢書西羌傳	義渠、郁郅
三國志魏書東夷	月支、爰池
晉書四夷傳	余地、雍屈
魏書官氏志	侯氏、尉遲、和稽、厒地于
魏書勿吉傳	覆鐘
魏書西域傳	焉耆、烏萇
魏書高車傳	異奇斤
隋書鐵勒傳	乙咥、也咥、訶咥、曷截、何嵯
新唐書回鶻傳	餓支、黑車子
新唐書地理西域	月支、縛叱
大唐西域記	阿耆尼（焉耆）
遼史耶律大石	合主
遼史營衛志	兀惹、窈爪、欲主、虎池、合主、合里只
金史百官志	吾塞、斡准
南村輟耕錄	亦乞列、也里吉斤
八旗氏族通譜	敖佳、赫哲、武佳、吳佳、虞佳、富察
百家姓姓氏	尉遲、有琴

中原古代姓氏	公祖、公仇、公朱
匈牙利姓氏	Herczegh
日爾曼姓氏	Utz
殷本紀人名	雍己、武丁、沃丁、費中
史記人名	夫差、無知、無忌、公季、虞仲、富辰
匈人人名	Uldin、Uzin-dur
河南地名	武陟
河北地名	無極
山東地名	無棣
陝西地名	吳旗、厚軫子
元史西域地名	訛斥干
愛沙尼亞國名	Eesti
烏茲別克國名	Uz

郁都甄／溫蒂罕

後漢書南匈奴傳	呼廚泉、於除鞬
魏書官氏志	郁都甄、壹斗眷
新唐書地理西域	久越得犍
遼史營衛志	耶睹刮
金史百官志	溫蒂罕
八旗氏族通譜	溫徹亨、溫特赫、
匈人人名	Odolgan
西夏人名	斡道沖
土耳其人名	Erdoğan
外蒙古地名	溫圖爾汗
語義	《金國語解》「阿徒罕，采薪之子」

弘吉剌

匈奴列傳族名	葷粥
史記大宛列傳	康居
晉書四夷傳	捍蛭
新唐書地理西域	汗曜
遼史耶律大石	王紀剌
金史百官志	光吉剌
南村輟耕錄	甕吉、甕吉剌、永吉列思
八旗氏族通譜	廣佳喇、恒吉理
三國人名	鳳雛（龐統之號）
蒙古秘史人名	翁吉闌
陝西周原村名	鳳雛

S／Sh

庾

魏書官氏志	庾氏
新唐書地理西域	數始
遼史營衛志	須
八旗氏族通譜	舒舒覺羅
匈牙利姓氏	Soós

鮮卑／須卜／錫伯

希羅多德歷史	Saspire
匈奴列傳族名	須卜
斯屈波地理志	Sibini
日爾曼尼亞志	Suebi
西史族名	Sabir
三國志魏書東夷	素半
隋書鐵勒傳	蘇婆、蘇拔、十盤
魏書官氏志	須卜
遼史營衛志	槊不、歇不、廝把、撒不
金史百官志	蘇孛輦
八旗氏族通譜	錫爾弼、實寶禪、順布魯
匈牙利姓氏	Sípos
日爾曼姓氏	Schub、Sieb
殷本紀人名	西伯昌
元史蒙古人名	昔班、速不台、雪不台
地名	西伯利亞

室韋

秦本紀族名	修魚
匈奴列傳族名	獫狁
日爾曼尼亞志	Suevi（同Suebi）
中東古族族名	Suwar
亞美尼亞古族	Savirk
三國志魏書東夷	素謂乾
魏書失韋傳	失韋
新唐書北狄傳	大室韋
新唐書地理西域	順問、祀惟
遼史營衛志	室韋、奚嗢、稍瓦
百家姓姓氏	鮮于
日爾曼姓氏	Schwer

塞蒲

金史百官志	塞蒲里
匈牙利姓氏	Szabó

塞泥

逸周書王會篇	闟耳
晉書四夷北狄	塞泥
匈人人名	Sounikas
內蒙地名	蘇尼特

沙陀／屍突／撒荅

兩漢書西域傳	肐頓
後漢書西羌傳	燒當

三國志魏書東夷	蘇塗
魏書官氏志	屍突、奚斗盧
新唐書沙陀傳	沙陀
金史百官志	石敦、散答、撒苔牙
八旗氏族通譜	索爾多、蘇都理、錫喇圖、沙達喇、薩爾圖
百家姓姓氏	司徒
匈牙利姓氏	**Sütő**
五帝本紀人名	少典
周本紀人名	叔度、叔帶
漢代東北地名	玄菟（「玄」音sa） 《史記·五帝本紀》註「玄囂」即「少昊」

石古／素和

五帝本紀族名	少暤
後漢書西羌傳	燒何
魏書官氏志	素和
魏書高車傳	素古延
新五代史四夷	實活
遼史營衛志	穴骨只、血古只
金史百官志	梭罕、石古苦
八旗氏族通譜	舒發察、石富察、錫爾哈、塞赫理
百家姓姓氏	司寇、司國
錫伯族姓氏	薩孤氏
匈牙利姓氏	**Sáhó、Sarközy**（匈裔法國總統薩科齊）
阿爾巴尼亞姓氏	謝胡
五帝本紀人名	玄囂（皇甫謐云即「少昊」）
殷本紀人名	小甲、小乙
周本紀人名	泄父
元史蒙古人名	四家奴、收國奴

斯結／厙狄／析支

希羅多德歷史	Σκυθαι／Scythai（斯結泰）
逸周書王會篇	莎車
史記西南夷列傳	徙筰都
兩漢書西域傳	莎車
後漢書西羌傳	賜支
晉書四夷北狄	鮮支
魏書官氏志	厙狄
魏書西域傳	悉居半、色知顯
隋書鐵勒傳	斯結
新唐書回鶻傳	思結、奚結
新唐書地理西域	少俱、瑟顛、悉計
遼史耶律大石傳	奚的
遼史營衛志	奚的、師子
金史百官志	石盞、撒刓
八旗氏族通譜	色徹、索察、薩察
周本紀人名	叔齊、奚齊
孔子弟子人名	施之常
匈人人名	Sigizan
元史蒙古人名	昔里鈐

撒拉／舍利／錫林

傳說時代族名	西陵
逸周書王會篇	截犁
匈奴列傳族名	薪犁
後漢書西羌傳	先零
魏書西域傳	疏勒
新唐書地理西域	宿利、速利、沙律、束離

新唐書黑水靺鞨	舍利
新唐書北狄傳	黃頭部
遼史營衛志	奚烈、撒里葛、撒里僧、黃部
南村輟耕錄	撒里哥
八旗氏族通譜	沙拉、色勒理、錫勒爾吉、西林覺羅
匈牙利姓氏	Széles
蒙古秘史人名	失魯孩、失剌忽勒
內蒙地名	錫林郭羅
語義	蒙語「黃／шар」，突厥語「黃／sarı」

索倫／肅良合

希羅多德歷史	Σαρανγέων／Sarangeis
魏書官氏志	是連
新唐書南蠻傳	施浪
元代國名	肅良合（朝鮮）
八旗氏族通譜	塞楞吉
孔子世家人名	叔良紇（孔子之父）
蒙古語語義	「彩虹／солонго」

樹洛于

後漢書西羌傳	西落
三國志魏書東夷	馴盧
魏書官氏志	樹洛于、宿六斤
新唐書地理西域	細柳
南村輟耕錄	撒朮、散朮兀
八旗氏族通譜	舒祿、舒魯、索絡恰、索羅噶爾
匈牙利姓氏	Sollos、Szollos
美籍匈牙利姓氏	Soros（索羅斯）

悉萬／石抹

希羅多德歷史	Σαυροματοε／Sauromatae
斯屈伯地理志	Σαρματοε／Sarmatae
日爾曼尼亞志	Sarmatian
兩漢書西域傳	休密、雙靡
晉書四夷傳	穢貊
魏書契丹傳	悉萬丹
魏書西域傳	賒彌、悉萬斤
魏書高車傳	泣伏利
隋書室韋傳	深末怛
新唐書回鶻傳	奚牙勿
新唐書北狄傳	粟末
新唐書地理西域	悉萬、析面、數瞞、雙靡、休蜜、悉蜜言
大唐西域記	颯秣建、[紇露]悉泯健
遼史營衛志	審密、廝里門
金史百官志	斜卯
金國語解姓氏	石抹
元史地理志雲南	些莫強
八旗氏族通譜	石穆魯、舒穆祿、錫瑪拉、薩馬爾吉
百家姓姓氏	司馬、西門
匈牙利姓氏	Szima
匈人人名	Simmas
秦本紀人名	司馬梗
史記作者	司馬遷
烏茲別克地名	撒馬兒干
阿富汗地名	Samangan

息慎／肅慎

兩漢書西域傳	休循、循鮮
晉書四夷傳	肅慎
魏書官氏志	叔孫
新唐書地理西域	修鮮
金史世紀	肅慎
八旗氏族通譜	錫爾馨
殷本紀人名	小辛
周本紀人名	叔鮮、師尚父

索／粟特

希羅多德歷史	Σόγδοι／Sogdi
後漢書西羌傳	犛牛種
魏略西戎傳	黃牛羌
周書異域傳	粟特
宋書索虜傳	索虜
新唐書突厥傳	索葛（突騎施索葛莫賀部）
新唐書地理西域	粟特
八旗氏族通譜	塞克圖
蒙古秘史人名	鎖兒罕、速也客禿
烏茲別克別名	Sogdina
西藏地名	Sog（索縣）
藏語語義	安多、康方言「牛／Sog」 衛藏方言「牲畜／Sog」或「蒙古人」

神土／薛延陀

希羅多德歷史	Σίνδος／Sindi
三國志魏書大秦	賢督
隋書鐵勒傳	薛延陀
新唐書回鶻傳	薛延陀
百家姓姓氏	申屠
匈牙利姓氏	Szántó
殷本紀人名	相土
金史人名	神土懣

2007 年十月八日

2017 年八月二十二日修改

圖片目錄

地圖目錄

國家圖書館出版品預行編目

華夏與戎狄同源：秦始皇血緣和語言的啟示 / 朱
學淵著. -- 臺北市：獵海人, 2019.10
　　面；　公分
　　ISBN 978-986-97963-6-1(平裝)

1.民族史 2.民族研究 3.民族語言學 4.中國

639　　　　　　　　　　　　108016144

華夏與戎狄同源
──秦始皇血緣和語言的啟示

作　　者／朱學淵

出版策劃／獵海人

製作銷售／秀威資訊科技股份有限公司

　　　　　114 台北市內湖區瑞光路76巷69號2樓

　　　　　電話：+886-2-2796-3638

　　　　　傳真：+886-2-2796-1377

網路訂購／秀威書店：https://store.showwe.tw

　　　　　博客來網路書店：http://www.books.com.tw

　　　　　三民網路書店：http://www.m.sanmin.com.tw

　　　　　金石堂網路書店：http://www.kingstone.com.tw

　　　　　讀冊生活：http://www.taaze.tw

出版日期／2019年10月

定　　價／480元